# ダイバーシティ・インクルージョン保育

編著　小川英彦　田中健

iii 三学出版

## はじめに　本書の意図するもの

「気になる子ども」の用語は、1990年代以降に主に保育者や教育者等によって用いられるようになった。例えば『季刊保育問題研究』（168号、1997年12月刊行）に気になる子どもについて4編が所収されている。

今日まで約25年が経過する間、2007年には特別支援教育の新たな制度が開始され、「発達障害児」がクローズアップされた。

わが国では、特別支援教育といえば障害児への支援ととらえがちであるが、後述するように本来の対象はもっと広い範疇で把握されるべきであった。

筆者も園内研修を長年継続してきたが、園にいる「気になる子ども」をめぐっては隣のクラス担任も同様に抱えるたいへんさや苦労がうかがえる。まさしく、園全体で・園ぐるみといった指導者集団として対応が求められている。研修での事例検討会では、本人以外に、家庭環境、生育歴、文化的、民族的といった広い背景にまで言及されることがある。障害のある子どもに限定されずに、いろいろな子どもたちが「困った子」ではなく「困っている子」というニーズを発信しているのである。そうした子どもの側に立った支援が園で求められる時代になっている。

今日、保育や教育の場を見渡すと、障害のある子、アレルギーの子、病弱な子、外国にルーツのある子、貧しい家庭の子、虐待にあっている子、LGBTの子等、多様な支援ニーズをもつ子どもたちがいる。そして、その保護者への支援も課題として取り上げられている。

「インクルージョン」が叫ばれてきた背景には、1994年6月スペインのサラマンカにおいて、ユネスコとスペイン政府によって「特別ニーズ教育に関する世界大会」が開かれ、その中で「特別なニーズ教育における原則、政策、実践に関するサラマンカ声明ならびに行動要領」（The Salamanca Statement on Principles, Policy and Practice in Special Needs Education）が採択され、インクルージョンが力説されたことがある。ここでは「特別なニーズ教育」という用語を使用することで、新たな教育のあり方が提言された。それは、従来からの障害児を対象とした教育だけにとどまらない、つまり教育対象を拡大し、障害児を対象とした学級や学校だけでなく通常の学級や学校全体でもって教育していこうとする改革論である。

この声明では、インクルージョンという概念を提示して、インクルーシブな学校という形態が最も特別ニーズ教育にふさわしいものであり、今後推進されていく学校形態であるとされた。インクルージョンは、すでにいる特別なニーズのある子どもたちを受容・包括することであり、それが実際に可能となるように学校の環境整備に着手していくことである。文部科学省は2012年に「共生社会の形成に向けたインクルーシブ教育システム構築のための特別支援教育の推進（報告）」において、「共生社会の形成に向けて、障害者の権利に関する条約に基づくインクルーシブ教育システムの理念が重要であり、その構築のため、特別支援教育を着実に進めていく必要があると考える」としていることから、特別支援教育はインクルーシブ教育システムを築いていくことを目指すものであると理解できる。

総じて、さまざまな特別なニーズに対応できるような配慮（合理的配慮）、質の高い保育や教育がいっそう求められている時代になってきている。ダイバーシティ（互いの多様性）・インクルージョン（互いを受容）の基本は、人間の多様性に注目した上で、その多様性を積極的に受け入れることである。多様性を認め互いに尊重し合う態度や考えを子どもたちが身につけることを目的とした保育・教育がダイバーシティ・インクルージョン保育であると言える。多様な人材が活躍することは、学級・園・学校のみならず社会の発展にもつながると考え、一人ひとりが能力を最大限に発揮しながら参加できる持続的発展が可能な社会形成を目指す理念と戦略が、Diversity and Inclusion である。（第1部第1章参照）

　わが国の現状を見ると、例えば「企業従業員のダイバーシティ」と称されるように経済領域・経営面での指摘はあるものの、教育面での指摘はかなり少ないと言っても過言ではない。組織の生産性や革新に目に見えて結びつきやすいか否かの問題でもあろう。

　学級・園・学校には、国籍・人種・性別・年齢・障害等による差別を許さず、一人ひとりの価値観や文化背景や個性等を含めた広い意味での多様性を尊重し、メンバー各人が対等に自由に活躍できる保育教育環境を整備し推進していくことが求められる。インクルージョンが改革論を内包していたように、ダイバーシティ・インクルージョンも新たな着想や変革といった革新的発想を生み出せるような仕組みづくりを含んでいる。

　なお、ダイバーシティ・インクルージョンは、2015年9月に国際連合の持続可能な開発サミットにおいて、「私たちの世界を変革する：持続可能な開発のための2030アジェンダ」（Transforming Our World：2030 Agenda for Sustainable Development）が採択された中で、持続可能な開発目標（SDGs）の達成を通してより良い社会づくりを進めていく上で必要であるとされた理念である。SDGsにはわが国が提案した「持続可能な開発のための教育」（ESD）も加えられている。

　以上の多様性への時代の流れ、今日的な保育課題を踏まえて本書は構成されている。保育士養成校で学ぶ皆さんを対象にして、理論編だけでなく、多くの実践例を集めた実践編、コラム、これからの学習に活用できるような書籍の紹介といった、細かな配慮をして刊行したつもりである。

　障害児保育・特別支援教育のテキストとして、「学びの窓口」になれば幸いである。

編者を代表して　小川英彦

# 目　次

# 第6部　ダイバーシティ・インクルージョン保育の課題

# 第1部

## 理念・基本的考え

# 第1章

# ダイバーシティ・インクルージョン社会・保育とは：SDGs・理念

　本章では、今日の国際社会で求められているダイバーシティ・インクルージョン社会の実現に向けたSDGsに関する取り組みの必要性を述べ、その上でダイバーシティ・インクルージョン保育の基本的理念を解説する。

## 第1節　ダイバーシティ・インクルージョンをめぐる国際的状況

　今日の日本社会を含む国際社会において、障害児支援の動向を大きく方向づけたのは、「ダイバーシティ」(Diversity)と「インクルージョン」(Inclusion)の2つの理念であるといえる。そのため、まずはこのダイバーシティとインクルージョンに関して、基本的な概念を整理し、国際的な動向を理解する。

### 1．ダイバーシティ

　ダイバーシティとは「多様性」を意味し、「文化、人種、国籍、ジェンダー、障害、宗教、政治的信条などのそれぞれが多様であること」を指し示す概念である（渡邉他, 2017, 26）。このダイバーシティに関する定義は、時代の変遷とともに個人の持つあらゆる属性へと対象を拡大し、より包括的な概念に変化してきているとされているが（谷口, 2008, 70）、ポイントとしてダイバーシティは、特に集団において、集団を構成するそれぞれの多様性の理解に努め、尊重し合い、活かしていくことを重視する概念であると理解できる。

　今日の国際社会におけるダイバーシティは、元々アメリカ合衆国等における女性や性的少数者、黒色人種等のマイノリティの人々が、政治や労働に代表される社会参加等において差別を受けず、公正な処遇がなされる社会づくりを目指す運動を起源としているといわれている。その後グローバル化する世界市場において、多国籍企業が多様な文化的背景や価値観をもった人材を活用することで市場のニーズに応じた経営戦略を展開することが可能となる事例が複数確認され、労働市場における人材のダイバーシティ化に注目が集まってきた。このような経緯の中で、様々な多様性からもたらされる価値観を受容し、積極的な活用を図っていくことを目指すダイバーシティ社会への転換を志向する動きが強まっていった。さらに、今日では地球環境や持続可能な資源開発と経済活動の両立を図ること、あるいは動植物の生存環境保全への関心の高まり等を受け、「生物多様性」(Biodiversity)が重要視されており、多様性の概念は様々な領域で重要なキーワードとなってきている。

　このような動向の中で、日本においては、特に経済領域等で多様性が重要視されてきてい

る。例えば、経済産業省の推し進める「多様な属性の違いを活かし、個々の能力を最大限引き出すことにより、付加価値を生み出し続ける企業を目指して全社的かつ継続的に進めて行く経営上の取組」である「ダイバーシティ経営」（ダイバーシティマネジメント）がその代表例としてあげられる（経済産業省, 2016）。このようなダイバーシティ経営の中では、障害者雇用等の福祉・労働政策において、障害のある者を活かした職場環境づくりや組織経営の重要性が指摘されている。つまり日本社会においてもダイバーシティは例えば経済領域で重要性が唱えられる中、関連する労働領域や障害者福祉領域等にも影響が及んできており、今後の社会のあり方を模索する中で、キー概念として多くの領域で注目を集めているのである。

## ２．インクルージョン

　インクルージョンに関しては、UNESCO (United Nations Educational, Scientific and Cultural Organization、ユネスコ) とスペイン王国政府により 1994 年に共催された「特別なニーズ教育に関する世界会議」において採択された「サラマンカ宣言」（「特別なニーズ教育における原則、政策、実践に関するサラマンカ声明と行動大綱」）が、特に障害児教育において大きな影響を与えた。サラマンカ宣言は、1948 年「世界人権宣言」、1971 年「精神薄弱者の権利に関する宣言」、1975 年「障害者の権利に関する宣言」、1981 年「国際障害者年」に基づく「行動計画」（1982 年）、1990 年「万人のための教育世界会議」、1993 年「障害をもつ人びとの機会均等化に関する基準原則」等の国際連合（国連）等による障害者の権利保障に関する国際的動向の経緯の中で採択された宣言である。このサラマンカ宣言では、「すべての人を含み、個人主義を尊重し、学習を支援し、個別のニーズに対応する施設に向けた活動の必要性」というインクルーシブ教育の理念が示され、さらに「万民のための学校」（インクルーシブ志向をもつ通常の学校）は、インクルージョンの原則に基づき、「差別的態度と戦い、すべての人を喜んで受け入れる地域社会をつくり上げ、インクルーシブ社会を築き上げ、万人のための教育を達成する最も効果的な手段」である意義も示された（中野, 1997,87）。

　その一方で、障害者に対する福祉においても、「障害のある人もない人も、互いに支え合い、地域で生き生きと明るく豊かに暮らしていける社会」を目指す「ノーマライゼーション」の理念が、1960 年代にデンマーク、スウェーデン等北欧諸国を中心に提唱されてきた。さらに、1980 ～ 1990 年代には社会病理としての「ソーシャル・エクスクルージョン」(social exclusion、社会的排除) に対する問題意識から、「全ての人々を孤独や孤立、排除や摩擦から援護し、健康で文化的な生活の実現につなげるよう、社会の構成員として包み支え合う」ことを意味する「ソーシャル・インクルージョン」(social inclusion、社会的包摂) を志向する社会づくりが欧州を中心に動き出した (厚生省, 2000)。

　インクルージョンは、障害者の教育領域や福祉領域を中心に、その権利を保障するための社会システム構築のための重要な理念として、国際的に議論が進められてきた歴史的背景を有する。さらに今日の国際社会においてインクルージョンは、教育、福祉領域に留まらず、障害者に対する包括的な社会参加に係る権利を保障し、実際の社会参加を進める種々の取り

組みの中核理念として機能しているといえる。

## 第2節　障害者の権利に関する条約と SDGs

　日本においては、国際的なダイバーシティ・インクルージョンに関する動向を受け、法体系や支援体制整備も進められてきている。2006年12月13日第61回国連総会において「障害者の人権及び基本的自由の享有を確保し、障害者の固有の尊厳の尊重を促進すること」を目的とするため、「障害者の権利の実現のための措置等」について定めた「障害者の権利に関する条約（障害者権利条約）」が採択された。同条約24条では「締約国は、教育についての障害者の権利を認める。締約国は、この権利を差別なしに、かつ、機会の均等を基礎として実現するため、障害者を包容するあらゆる段階の教育制度及び生涯学習を確保する」ことが規定された。日本は2007年9月に障害者の権利に関する条約に署名し、2012年「障害者総合支援法」制定を中心とする法整備を進め、2014年1月20日に条約を締結した。

　日本ではこの障害者の権利に関する条約を締結したことにより、障害者の権利を実現していくため、2012年文部科学省中央教育審議会初等中等教育分科会特別支援教育の在り方に関する特別委員会により「共生社会の形成に向けたインクルーシブ教育システム構築のための特別支援教育の推進（報告）」が示された。この特別委員会の報告を参照し、現在の教育行政下においては、特別支援教育制度の中でインクルーシブ教育システム構築のため障害児が居住する地域の学校において、障害のない幼児児童生徒と共に一人ひとりのニーズに応じた教育を受けることができるよう基礎的環境の整備や合理的配慮の提供に向けた支援体制整備を進めている。

　さらに2015年9月25日第70回国連総会において「持続可能な開発目標（Sustainable Development Goals、以下SDGs）」が全会一致で採択された。この国際目標は「持続可能な開発のための2030アジェンダ」の中で、2030年までに世界が協力して達成する17の目標とその下の合計169のターゲットが示された。

　SDGsはあらゆる人々の目標であり、「誰一人取り残さない」（Leave no one behind）ことを理念としている点が特徴である。また2000年9月8日第55回国連総会における「国連ミ

**図 1-1　SDGs ポスター　（国際連合広報センターホームページより）**

レニアム・サミット」で採択された「ミレニアム開発目標 (Millennium Development Goals、MDGs)」とSDGsの異なる点としては、エネルギーや気候変動等の地球環境や貧困層や社会的脆弱層の人々の人権・生活保障等に係る課題解決に向けた社会構造等の変革をすべての人々の目標とし、2030年までの到達目標として設定したことがあげられる。またそのプロセスにおいて、国際社会の中で数値目標を定期的にモニタリングするため、進捗状況を各国が報告する形態を採っている点も特徴であるといえる。

　このSDGsの中でGoal4として「質の高い教育をみんなに」(Quality Education)と教育に関する項目が設定されている。同項目では「2030年までに、すべての子どもが男女の区別なく、質の高い乳幼児の発達・ケア及び就学前教育にアクセスすることにより、初等教育を受ける準備が整うようにすること」や、「子ども、障害及びジェンダーに配慮した教育施設を構築・改良し、すべての人々に安全で非暴力的、包摂的、効果的な学習環境を提供できるようにすること」が規定されている。すなわち、SDGsの理念においては、「質の高い教育」をすべての人々が享受できるよう、日本社会においても「質の高い乳幼児の発達・ケア及び就学前教育」が受けられるような教育環境の整備が必要であり、特に障害児等に関しては就学前期にも「包摂的、効果的な学習環境」を整えていくことが不可欠であるといえる。

　以上のように、今日の日本社会は、国際的な動向の中でダイバーシティ・インクルージョン社会の実現に向け、法体系や支援体制の整備を進めてきている。その中で就学前期の幼稚園、保育所、幼保連携型認定こども園等の幼児教育施設においても、ダイバーシティ・インクルージョン社会の実現に向け、ダイバーシティ保育・インクルージョン保育を推し進めていくことが求められるのである。


## 第3節　ダイバーシティ保育・インクルージョン保育 (インクルーシブ保育)

　では、日本のダイバーシティ・インクルージョン社会の実現につながる幼児教育施設におけるダイバーシティ保育・インクルージョン保育 (以下では両者を併せて論じる場合、ダイバーシティ・インクルージョン保育と表記する) とはどのようなものなのか。そのポイントを整理することとする。

　ダイバーシティ・インクルージョン保育の定義は多義的であるが、本書においては次のような操作的な定義を用いることとしたい。まず、ダイバーシティ保育とは、「文化や人種、障害等の多様な属性の差異を集団内で相互に受容・理解・尊重しながら、その差異を積極的に活用することで育ちあう、一人ひとりのニーズに応じる保育」ととらえる。またインクルージョン保育は、「文化や人種、障害等の差異を前提とするのではなく、すべての子どもが同じ場で参加が保障され育ちあう、一人ひとりのニーズに応じる保育」ととらえる。前者のニーズに関しては、食事 (手を使う・カトラリーを使用する等) や衣服 (サリーを身につける等) に係る生活習慣に代表される、異なる文化背景からくる価値観の違い等を考慮して、日本の幼児教育施設での生活における文化適応の際に生じるニーズ等が想定できる。後者のニーズに関しては、視覚過敏 (太陽光・蛍光灯がまぶしく感じるため色付きグラスを使用する等) や

聴覚刺激（他児の声がうるさく感じるためイヤーマフを使用する等）の感覚過敏に代表される、発達障害等のある子どもの情報処理機能の特性に応じた配慮を必要とするニーズ等が想定できる。

　このようにダイバーシティ・インクルージョン保育をとらえた場合、まずダイバーシティ保育においては、保育者には子どもたち一人ひとりの多様な属性の差異を集団内で相互に受容し、理解し、尊重しあうような機会を創り出しながら、その差異を活かしあう保育実践をデザインすることが求められる。例えば子どものもつ文化的なルーツによる食生活や長期休暇等の異なる文化・習慣等を相互に学び合えるように、国や地域ごとの主食の違いをポスターにまとめたり、給食で食体験を行う等の機会を設けるように保育内容・保育方法を計画し、環境構成を行うこと等が考えられる。また、インクルージョン保育においては、保育者はどの子どもも活動に参加できるように、活動内容をスモールステップで構成したり、部分参加を認めたりすることでマルチアクセス可能な参加方法を保障する保育内容・保育方法を計画することが必要となる。その上で、各活動時にニーズに応じて合理的配慮が必要な子どもに対して、担任保育者のみならず他の保育者や事務室（所）等と連携して集団活動内で個別の配慮も提供可能な支援体制を構築するという環境構成を行うこと等が考えられる。

　以上の整理を踏まえると、両者はいずれも、子ども一人ひとりの差異やニーズを保育者がとらえておく必要があるという子ども理解の重要性が浮かびあがる。また、あらかじめ子ども理解に基づき多様な展開を見通した保育実践をデザインし、具体的な保育計画・実践を企図しておく必要があることも理解できるだろう。つまり、ダイバーシティ・インクルージョン保育はいずれも強調するポイントにこそ違いはあるものの、基本的な保育の方向性は共通していることが読み取れる。もちろん識者により、ダイバーシティ・インクルージョン保育はそれぞれ異なる定義がなされ、定義の妥当性や両者の関係性に関しても複数の学説が存在する。ダイバーシティ保育における「多様な属性」の中に障害も含まれるため、ダイバーシティ保育をより上位の概念ととらえることも可能である。その一方で、ダイバーシティ保育における「多様な属性」に関して、特に重度の障害や重複障害（複数の障害）のある子どもの存在が議論にあがりにくいという考え方もある。そのため、重度の障害や重複障害のある子どもの保育を考える上で、その存在や議論の必要性を強調するため、ダイバーシティ保育とは別に、インクルージョン保育を議論上用いるという考え方も一理ある。これらの用語の使用は学問領域によっても異なるため、統一的な見解を示すことは困難であると考えられる。

　そこで本書では、ダイバーシティ・インクルージョン保育両者の共通性に着目することに重点を置き、両者を相互に補完するととらえ、一体的にダイバーシティ・インクルージョン保育という用語を用いて論じることを試みる。そのため、ダイバーシティ保育及びインクルージョン保育の定義（概念）の相違や関係性を問うことは、別稿に譲ることとしたい。つまり、本書は今後日本の幼児教育施設におけるダイバーシティ・インクルージョン保育を進めるための基本的事項を整理して、ダイバーシティ・インクルージョン保育を実践していく上でのポイントを学習者が理解することに重きを置くものである。そのことにより、保育者を目指

す学生等が、今後ダイバーシティ・インクルージョン保育実践に臨む上で、本書の活用を通じてダイバーシティ・インクルージョン保育実践のイメージを豊かにし、必要な知識・技術等の習得をサポートをすることを目的としているのである。

## 第4節　ダイバーシティ・インクルージョン保育のポイント

　ダイバーシティ・インクルージョン保育を進めていくためのポイントに関しては、今後各部章でテーマ・内容ごとに記していくこととしたい。そこで本節では最後に、総論的にダイバーシティ・インクルージョン保育を理解する上で前提となる基本的な視点として、以下の4つを示すこととしたい。

① ダイバーシティ・インクルージョン保育は、子ども中心の自由保育を基軸とする保育デザインと親和性が高く、実践においては保育内容・保育方法の計画立案・実施・評価・改善等のプロセス（PDCA）を確立することが必要となる。

② ダイバーシティ・インクルージョン保育の実現のためには、保育者の高い保育知識と技術、子ども理解等が必要となる。特に保育者の経験を通じて蓄積される実践知（経験に基づく知識）だけではなく、保育や障害、子ども（発達）等に関する科学的（専門的）知識が不可欠である。

③ ダイバーシティ・インクルージョン保育は、幼稚園、保育所、幼保連携型認定こども園等の幼児教育施設においては組織的に推進することが必要となる。

④ ダイバーシティ・インクルージョン保育の実現には、例えば生活習慣の確立に代表されるように、地域・家庭との連携と保護者に対する子育て支援との両方を並行的に行うことが必要となる。

　①に関しては、ダイバーシティ・インクルージョン保育は多様性を活かしつつ、一人ひとりのニーズに応じた保育が実現できるような保育実践が求められるため、子どもを中心とした保育デザインが求められ、特に一人ひとりの異なるニーズに応じる柔軟性が必要であるため、自由保育との親和性が高いと考えられる。その上で、ダイバーシティ・インクルージョン保育は園内で常に実践を振り返りながらそのあり方を模索するという保育実践の省察が可能となるように、保育内容・保育方法の計画立案・実施・評価・改善等のプロセスを確立するマネジメント、つまりカリキュラムマネジメントが必要となるといえる。この点に関しては、特に第25章、コラム5を参照されたい。

　②に関しては、文化や人種、障害等の差異の理解・尊重や、障害の理解や合理的配慮の方法等、保育実践内で指導・支援を行う際に科学的（専門的）知識が不可欠な事項が多数存在する。科学的（専門的）知識に基づかない「無理解で熱心な人」（佐々木, 2010）による支援が、子どもの生活上の課題をより悪化させる・複雑にさせる場合もある。そのため、ダイバーシティ・インクルージョン保育実践に臨む上で、修得することが望ましい最低限の知識・技術

等を第3部「多様な保育ニーズと保育の実際実践編」等で解説する。

　③に関しては、例えば学級・クラス内でダイバーシティ・インクルージョン保育を保育者一人で推し進めると、保育者に係る負担は相当大きなものとなる。また保育室のみで保育の環境を構成することは現実的に困難であると考えられる。そのため、ダイバーシティ・インクルージョン保育を推し進める際には第5章で示すカンファレンス等、支援体制の組織化や保育を学び合う機会を園内で創出することが必要となる。ダイバーシティ・インクルージョン保育の推進には組織内で協働体制を構築することが有効であると考えられるため、組織的に取り組むことに関しても本書を通じて学ぶことを期待する。

　④に関しては、ダイバーシティ・インクルージョン保育は、幼児教育施設における生活（園生活）と家庭生活とが連続性を有し、相互に影響を与え合うことを理解する必要がある。またダイバーシティ・インクルージョン保育は、当事者（子ども）のニーズだけでなく、保護者のニーズも把握したうえで推し進める必要がある。従ってダイバーシティ・インクルージョン保育は、家庭（乳児院や児童養護施設等社会的養護の下で生活している場合は施設等を含め）との連携を図りつつ、幼児教育施設で取り組んでいる子育て支援の諸活動と一貫性を保ちながら行っていくことが望ましいのである。ダイバーシティ・インクルージョン保育と子育て支援は支援の両輪ととらえ取り組むことを意識することが肝要となる。具体的な事例等は第4部「家族支援と連携」で述べることとしたい。

　上述のようなダイバーシティ・インクルージョン保育を進めていくための基本的なポイントを踏まえた上で、本書を読み進めることを期待するものである。

　最後に、本書では主に幼児教育施設におけるダイバーシティ・インクルージョン保育を中心に論を展開していくが、本書の内容は特別支援学校幼稚部や児童発達支援センター・児童発達支援事業（所）等における教育、療育等の活動にもつながるものである。子ども及び保護者のニーズに応じる場合には、特別支援学校幼稚部や児童発達支援センター・児童発達支援事業（所）等への就学・通園（所）や在籍の場合においても、幼児教育施設との交流保育・共同保育は可能な限り実施することが望ましい。また幼児教育施設においても、在籍児の有無に関係なく、地域の特別支援学校幼稚部や児童発達支援センター・児童発達支援事業（所）等との交流保育・共同保育は可能な限り実施することが望ましい。交流保育・共同保育を、ダイバーシティ・インクルージョン保育としてデザインし、実践を展開することが広く地域社会におけるダイバーシティ・インクルージョン社会の実現につながるためである。

　加えて、疾病等心身の状態により、在宅や病床にある障害児に対しては、今日の日本社会においては訪問（臨床）保育を行うことが可能である。その実践の際にも、可能な範囲でICTを用いたオンラインでの交流保育等を企図して実践することが子どもの発達に意義をもつと考えられる。そのためには保育者にICTを活用した保育実践の知識・技術が必要となるため、保育者を志す者においては積極的に取り組むことに期待したい。

（田中　謙）

引用・参考文献

- 秋田喜代美・箕輪潤子・髙櫻綾子（2007）「保育の質研究の展望と課題」『東京大学大学院教育学研究科紀要』47, 289-305.
- 秋田喜代美・佐川早季子（2011）「保育の質に関する縦断研究の展望」『東京大学大学院教育学研究科紀要』51, 217-234.
- 保育所等における保育の質の確保・向上に関する検討会（2020）「議論のとりまとめ―「中間的な論点の整理」における総論的事項に関する考察を中心に―」.
- 経済産業省競争戦略としてのダイバーシティ経営（ダイバーシティ2.0）の在り方に関する検討会（2016）「ダイバーシティ2.0検討会報告書〜競争戦略としてのダイバーシティの実践に向けて〜」（https://www.meti.go.jp/report/whitepaper/data/pdf/20170323001_1.pdf）.
- 厚生省社会的な援護を要する人々に対する社会福祉のあり方に関する検討会（2000）「『社会的な援護を要する人々に対する社会福祉のあり方に関する検討会』報告書」（https://www.mhlw.go.jp/www1/shingi/s0012/s1208-2_16.html）.
- 野澤祥子・淀川裕美・高橋翠・遠藤利彦・秋田喜代美（2016）「乳児保育の質に関する研究の動向と展望」『東京大学大学院教育学研究科紀要』56, 399-419.
- 大宮勇雄（2006）『保育の質を高める』ひとなる書房.
- 佐々木正美（2010）『子どもへのまなざし 完』福音館書店.
- 竹下幸男・渡邉健治・深田將揮・生野勝彦（2019）「海外のダイバーシティについての検討に基づく日本の小学校の実情と課題」『Journal of Inclusive Education』6 (0), 65-85.
- 谷口真美（2008）「組織におけるダイバシティ・マネジメント」『日本労働研究雑誌』50 (5), 69-84.
- 脇夕希子（2019）「ダイバーシティとインクルージョンの概念的差異の考察」『九州産業大学商経論叢』60 (2), 33-49.
- 渡邉健治・大久保賢一・竹下幸男・深田將揮（2017）「日本の小学校における『ダイバーシティ教育』に関する調査」『畿央大学紀要』14 (2), 25-40.

## 第2章

## 分離から統合へ、そして包括へ：歴史的な経緯

### 第1節　戦前における障害児保育

　わが国で最初の障害児保育に関する施設は、1878年に古川太四郎によって開かれた京都盲唖院であると言われる。1880年には東京の築地に楽善会訓盲院が創設された。1916年に京都市立盲唖院聾唖部に設置された幼稚科では、発音教育を主とする幼稚教育が試行された。また、1926年に京都盲唖保護院内に京都聾口話幼稚園が開設された。

　1923年に盲学校及び聾唖学校令が公布され、盲聾唖学校の教育の目的として普通教育を施すことと生活に必要な特殊な知識・技能を授けることを掲げた。これを受けて、1928年には東京盲唖学校に予科（幼稚園）ができた。この予科での保育科目は、遊戯（自由遊戯、共同遊戯）、観察（身体及び周囲の事物）、談話（呼吸、発声、発音及び読唇）、手技（書き方、簡単な細工）となっていた。

　このように、聴覚・言語障害や視覚障害のある幼児への保育や教育が実践された一方、その他の障害のある幼児への保育や教育はなかなか実施されなかった。戦前に障害児の支援に尽力した人物として、知的障害に対しては石井亮一を、肢体不自由に対しては柏倉松蔵や高木憲次等があげられるが、学齢期を対象にした学校教育（劣等児・学業不振児を対象とした特別学級や師範学校附属小学校）や施設内教育がほんの一部でなされていたにすぎず、幼児期への保育や教育は皆無の状態であったといっても過言ではなかろう。ただ、『日本キリスト教保育百年史』に記載されている善隣幼稚園での取り組み、『日本幼児保育史第4巻』に記載されている富士幼稚園や東京市明石町市民館での取り組みは、明治末期に無料幼稚園で障害幼児を預かった可能性がある記録として注目できる。

　特筆できるのは、三木安正の障害幼児への尽力である。三木は、戦前から戦後にかけて、知的障害を対象に研究や実践を行った人物である。東京帝国大学医学部附属の脳研究室で知的障害児に出会い、障害のある乳幼児の支援に関心をもつようになった。そして、1938年に開設された愛育研究所の特別保育室において、障害幼児の集団保育に取り組んだ。この恩賜財団愛育会愛育研究所第二研究室（異常児保育研究室）での実験保育は、『異常児保育の研究』（愛育研究所紀要第3輯、1943年）にまとめられている。そこでは、集団・遊び・作業・生活といった4つの活動のもとで試行的に保育がなされていた。1938年から1944年の7年間で、合計47名の障害幼児が通園し、在籍期間は1年から2年以上、年齢は4歳から8歳（就学猶予・免除児を含めていた）で、小溝キツが担当した。この研究所の保育は戦争で一時中止するものの、その後牛島義友の努力によって1949年に特別保育室として再開された。同

保育室は私立愛育養護学校及び通園施設の家庭指導グループの前身となった[1]。

三木のもうひとつの先駆的事業としては1937年に結成された保育問題研究会での保育者と研究者との協働がある。同会の結成趣意書をみると、「私達は幼児教育の理論的な問題、保健衛生、困った子供の問題（中略）新しい保育の体系を立ててゆきたい」と述べられているように、「困った子供」の範疇に障害幼児が含まれていた[2]。

### 第2節　障害児の受け入れ、分離保育の考えが台頭する障害児保育

戦後の障害児保育史に関して、大きな節目（転換期）になった事項を取り上げる。

障害児保育が制度化される1970年代以前は、養護学校があっても知的障害の幼稚部のあるところがかなり少なく、あったとしても遠距離通学となることが多かった。文部省は1972年に「特殊教育諸学校幼稚部学級設置10年計画」を出すものの、36道府県には幼稚部がなかった。

ちなみに1963年東京教育大学附属大塚養護学校に幼稚部（5歳児、翌年4歳児に拡大され2年課程保育となる）が設置された。京都では白川学園に併設された鷹ケ峰保育園の脇田悦三園長が、保育園の一部に定員30名の特殊保育部の設置を1954年に市に申請して、翌年に許可された。ほかに1962年に北九州市いずみの幼稚園、1966年に東京の杉並幼稚園教会幼稚園、1968年に大阪の高槻市教育研究所内のうのはな学級、1968年に小金井市の手をつなぐ親の会が中心となっての自主保育（後のピノキオ幼稚園への発展）、1969年に札幌市立すずらん幼稚園等で障害幼児を受け入れていたという記述がある[3]。こうした篤志的な私立の幼稚園や自治体、保護者を中心にした自助グループが、障害幼児への集団保育を試みたことは重要な動きである。

また、1957年に児童福祉法の一部が改正され精神薄弱児通園施設が新設されたものの、その入所にあたっては「満6歳以上」という条件があり、いわゆる就学猶予・免除された子どもを対象としていて、1974年における規定の改正までは、幼児は在宅の生活を余儀なくされ、保護者にとって日々の疲弊はかなりのものであった。

一方、1963年に3歳児健診が、1977年に1歳6か月健診が開始され、障害の早期発見が進み、その後の療育の場が求められるようになった。この頃の新たな動きに注目してみると、糸賀一雄が約20年間の実践をもとに「この子らを世の光に」と慈悲から権利へのパラダイム転換の必要性を強調し、1961年には小林提樹により島田療育園、1963年には糸賀によりびわこ学園の重症心身障害児施設が開設された。また、「無限の可能性」や「発達は権利である」ことを訴える障害児の教育権保障運動が全国的に展開され、学齢期の障害児の学校教育への受け入れと呼応して、全国で保育所や幼稚園でも受け入れが広がった。ちなみに1979年が養護学校義務制の施行年である。

こうした動向を踏まえて、中央児童福祉審議会は1963年に「保育の欠ける状況」の定義を見直した。ここでは、「軽度の心身障害児のためには、治療的な指導を行うことのできる特別保育所の設置を検討する必要がある」と提言している。

厚生省は 1972 年に「心身障害児通園事業実施要綱」を策定して、障害幼児の保育が開始された。この要綱の主旨は、親子が居住する地域に通園施設をつくること、その対象は精神薄弱、肢体不自由、盲、聾唖の障害であった。就学前の障害幼児も通所制の療育施設に通うことが可能になったという点では制度の前進がみられるが、国からの補助金は「障害児 20 名に対して職員 3 名分」にとどまり、小さな自治体ではこの施設を維持していくことには限界があった。

また、1974 年の『厚生白書』をみると、「障害児の療育指導は、現在、心身障害児通園事業等により行われているが、軽度の障害児については、一般児童と共に保育を行うことが児童の成長に望ましい場合もあるので、今後保育所においても軽度の障害児の保育を行うかどうかについて検討していく必要がある」と記されている。これにより、重度の障害幼児は療育施設で、軽度の障害幼児は保育所でという国の方向性が打ち出されたことに留意しなければならない。

## 第 3 節　統合保育が全国に展開される障害児保育

これまでの節を障害児保育の「萌芽期」と位置づけるならば、これ以降を「発展・充実期」と大きく二分できると考えられる。

わが国では大津市が 1973 年にいち早く統合保育を開始し、「保育元年」と称されることもある。豊中市は 1974 年が、吹田市は 1975 年が、仙台市は 1976 年がといったように、次々と障害児保育を保育所で始めて、全国的な広がりを見せた。

ここでは、のちに「大津方式」と評価されるようになった大津市の先駆的取り組みを取り上げる。国が障害児保育事業実施要綱を出す 1 年前の 1973 年に実施可能となった理由として、①何の制度的な保障もない中で障害児を受け入れてきた民間の保育所が存在したこと。②地域の保健師が中心になって、障害児の親子教室が開催され、ボランティア学生を巻き込んで障害児支援が行われていたこと。③糸賀一雄を中心とした近江学園の理念が地域に浸透していたこと等があげられよう。

同市では、公立・私立の保育所を問わず、すべての保育所で障害児を受け入れ、保育士の加配についても同じ条件で行った。例えば、「市立の保育所に 10 名、民間保育所に 21 名、市立幼稚園に 42 名、民間幼稚園に 2 名、計 75 名の障害児[4]」を受け入れた記録がある。田中昌人（当時、近江学園研究部。のち京都大学）や田中杉恵（当時、大津市健康センター嘱託職員）らの協力を得て、「乳幼児健診大津・1974 年方式」及び「障害乳幼児対策・大津方式 1975 年」の「大津方式」というモデル事業を全国に先駆けて実施した。この意義は、早期発見・早期療育にとどまらず、障害児保育とその後の障害児教育が一貫性をもって取り組まれる地域療育ネットワークの重要さを提言したことにある。国の制度では障害程度が軽度と限定され、重度は対象外だったが、同市では最初から原則として障害の程度や種別の制限なしに受け入れた。さらに、保育所への入所基準についても、障害児をもつ保護者には基本的に就労条件の制限を設けなかった。また、広報目的で『保育元年』（1976 年）、『続保育元年』（1977

年)、『続々保育元年』(1978年)等の映画を製作した[4]。

国の動きとしては、1974年に厚生省は「障害児保育事業実施要綱」の通知を出した。この事業は保育所が障害児を受け入れるために必要な経費を自治体が補助する制度であり、対象となる子どもは「おおむね4歳以上の幼児で、保育に欠ける状況があり、かつ知的障害、身体障害などを有するが原則として障害の程度が軽く、集団保育が可能で毎日通所できる者」とされていた。しかし、この規定をめぐっては、障害児をもつ母親の多くは育児が大変で仕事をすることができず、なかなか「保育に欠ける」という要件を満たすことはできない、また、障害の程度が軽い子どもに限られていたので、中程度以上の障害児は対象にならない、さらに、指定保育所方式なので遠くの保育所まで通わなくてはならない等、十分な支援が行えないという事態にあった。そのため、政府は1978年に「保育所における障害児の受け入れについて」の通知を出し、受け入れ条件を緩和した。これにより、指定方式から一般方式に、3歳児未満でも対象に、程度は「軽い」から「中程度」に、「補助金制度」ではなく「保育士の人数加配」という方法に変更された。

一方、以上のような社会的な風潮に沿って、1974年には文部省が「心身障害児幼稚園助成事業補助金交付要綱」(公立幼稚園用)、及び「私立幼稚園特殊教育費国庫補助金制度」(私立幼稚園用)を出した。ただ、当時の幼稚園ではまだまだ障害児受け入れに対する理解は乏しいものであったのは事実であろう。

国際障害者年である1981年頃からノーマライゼーション理念の普及が進み、障害児の受け入れが進んでいく中で、分離保育から統合保育を目指す動きが展開されていく。

### 第4節　特別支援教育へと移行していく障害児保育

1973年を障害児保育史上の第一転換期とするならば、第二転換期は2007年であろう。

まずは、第二転換期前の障害児保育の状況を概観してみよう。厚生労働省の『就学前の支援策』(2008年)によると障害児保育の機関は、保育所、入所施設、通園施設、医療機関(厚労省管轄)と幼稚園、特別支援学校幼稚部(文科省管轄)であり、次のことが読み取れる。

① 特別児童扶養手当対象者(障害の重さが中度から重度の子ども)の日中活動の場は、身体障害児では自宅が最も多く34%、次に保育所が33%、幼稚園が16%となっている。知的障害児でも自宅が最も多く36%、通園施設が30%、保育所が16%、幼稚園が8%となっている。障害児保育を行っているのは、保育所、幼稚園、通園施設の割合が非常に高い。重度の場合は在宅という大変さを保護者が背負っているのである。

② 保育所での障害児の受け入れ人数は増加の傾向が続いている。

③ 障害の種類は、発達障害と知的障害が多く、特に発達障害の場合は、低年齢ほど障害そのものがわかりにくいという特徴があり、保育の過程で障害が明らかになってくるという問題がある[5]。

わが国の障害児保育に関連する法制度は、身体障害に関する身体障害者福祉法、知的障害に関する知的障害者福祉法、精神障害に関する精神保健及び精神障害者福祉法に3区分され

てきた。これらに含まれない発達障害に関する発達障害者支援法が 2005 年に施行され、そして 2007 年 4 月 1 日に施行された「学校教育法等の一部を改正する法律」により、第二転換期の特別支援教育制度が始まった。特別支援教育という用語を文科省が使用し始めたのは、2001 年からであり、その起源は 1978 年のイギリスの「ウォーノック報告」及び同報告を受けた、1981 年のイギリス教育法改正法であると言われる。発達障害への着目とその支援の開始である。

　障害児保育では、保育の機能を十分活用した支援が求められる。その際、保育者が参照すべき基本的な事項が、『保育所保育指針』、『幼稚園教育要領』、『幼保連携型認定こども園教育・保育要領』に記載されている。平成 29 年告示を読むと、保育指針では、保育の計画及び評価 (p.9)、教育要領では、特別な配慮を必要とする幼児への指導 (p.12)、教育・保育要領では、特別な配慮を必要とする園児への指導 (pp.12-13) を中心に書かれている。

　特別なニーズのある子どもは、義務教育段階の児童生徒数よりも就学前の幼児数の方が多いと予想される。1990 年代から保育現場で言われ始めた「気になる子ども」に①「障害」の診断を受けている子、②「障害」の診断が難しい子、③家庭の事情や家族関係で気になる子、④外国籍の家族をもちまだ日本語環境に慣れない子等が多数含まれていることに留意する必要がある。つまり、「気になる子ども」の多くは、合理的配慮を必要としている子どもたちと換言することができる。

　では、インクルージョン保育を語る上でのキーワードである合理的配慮とはどのようなものなのだろうか。そのルーツは 2006 年に国連で採択された「障害者の権利に関する条約 (通称、障害者権利条約)」にある。同 2 条では「障害に基づく差別」が定義され、その「差別」を解消するための方法のひとつとして合理的配慮を求めている。条文のポイントは、①必要かつ適当な変更及び調整、②均衡を失した又は適度の負担を課さない、の 2 つである。

　具体的には、園環境のユニバーサルデザイン化 (段差をなくす、エレベーターの設置、トイレの年齢種別化、ドアの工夫等)、障害児加配制度、複数担任制 (人的確保)、個別の指導計画や個別の教育支援計画の作成等である。すなわち、合理的配慮は、障害のある人が暮らす場所で、一般の人々と同じように、差別なく平等に生活していくことを促進するための工夫のことになる。もちろん 1950 年代にデンマークで提唱されたノーマライゼーションの理念が基礎となっている。インテグレーション (統合) は、障害のない子と障害のある子が同じ空間で同じ活動をする考えであったが、インクルージョンは、子どもを障害の有無で二分するのではなく、お互いの存在を尊重しながら、子どもは元来一人ひとり固有のニーズが異なることを認め、各々に必要な支援を個別に行っていく考えである。例えば、保育所や幼稚園に通いながら、その子どもに必要な、ニーズに合った訓練ができる療育機関への並行通園や、医療的ケアが必要な幼児の院内保育の活用といった、その子どもの発達課題に応じた適切な支援を選択できるようにすることである。

　インクルージョン保育の理念をまとめとして述べておく。インクルード (include) の語源は「中に閉じる」で、エクスクルード (exclude) は「外へ閉め出す」の対である。インクルージョ

ン保育の考えは、本書のはじめにで取り上げたサラマンカ宣言の「万人のための教育」を前進させるための理念となる。インクルージョン保育が対象とするのは、障害児だけでなく、社会的マイノリティの子どもや特別な事情をもった子どもたちを含んでいる。子どもたちは十人十色であり、その中に障害児がいても当たり前という前提に立って、子どもたちの違いを認め、個々の教育的ニーズに対応し、すべてを包み込むという考え方である。そのニーズに応じて子どもが主体的に活動できる場を提供し、支援するのが障害児保育の基本となる。

　子どもが社会性や豊かな人間性を身につけられること。保護者が助け合いや支え合いを学べること。保育者が障害や発達の理解を土台に、一人ひとりへ丁寧にかかわる姿勢を学べること。園全体が連携して対象となる子どもの支援に取り組むことを通して、保育の「質の向上」が期待できること等の、インクルージョン保育の実践意義をこれからはさらに求めたい。

　「園には今日、多様性の中で、十分な保育・教育を受けていないか、あるいは、十分な保育・教育を受けることができない個人や集団に支援しようとすることになる。肝心なのは、子どもたちが園に合わせるのではなく、園が子どもたちに合わせるといった発想の転換である。[6]」

（小川　英彦）

注
1) 小川英彦（2007）「戦前の障害児保育と三木安正」愛知教育大学幼児教育講座『幼児教育研究』第 13 号 , 1-6.
　小川英彦（2009）「戦前における障害児保育に関する研究－保育問題研究会機関誌『保育問題研究』の記述を整理して－」愛知教育大学幼児教育講座『幼児教育研究』11-18.
　小川英彦（2014）『障害児教育福祉の歴史－先駆的実践者の検証－』三学出版 , 111-123.
2) 全国社会福祉協議会（1988）『障害児保育論－その理論と方法－』9-12.
3) 柴崎正行（1997）「早期教育」日本精神薄弱者福祉連盟編『発達障害白書戦後 50 年史』日本文化科学社 , 201.
4) 稲沢潤子（1981）『涙より美しいもの－大津方式にみる障害児の発達－』大月書店 .
　白石恵理子・松原巨子・大津の障害児保育研究会（2001 年）『障害児の発達と保障』クリエイツかもがわ .
5) 藤永保（2012）『障害児保育－子どもとともに成長する保育者を目指して－』萌文書林 , 22-25.
6) 小川英彦（2021）「障害児保育の構築をめざして」愛知教育大学幼児教育講座『幼児教育研究』第 21 号 , 9-15.

（小川英彦）

# 成人期を見据えた幼児期の支援

　障害の有無を超えて、成人期を見据えた支援が幼児期から求められる。特に何らかの障害を持ち合わせていたりその可能性が高かったりした場合、実態の理解と特別な配慮をした上での支援が求められる。幼児期の支援は、学齢期のみならずその後の人生にも多大な影響を及ぼすからである。

　筆者は、かつて小学校の特殊学級（現、特別支援学級）や養護学校（現、特別支援学校）で多様な障害のある子どもたちの支援や保護者の支援に携わってきた。この経験をもとに、成人期を見据えた幼児期の支援を中心に学齢期以後の支援についてもとりあげてみる。

## 1　幼児期の支援

　就学前の幼児が通う幼稚園や保育所等は、生まれて初めて保護者以外の大人（先生）から支援を受ける場であり、同年代の子ども同士が関わりを持つ最初の場でもある。子どもたちにとってまさに社会的・集団的デビューの第一歩といえる。

　それぞれの子どもたちが抱いている期待と不安な気持ちを受け止め、両親を始め家族、親族の方々にも安心と信頼を届けるのが保育者の役割である。子どもたちは一見、すべて同じように見えても生まれや育ちが異なっているように個性もそれぞれ異なっており、興味や関心のある事項も各人異なっている。なかには年齢相応の発達レベルか否か、疑問を感じる子どもも見られる。目の前にいるすべての子どもたちに「楽しい」が実感できる保育を提供することが保育者の最も重要な役割といえる。いかに綿密な保育計画のもとに十分な準備をして臨んだとしても、子どもたちにとって「楽しい」が実感できなければ魅力のある保育とはいえない。

　生活年齢と発達年齢が異なっている場合、最初にその具体的な様子に気付くのも保育者である。多くの子どもたちと接していることから得られるひらめきでもある。いわゆる「気になる子」「手のかかる子」の発見である。その子どもたちにどのように対応するか、保育者としての資質が問われる。個別支援の具体的な方法や内容において、絶対的な正解はないのが常であり、試行錯誤の連続である。興味や関心を示し、楽しみながら意欲的に参加できる環境の整備、適切な保育教材・教具の準備等、創意と工夫が求められる。有効で適切な働きかけか否かの評価は目の前の子どもたちの様子から学び取るしかない。「子どもこそ最良の教師」といえる。

　年長児クラスになると園での生活を楽しみながらも小学校への就学が重要な課題となって

くる。日常生活の基本的事項や勉学に取り組む心構えもさることながら、友だち関係や集団生活における基本的なルール等も確実に習得しておくことが求められる。保護者は、わが子の発達が気になる場合、通常学級、通級による指導、特別支援学級あるいは特別支援学校のいずれが望ましいかについて深刻に悩むこともある。その思いに共感し、寄り添った支援と協力が求められる。保護者の心情としては、定型発達児との比較から焦りを感じ、わが子に対して無理な課題を強いることもある。発達には順序性があるという理解を促すとともに、目の前の課題を一つずつ確実に解決していくことの大切さを伝えることも重要な保護者支援である。実態を踏まえた冷静な対応こそ次の発達のステージにつながる土台づくりなのである。

　小学校や児童相談所、教育委員会、市区町村役場等の関係機関と連携して適切な情報を迅速に届けることも保育者が果たすべき保護者支援といえる。もちろん課題解決に当たっては一保育者だけの努力では限界があり、園長はじめ関係職員の理解と協力が不可欠であることは言うまでもない。園ぐるみの支援が重要である。

　いずれにしても卒園後の新しいステージである小学校での生活が子ども本人にとって夢と希望が持てる場であり、保護者にとっては安心と信頼が得られる場でなければならない。

## 2　学齢期とその後の支援

### （1）学齢期の支援

　学齢期を迎えると、発達に遅れが見られる児童生徒は、小中学校の通常学級又は特別支援学級あるいは特別支援学校に9年間、さらに特別支援学校高等部へ進学し、通算で12年間の学校生活を送ることが多い。

　この12年間において何より重要なことは、学びを終えた時点で可能な限り社会に参加できる力を習得しておくことである。そのためには、小・中・高の各段階で成人期を見据えた支援プログラムが重要となる。食事、排泄、衣服の着脱等を始めとする基本的生活習慣の確立、時や場所に相応しい態度や言葉遣い、自分の思いを伝えることや指示を聞き取って行動することができる力等、各段階において実態に即した支援の創意と工夫が求められる。

### （2）青年期（成人期も含む）の支援

　障害者の就職に際しては障害者の雇用の促進等に関する法律において、国、地方公共団体、民間企業においてそれぞれ雇用率が定められており、一般の競争試験とは別枠で採用選考が実施されている。就職後の職務遂行に際しては、責任を持って役割を果たすという本人の自覚がまず求められる。同時にすべての関係者には、一人ひとりの障害に対する正しい理解と公平で平等な人間関係が求められる。融和的な人間関係の構築、より働きやすい職場環境への改善等、雇用主側としての努力も求められる。能率性、効率性、収益性のみの評価ではなく、社会を支える一員として迎え入れ共に育つというまさにダイバーシティ理念の具体化という意識が不可欠といえる。

## 3 幼児期における支援の重要性

　"三つ子の魂百まで"という諺がある。幼児期から成人期のみならずライフステージ（生涯）を見据えた支援がいかに重要かということを意味している。具体的な支援の方法や内容は障害の種類や程度によって異なっており、支援内容が確立されているわけではない。年齢だけでなく月齢をも加味して、障害特性に応じた支援プログラムを作成し実践しなければならない。その役割を担うのは担当保育士である。もちろん、その他の保育士や保護者との共通理解を深めることや協働が不可欠である。

　その過程で留意しなければならないことは、成果や結果を求めるあまり、無理な課題を強要したり時間や期間を縮めたりしないことである。このような実態にそぐわない支援は確かな発達には結びつかない。

　「何でできないの？」「どうして分からないの？」等は、保護者だけでなく保育者も日常的によく口にする子どもたちへの問いかけ語である。このような場面を冷静に考えるならば、答えのない問題を押し付けていると言える。子どもの立場からすれば、何で？どうして？に答えはなく、あえて言えばそれは「あなたの支援が足りないから」と子どもは反論したいと思っているかも知れない。子ども理解の基本といえよう。支援を担う保育者として心したいことである。

（川上　輝昭）

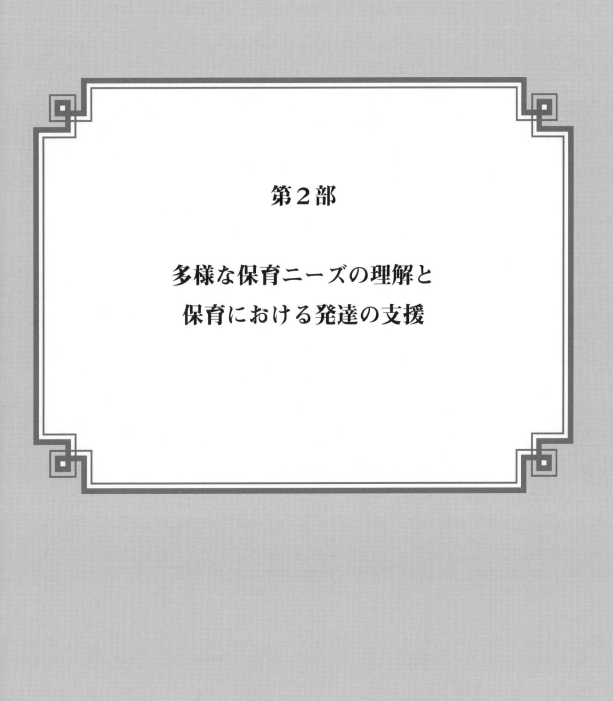

第２部

多様な保育ニーズの理解と
保育における発達の支援

本章では、広く福祉領域における障害やニーズの概念について解説し、その上で保育領域における「気になる子ども」のとらえ方に関して、「気になる子ども」への関心が高まっている背景（「対象を選定する」制度の意義と課題等）や、保育者に求められる専門性等を解説する。

## 第1節 「気になる子ども」の定義について

まず、「気になる子ども」の定義について考えてみたい。木村明子・松本秀彦は、「気になる子」について「近年、幼児教育や保育の場において、他の子ども達とはどこかが違うと感じられるような子どもや、保育上何らかの課題がある子どもを、『気になる子』『ちょっと気になる子ども』『困難を抱えた子ども』など様々な名称で呼ばれている。しかし、実際には『気になる子』という名称は、特定の定義が一致してはおらず、その行動や特性も多様であるがゆえに、保育者はその対応に大変苦慮され日々保育にあたっている」（木村・松本, 2012, 261）と述べている。

保育分野や社会福祉分野においては、多くの場合、「子ども」、「障害児」、「保護者」のようにその対象者を示す言葉によって保育方法や支援方法が表されている。しかし、「気になる子ども」の場合、定義が定まっていないうえに、言葉が保育方法や支援方法を表しておらず、それらとは大きく異なっている。村井憲男は、「気になる子ども」について次のように述べている。

「あの子の行動がなんとなく気になる」ということを、最近、保育所や幼稚園などでよく耳にします。何が気になるのでしょうか。（中略）「気になる」というのは子どもの行動に対する保育者側の主観的な印象ですから、行動を観察する側の知識や経験、あるいは感受性の違いによって当然異なってきます。たとえば、多くの子どもによく見られる行動であっても、神経質なタイプの人の目には、「気になる」行動として映るかもしれません。また反対に、あまり感受性が豊かでないタイプの人や、保育の知識や経験が乏しい人では、子どもが示す異常な行動に気付かないこともあります。でも、知識あるいは経験が豊富な養育者（たとえば、障害児の両親など）は、普通は見過ごされるような、非常に軽い障害の徴候を、子どもの「気になる」行動として的確に感じとっている場合が少なくありません。同様に、大勢の子どもたちに日常的に接している保育所や幼稚園の先生方は、障害児に特有な行動やそれと似通った行動を示す子どもに接して、「気になる」子どもという印象を受けるようです。

「気になる子ども」という言葉は最近よく使われています。しかし、その意味するところは必ずしも一様ではありません。「気になる子ども」を健常から障害に至るスペクトルの中間に位置する、つまり健常と障害の境界にある子どもとするとらえ方もあります（村井, 2001, 11）。

　この村井憲男による「気になる子ども」の言及において注目すべき点は、「『気になる』というのは子どもの行動に対する保育者側の主観的な印象ですから、行動を観察する側の知識や経験、あるいは感受性の違いによって当然異なってきます」という点に尽きるのではないだろうか。例えば「こども」等は言葉の定義が定まっているので、その定義に当てはまるかどうかを客観的に判断することができ、誰が判断しても結果は同じになる。一方、「気になる子ども」は保護者が主観的に気になっていることを表す言葉なので、当てはまるかどうか客観的な判断基準がなく、判断する人が違えば結果も違うことがある。この点が、「気になるこども」という言葉の意味を複雑にしている。

　そこで、次節では、保育者側及び支援者側の主観的な印象によって捉えられる「気になる子ども」ゆえに保育者側及び支援者側に求められる「自己覚知」について触れてみたい。

## 第2節　「気になる子ども」ゆえに保育者側及び支援者側に求められる「自己覚知」

　ここでは、保育者側及び支援者側の主観的な印象によって捉えられる「気になる子ども」ゆえに保育者側及び支援者側に求められる「自己覚知」について考えることにしたい。

　本荘明子は、「保育者は必ず自分の中に子ども観を持って保育をしていると感じている。初任者でも長年の経験者でも、子どもの前に立つ時、無意識的に何らかの信念がそこにあるはずだ。同じ活動でも言葉掛けやその保育者の雰囲気や保育観で、クラスの空気や子どもの様子までもが全く違うだろう。当然、保育内容は設定保育や自由保育、各々の園で保育理念、教育方針があり、実際の保育での援助や指導の仕方は、その保育者の持っている保育観が大きく左右する。しかし、保育者が意図したものに沿わない子どもは、『気になる』子どもとなる危険性が大きいように感じる。特にクラス運営をする保育者という立場では、集団活動場面での全員で同じ活動をすることが困難な子どもには、個々に応じた手厚い援助が必要となる」（本荘, 2012, 67）と述べている。

　保育実践における集団活動を展開する際には、その集団活動が困難な子どもが一定数現れるのは自然なことである。そこで、保育者が子どもたちの「協調性」や「社会性」を身につけるという集団行動の目的を重視するほど、その集団活動が困難な子どもは、「保育者が意図したものに沿わない子ども」となってしまいがちになる。それは、本来保育者が、子どもたち一人ひとりの個性を尊重し、各々がかけがえのない存在として向き合うことの大切さを忘れさせてしまいかねない。場合によっては、保育者自身の力量のなさを「気になる子ども」という言葉で相手に転嫁させていることもあろう。

　福祉分野においては「自己覚知」という言葉が定着して久しい。1974年に発行された『社会

福祉辞典』では、この「自己覚知」について「ケースワーク関係において、ケースワーカーが気付かないまま個人的な、非現実的な感情をクライエントに転嫁し、クライエントの現状や問題を誤って理解・判断してしまう場合があるが、ケースワーカーが自らそのような感情、態度を意識化しコントロールするようにしていくことを自己覚知という。これを深めていくことは、ケースワーカーにとって不可欠な課題であるが、それを効果的にすすめていくのを支援するためにスーパービジョンがある」（仲村・一番ケ瀬・重田・吉田, 1974, 127）と述べられている。

　今日の福祉分野においても「自己覚知」は重視されている。空閑浩人は「自己覚知」について「援助者が自己の価値観や感情などについて理解しておくこと。援助職に共通して求められる。人は誰かに関わる際に、自己の価値観などを基準にして、その人をみることが多い。しかし、援助者がクライエントに関わる際に、自らの価値観や偏見、先入観を基準にしたままでは、クライエントを正しく理解できないばかりか、信頼関係の構築の妨げにもなりかねない。自己覚知は、援助者としての自らの専門性の維持、向上のために、またクライエントとの援助関係構築のためにも必要不可欠である。スーパービジョンや研修などの機会を利用するなどして、自己覚知に務めることが求められる」（空閑, 2013, 125）と述べている。

　「自己覚知」については、空閑浩人が「援助職に共通して求められる」としているように、「自己覚知」が用いられる原則的な条件として、保育者及び支援者が専門職者として保育や支援を実践している場合を想定している。そして、専門職者ゆえに陥りがちな、利用者への転移・逆転移といった現象も含めた利用者に対する誤った判断等の危うさへ注意喚起する目的でも扱われている。先にも触れたように、「気になる子ども」とは、定義が定まっておらず、保育者及び支援者が専門職者である場合は、とりわけこの「自己覚知」が求められるのではないだろうか。

　「自己覚知」という概念を通して「気になる子ども」に定義が定まっていないという点を考察した場合は、「気になる子ども」という言葉が持つ課題的側面が見えてくる。一方で、「ソーシャルワーク」という概念を通して「気になる子ども」に定義が定まっていないという点を考察した場合は、「気になる子ども」という言葉が持つ課題的側面以外の側面も見えてくるのである。

　そこで、次節では、ソーシャルワークにおける「共生」の視点から考える「気になる子」について触れてみたい。

## 第3節　ソーシャルワークにおける「共生」の視点から考える「気になる子」について

　ここでは、あらかじめ、ソーシャルワークとは何か簡単に触れておきたい。ソーシャルワークの定義にも歴史的な変遷がある。このうち国際ソーシャルワーカー連盟（IFSW）が2000年7月採択したソーシャルワークの定義は「ソーシャルワーク専門職は、人間の福利（ウェルビーイング）の増進を目指して、社会の変革を進め、人間関係における問題解決を図り、人々のエンパワーメントと解放を促していく。ソーシャルワークは人間の行動と社会システムに

関する理論を利用して、人びとがその環境と相互に影響し合う接点に介入する。人権と社会正義の原理は、ソーシャルワークの拠り所とする基盤である（傍点筆者）」となっている。近年のソーシャルワークの定義は、ソーシャルワーカーによるカウンセリングのようなクライエント自身への働きかけ以上に、クライエントを取り巻く環境への働きかけによって様々な困難的状況を改善し、クライエントの苦しみや悲しみを軽減させ、クライエントの自立にもつなげていくプロセスを示していることが多い。

　ソーシャルワーク援助の展開過程においては、その初期段階でスクリーニングやニーズの確定が行われる。まず、スクリーニングについて、松山真は、「児童相談所では高齢者の在宅療養の問題は扱えないように、ソーシャルワーカーが所属している機関や施設の機能に沿って相談援助を行うことが多い。ソーシャルワーカーは、所属する施設や機関の機能の範囲、与えられている責任、そしてソーシャルワーカー自身の能力も考慮しながら、このケースを自分が担当するかどうかについて検討しなければならない。これをスクリーニングという」（松山, 2015, 110）と述べている。一方、ニーズの確定について、松山真は、クライエントの「主訴とニーズ」といった観点から「クライエントの主訴は、クライエントの希望（wants）であったり要求（demand）という形である。クライエントの希望をそのまま叶え、要求に応じることがソーシャルワーク援助ではない。希望や要求を聴いたうえで、さらにその問題状況をよく聴き、特にクライエントとその環境との交互作用の状況を把握していく。また、ソーシャルワーカーが所属している機関がその問題状況に対応することができるのかどうか、ソーシャルワーカー自身が問題解決支援を行う能力や権限をもっているかどうかも検討しておかなければならない。クライエントとソーシャルワーカーのおかれた状況、そして社会資源や環境との交互作用という全体の状況を把握したうえで、ソーシャルワーカーは、何に対して問題解決支援を行うのか、どのように行うのかという判断をすることになる。こうして、クライエントの希望や要求は、ソーシャルワーカーの判断を通して専門的支援の必要性（ニーズ；needs）として認識されるようになる。漠然としたクライエントの希望や要求がさまざまな角度から検討され、明確な形のニーズとして確定される」（松山, 2015, 112-113）と述べている。

　ここで、ソーシャルワーク援助の展開過程におけるスクリーニングやニーズの確定といった点から「気になる子ども」について考察してみたい。例えば今日の日本国内においては、「身体障害」、「知的障害」、「精神障害」を「三障害」としている。そして、身体障害者には身体障害者手帳、知的障害者には療育手帳、精神障害者には精神障害者保健福祉手帳といったように、各々の障害に応じた手帳が交付されている。これらの手帳が交付される目的は、交付される当事者に対して、各々が身体障害者、知的障害者、精神障害者であることを証明するためであると同時に、ソーシャルワーク援助の展開過程で考えるならば、スクリーニングやニーズの確定のためであると言うこともできるであろう。このように手帳の交付を捉えるならば、「三障害」に含めることのできない「気になる子ども」は、手帳を持たないために、明確な福祉的「ニーズ」を確定するにも困難があり、明確な「専門的支援」や明確な「専門的社会

資源」につながっていない状況が生まれやすいと言える。つまり、何らかの生活課題に伴う「主訴」がありながら「制度の谷間にある子ども」でしかないと言うこともできる。ただし、そのことを悲観的に解釈するのではなく、むしろ、特別視されるようなことは何もない個性のある子どもと解釈することもできるのではないだろうか。たしかに、その子どもたちは、生活面で何らかの課題を抱えることによって「気になる子ども」になってはいる。しかし、むしろ、その子どもたちと共に生きる我々が、その「気になる」点をどのように理解していくのかという考え方を世の中に広めることも大切になるはずである。

　ソーシャルワーク援助の展開過程におけるスクリーニングやニーズの確定といった点をもう少し具体的に整理してみよう。ソーシャルワークを担うソーシャルワーカーは、クライエントの抱える様々な生活課題に伴う「主訴」と向き合う場合、それらを解決へと導くような適切な社会資源を選び、擦り合わせを行いながら、それらの「主訴」を整理し、福祉「ニーズ」として明確化させる。このプロセスでは、クライエントの「主訴」と福祉「ニーズ」は分けて整理するものの、クライエントの福祉「ニーズ」に至らない「主訴」は、全く無視されているかと言えばそうではない。例えば法制度に定められているようなフォーマルな社会資源には責任の明確さはあるものの柔軟さに欠け、数的にも実践的にも限界があるが、必然的にその限界を決めてしまうような明確な枠を定めておかなければ展開さえできないジレンマがある。それを補うのがインフォーマルな社会資源とされている。本来、ソーシャルワークの対象となっているクライエントの生活は、目に見える社会資源だけでなく、多くの他者がお互いを理解し合いながら生活基盤を築いていくような目に見えない社会資源までをも含めると、フォーマルなものよりも、インフォーマルなものに身を委ねていることの方が多い。よって、多くのソーシャルワーカーたちは、フォーマルかインフォーマルかにかかわらず不足している様々な社会資源を自分たちの力で当事者と共に創設して行く責務がある。

　今日のソーシャルワークを展開している福祉分野においては、すでに「共生」という言葉が定着してきている。この「共生」という言葉を、例えば国としてどのように扱われているのか概観してみると、厚生労働省では、「地域共生社会」の説明として「制度・分野ごとの『縦割り』や「支え手」「受け手」という関係を超えて、地域住民や地域の多様な主体が『我が事』として参画し、人と人、人と資源が世代や分野を超えて『丸ごと』つながることで、住民一人ひとりの暮らしと生きがい、地域をともに創っていく社会」(厚生労働省, 2017) と述べている。また、文部科学省では、「共生社会」の説明として「これまで必ずしも十分に社会参加できるような環境になかった障害者等が、積極的に参加・貢献していくことができる社会である。それは、誰もが相互に人格と個性を尊重し支え合い、人々の多様な在り方を相互に認め合える全員参加型の社会である。このような社会を目指すことは、我が国において最も積極的に取り組むべき重要な課題である」(文部科学省, 2012) と述べている。つまり、この「共生」という言葉の理念的側面を多分に含む概念こそが、本書の主題にもなっている「ダイバーシティ（多様性）・インクルージョン（包括・包含）」そのものであると言えるであろう。

　「ダイバーシティ・インクルージョン」という多様性を受け入れる考え方こそ、我々が「気

になる子」を理解するということであり、その理解に向けた様々な取り組みこそが、「気になる子」が生きていくための生活基盤を築くこととなるはずである。そして、「気になる子」の抱える様々な生活課題に伴う「主訴」と向き合いながら、様々な社会資源を創設し、展開させ、充足させていくことこそが、「ダイバーシティ・インクルージョン」における、保育及びソーシャルワークをはじめとする支援を担う実践者に求められる新たなミッションとなるはずである。

（大津　雅之）

参考文献
- 木村明子・松本秀彦（2012）「保育園における『気になる子』への支援事例研究－一斉活動における退室行動を教室の環境調整によって減少させる試み－」作新学院大学『作大論集』2, 261-279.
- 空閑浩人（2013）「自己覚知」山縣文治・柏女霊峰編集委員代表『社会福祉用語辞典：福祉新時代の新しいスタンダード－第9版－』ミネルヴァ書房, 125.
- 厚生労働省（2017）「『地域共生社会』の実現に向けて」https://www.mhlw.go.jp/stf/seisakunitsuite/bunya/0000184346.html.
- 仲村優一・一番ケ瀬康子・重田信一・吉田久一（1974）『社会福祉辞典』誠信書房, 127.
- 本荘明子（2012）「『気になる』子どもをめぐっての研究動向」『愛知教育大学幼児教育講座　幼児教育研究』16, 67-75.
- 松山真（2015）「第5章　相談援助の展開過程I」『新・社会福祉士養成講座7　相談援助の理論と方法I（第3版）』中央法規, 95-136.
- 村井憲男（2001）「第1章　気になる子どもの理解」村井憲男・村上由則・足立智昭『気になる子どもの保育と育児』福村出版, 11-17.
- 文部科学省（2012）「1. 共生社会の形成に向けて」『資料1　特別支援教育の在り方に関する特別委員会報告　1』https://www.mext.go.jp/b_menu/shingi/chukyo/chukyo3/siryo/attach/1325884.htm.

# 第 4 章

## 保育者の困り感をめぐって：保育の見通し、展開

### 第 1 節　保育者の困り感にある背景

　特別なニーズを必要とする子どもたちを保育する上で、保育者は多くの困り感を抱えている。例えば、発達障害児を保育する保育者の困り感について見てみると、それらが多岐に渡っていることが分かる（表 4-1）。

　しかし、発達障害児の保育に関する研修は多く開催されているにも関わらず、なぜこのような多くの困り感を抱いたままなのであろうか。筆者の調査では、知識不足や発達障害児に対する 1 対 1 での支援について困っていると回答した保育者は非常に少なく、「1 対 1 での支援方法は理解できるが、それをどのように集団で活用していけば良いのか分からない」という回答が一番多いという結果になった。この結果は保育の特徴を浮き彫りにした結果であると考えている。療育の場合は大人と 1 対 1 （もしくは少人数）で課題に取り組むことも多く、机やコーナーごとに刺激を抑制するための仕切りがあったり、個々のスケジュールが絵カー

表 4-1　発達障害児を保育する保育者の抱える困難性（「第 5 部 職員間の協働『保育者の困り感』」『ポケット判 保育士・幼稚園教諭のための障害児保育キーワード 100』小川英彦編、福村出版、p.99)

| 対象 | カテゴリー | 具体的な困り感 |
|---|---|---|
| 子ども | 不安 | ・知識が無いので不安<br>・適切な支援ができているのか不安 |
| | 支援・理解の困難性 | ・障害特性か個性や経験不足なのか判断が難しい<br>・発達のレベルに合った経験ができていない<br>・問題行動を起こす理由が分からない<br>・具体的な支援の方法が分からない<br>・みんなと一緒に活動するためにどうしたらよいか分からない<br>・集団活動や行事のプログラムを作る時に戸惑う<br>・同じ障害名であっても個々によって差がある |
| | 疲労 | ・注意と労力がかかる<br>・変化が見られない |
| 保護者 | 共通理解の困難性 | ・どのように伝えたら良いのか分からない<br>・他児の保護者にどのように伝え、理解を求めれば良いか分からない<br>・保育者が問題だと捉える言動を問題だと思わない、受け入れない |
| | 非協力的 | ・協力が得られない |
| 環境・条件 | 連携 | ・相談できる機関・巡回相談などが十分でない<br>・助言が欲しい<br>・園内の連携不足 |
| | 人的・時間的問題 | ・人手不足・加配がつかない<br>・一部の人の負担が大きい<br>・研修会など学ぶ機会が少ない<br>・時間が無い（記録や情報交換など）<br>・対象児や健常児に時間や手をかけてあげる機会が少なくなる |

ドで視覚的に示されていたりと一人ひとりに合わせた環境が整えられ、個別支援がなされているという特徴がある。つまり、1対1（もしくは少人数）を想定した療育的環境がある中でこそ効果を発揮する支援という特徴があると言える。一方で幼児教育施設で行う保育は、多くの障害のない子たちの集団をベースとして保育を行うことを想定した支援という特徴があり、集団を想定した環境であるため、療育的個別支援をそのまま活用することが難しいのである。この部分で多くの保育者が困り感を抱えている。

　保育者に対して行う発達障害のある子どもに関する研修の多くは、発達障害に関する基本的知識に加えて、療育での実践をベースとした、1対1（もしくは少人数）での支援の工夫が紹介されることが多いのではないだろうか。「1対1での支援方法は理解できるが、それをどのように集団で活用していけば良いのか分からない」という回答が一番多い結果からも、それらの研修によって多くの保育者が個別支援については理解できているという到達点として評価できる一方で、今後はどのようにその個別支援を集団の中で活用していくのか、言い換えれば、集団の中における個別支援をどのように行っていけば良いのかを考えていかなくてはならない保育方法の課題であると言える。

　もう少し保育者の困り感について見ていくと、「みんなと一緒に活動するためにどうしたら良いか分からない」というものがある。この背景には、「みんなで同じ活動をする」という「一斉活動が当たり前であると」いう価値観があると考えられる。つまり、障害のない子たちの活動に障害のある子が参加するためにはどのような支援をすれば良いのだろうかという統合保育的な考え方があるのである。もちろん支援方法も重要ではあるが、それよりも保育者の価値観を見直していくことが重要なのである。例えば、一斉活動をベースに考えていると、障害のある子がそれに参加したくないという意見を表明をした場合に、その保育者は困り感を抱くことになるであろう。しかし、一斉活動ではなく、自由遊びをベースとして保育を行っている保育者にとっては、困り感を抱きにくいのではないだろうか。このように、子どもの反応や行動は同じであっても、それを受け取る保育者の価値観によって、困り感を抱く保育者とそうでない保育者とに分かれてくるのである。

　そう考えるのであれば、ここで問わなければいけないのは、どのように支援するかという技術的な問題よりも先に、どのように子ども集団を理解するかという価値観である。そして、その価値観が変わることにより、支援方法も変わってくるのである。

## 第2節　ダイバーシティ・インクルージョン保育における考え方
　それでは、これまでの統合保育とダイバーシティ・インクルージョン保育とではどのような価値観の見直しが必要なってくるのだろうか。

　これまで行われてきた統合保育は、一言で言えば「どこかの基準に合わせた保育」である。障害のある子が加配保育者の支援を受けて障害のない子たちに合わせる、障害のない子たちが障害のある子に合わせる、もしくは、その間に基準を置く等、無意識的にどこかのレベルの子どもたちを基準にして、それに全員が合わせるという価値観が統合保育にあると言える。この方法には、その基準から遠い子どもたちにとっては簡単過ぎたり、難しすぎたりして適

切な経験が保障されないことやペースが保てないという問題がある。

　一方で、ダイバーシティ・インクルージョン保育の価値観は一言で言えば「基準がない保育」である。どのような子たちがその集団に在籍しているかを把握し、ねらいや内容に向かってどのように保育をしていけば良いのかを考える必要がある。例えば、毎年５歳児の遠足は歩いて１時間かかる公園に行っているが、今年は歩行困難な子が在籍している。その時に、どのようにその公園に「行かせるか」という考えは統合的な考え方である。なぜなら、障害のない子たちの活動に基準を置き、それに合わせるためにはどうすれば良いかという考え方だからである。ただし、その子自身にみんなと一緒にその公園に行きたいという思いがあれば、その限りではない。

　一方で、その歩行困難な子がいる状況で、遠足のねらいや内容を経験できるようにするためにはどのような保育をしていけば良いのかと考えていくことは、どこかに基準を置いて保育を考えるのではなく、今の子どもたちにとってどのような経験が必要であるのかという保育の本質をとらえたダイバーシティ・インクルージョン保育の考え方と言える。

　そこでは、「全員が一緒に遠足に行く」という固定概念にとらわれず、他のクラスに協力をしてもらい、Ａチームは例年どおり○○公園、Ｂチームは近場の△△公園に行くという形も考えられるだろう。行先は違ったとしても、保育のねらいや内容に沿っていれば問題はないはずである。

　保育者はできる限り同じクラスの子たちには同じ経験ができるように配慮しているが、それは一斉保育でしかできないことなのかを振り返って考えてみる必要がある。例えば、七夕の時期に「七夕の由来や意味を知る」だけでなく、「文字に親しむ」、というねらいを立てたとする。そこで、七夕の２週間前からクラス（もしくは遊戯室等）に笹を設置して、保育者が短冊に願い事を書いて飾っておき、帰りの会に七夕の由来や意味を伝え、短冊の願い事を読み上げる。それを見て、興味のある子たちが自由遊びの時間や給食やおやつ後の時間を使って短冊に願い事を書き始め、保育者はそれを帰りの会に読み上げる。そのような経験を通して、少しずつ七夕の由来や意味、短冊を書くことで願いが叶うかもしれないということを理解していくのである。それにより、クラスの多くの子は自発的に短冊に願いを書くことで文字に親しむ経験ができるだろう。しかし、それでも興味を持つことができなかった子どもたちにはどのように支援していくのかが問題となってくる。その場合は、その子の興味のあることから文字に親しむ経験につなげていけばいいのである。車が好きな子には車のカタログを作るという遊びを通して文字に親しむこともできるだろう。文字に親しむことは短冊に願いを書くことでしか経験できないものではないにも関わらず、無意識的に、「文字に親しむ」が「短冊に願い事を書く」という目的にすり替わっていることがある。

　子どもたちは、興味・関心をもつきっかけも違えば、そのタイミングも違うのである。そうであれば、保育者が設定したある特定の１日で短冊に願いを書くという活動では、興味・関心が持てない状態でその活動をしている子たちも多いと考えられる。そこで、先述した形で七夕の行事に向けて進めていくことにより、２週間という期間を設けることで興味・関心をもったタイミングで活動に参加することができ、それぞれがねらいに応じた経験をするこ

とを可能にするのである。

　このように、考え方を少し変えるだけでも様々な保育の展開を可能にするのである。

## 第3節　一斉保育と自由保育のメリットとデメリット

　ダイバーシティ・インクルージョン保育と聞くと自由保育というイメージをもつかもしれないが、必ずしもそうではない。

　まずは一斉保育と自由保育のメリット・デメリットを整理しておく（表4-2）。

　一般的に一斉保育は良くないものであるという認識があるが、そうではない。例えば、生活発表会の劇を通して5歳児なりの仲間意識を育んだり、集団の中の一人としてそれぞれの役割を担うことでそれぞれの良さに気付いたりするというねらいを立てた場合、劇という共通の活動を通して、あの時の○○君がおもしろい動きをしてみんなでたくさん笑ったことやなかなか役割が決まらずみんなで困った経験等、後から思い出されることも多い。その他にも朝の会で一緒に歌った歌や運動会でのリレー等、そのねらいや内容を経験するためには一斉保育という形態が適切なものもあるのである。

　一方で、折り紙等の制作については、折り紙制作をするための環境を整えやすいことや、説明や支援を1日で終えることができるという保育者側のメリットのために一斉保育という形態が選択されている場合が多い。しかし、先述したように興味・関心をもつタイミングも子どももそれぞれで異なることや、一斉で活動を行うことによって支援を必要とする子への対応で他児が待たされてしまう時間が長くなってしまうこと等を考えれば、折り紙制作を一斉で行うのは適切ではないと考えられる。自由保育の中で折り紙コーナーを作り、その中で各自が興味・関心を持ったタイミングで参加しねらいや内容に沿った経験をしていき、必要な子には丁寧に支援をしたり、もっと折りたいという子には満足するだけの時間を確保できたりすることを考えれば、自由保育という形態が適切であると考えられる。

表4-2　発達障害児を保育する保育者の抱える困難性（筆者作成）

|  | メリット | デメリット |
|---|---|---|
| 一斉保育 | ・一度に子どもたちが同様の経験をすることができる<br>・保育者が教えやすい<br>・環境設定がしやすい<br>・子どもの力がどの程度育っているのか他児と比べることにより理解しやすい<br>・自然と他児と関わる機会が多くなる | ・個々に合わせた支援が難しい<br>・子どもが自発性・意欲をもって取り組むことが難しい<br>・自由に保育の展開をしていくことが難しい<br>・子どもが指示待ち・受け身になりやすい<br>・子どもが他児に合わせることを重視し、自分の意見を言うことをためらう |
| 自由保育 | ・個々の興味・関心を尊重することができる（一人ひとりにじっくり関わることができる）<br>・自発性・意欲をもって取り組みやすい<br>・自由に保育を展開していくことがしやすい<br>・子どもたちが自分たちで考えて遊ぶ力が身に付きやすい | ・自由なのか放任（何もしない）なのか判断が難しい<br>・何で遊べば良いのか分からない子への対応が難しい<br>・保育の展開が読みにくく、臨機応変な対応力が必要とされる<br>・個々で興味・関心にバラつきができる<br>・経験に偏りができる<br>・保育者が個々の発達段階・課題、性格等を理解していないとできない |

つまり、一斉保育が良いのか自由保育が良いのかという捉え方ではなく、そのねらいや内容に沿った経験をするためには一斉保育の方が適切であるのか、自由保育の方が適切であるのかという視点から選択していかなければならないのである。

　自由保育未経験の保育者が急にすべてを一斉保育から自由保育に切り替えてしまうと、保育者も子どもも保護者も混乱してしまう。変化にはエネルギーを必要とするので、無理のない範囲で少しずつ変化させていくことが肝要である。例えば、給食やおやつを食べた後の15分～30分の短い時間を自由にしてみるところから始めてみよう。それまでは、絵本とブロックとお絵描きだけと限定していたところを、基本的にはどの遊びでも良しとするのである。片づけることが大変だと思うかもしれないが、子どもたちがその短い時間におままごとで遊ぼうとして、準備が整い、さあ遊ぼうというところで片づけの時間になってしまうという経験を通して、時間に応じた遊びを選択する判断力を身に付けていくのである。これが、経験を通して学ぶという幼児教育の本質である。

　そして、自由保育になると一見ざわざわしたり、片付けが大変だったりするのでまとまりがないように見えてしまうが、その経験を積むことで、保育者に指示されなくても、今はどのような行動が適切であるのかを子ども自身で判断して行動に移すことができるようになるのである。

　また、自由遊びでは、それぞれの興味・関心が遊びに表れてくるので、この子は今この遊びに興味があるのだという発見も多くなるだろう。それが、子どもの興味・関心から保育を構成、展開していくという子どもの姿や興味・関心に合った保育活動になるのである。

## 第4節　ダイバーシティ・インクルージョン保育は実践する上で「当たり前」を疑う

　ダイバーシティ・インクルージョン保育においては、子どもたちの興味や関心、文化、宗教等が異なっていることを前提として保育を構成、展開していく必要がある。それを均質化しようとしてしまうと、統合保育になってしまうので、その異なりや凸凹を活かしていくことが重要となる。

　例えば、5歳児クラスでねらいを「それぞれの良さに気付き、工夫したり、協力したりすることを楽しむ」とした際に、リレーを通してそのねらいに向かう経験をするとしよう。そのクラスには知的障害のある子どもも在籍しており、走ることは可能であるがゆっくりである。その場合、保育者が考えることはその子の走る距離を短くするという工夫が一般的であるが、これはそれぞれの異なりや凸凹を活かした保育とは言えない。なぜなら、ハンディをつけることで他児と同じようにゴールするまでの時間を均質化しようとしているからである。そこで、「障害児だけハンディをつける」という「当たり前」を疑い「障害の有無に関係なく走る距離を変える」という工夫をしてみるとどうだろうか。例えば、24名のクラスであれば、12名ずつの2グループに分かれる。それぞれのチームは赤のコーンまで回る子どもが4名、緑のコーンまで回る子どもが4名、黄色のコーンまで回る子どもが4名という工夫をしてみる（図4-1）。すると、子どもたちは障害のある子に対しても、赤までの方が速いのか、

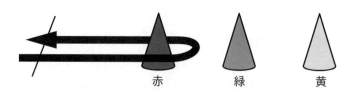

**図4-1　それぞれのコーンを4人ずつ回る**

緑までの方が速いのか、黄色までの方が速いのかと考える。つまり、これまで「遅い」という
ネガティブな部分に目を向けていたものが、「どこが一番速いか」というポジティブな視点に
変化するのである。そして、誰がどのコーンまで走るのかをメンバー全体の構成を踏まえて
考えなければならないので、自然と一人ひとりの特徴を把握しチーム意識を持つこととなる。
このような少しの工夫で自然と子どもたちはそれぞれの良さに目を向け、それを活かそうと
いう視点に変わるのである。

　保育の中にはこのような「当たり前」が多く存在している。例えば、障害のある子が給食時
にいただきますを待てずに食べ始めてしまうという相談を受けることがある。しかし、一緒
にいただきますをして食べることにどのような意味があるのだろうか。保育者は無意識的に
「みんなそうしているのが普通だから」と深く考えずに行っている場合がある。クラス意識や
友だち意識が持てるように、一緒に食べることを楽しんで欲しいという願いがあるとしても、
それは本当に給食時のいただきますをすることを通すことでしか経験できないことなのだろ
うか。いただきますを待たずに食べ始めて、その後に他児も食べ始めたとしても、一緒に食
べている時間はある程度確保できるはずで、そこで一緒に食べる楽しさを味わうという考え
はないだろうか。給食以外の活動で、他児と一緒に活動をすることを楽しみ、一人で遊ぶよ
りも他児と一緒に遊ぶ方が楽しいという経験を通して、他児と一緒に食べたいという気持ち
が育ってから、一緒にいただきますをしようと支援することが本来の順序であろう。

　保育では指導計画を立てて実践をし、その振り返りから改善を行い計画を見直していくと
いうフィードバックのプロセスがあるが、保育の中の「当たり前」に縛られてしまうとダイ
バーシティ・インクルージョン保育に向かうことが難しくなってしまう。「当たり前」を疑い、
これまでの保育を見直し改善していくことは簡単なことではない。そのような理想論は保育
の現場では実現不可能と諦めるのではなく、どこまでならできるのかという視点でできるこ
とを見つけて改善していくことが第一歩なのである。その一歩が踏み出せれば、そこでの気
付きがあり、次はこうしてみようという意欲につながり、保育の質も向上していくと考えら
れる。

　ダイバーシティ・インクルージョン保育の実践では、どのような保育を行うかという保育
方法論ではなく、どのように子どもや集団を捉えるかという保育者の意識を変えていくこと
が必要なのである。

（櫻井　貴大）

参考文献
• 櫻井貴大（2018）「保育者が発達障害児を保育する上で抱える保育困難の段階に関する研究」『国
際幼児教育研究』第25巻, 141-152.

# 第5章

園での職員間の協力、研修の充実：チームワーク、共通理解

## 第1節　ダイバーシティ・インクルージョン保育に園組織全体で取り組むことの必要性

### 1．保育者は孤独の中、悩みながら日々子どもたちに向き合っている

　保育者はたとえ新人保育者であってもクラス担任となれば、自分の責任において子どもや保護者に対応し、ただちに独り立ちが求められる専門職である。自分の保育や保護者への対応に自信が持てない中でも、自分で解決していかなければならないと考え、問題を一人で抱えこむことによって精神的なストレスに繋がっていることがよく指摘される。

　さらに、保育者を取り巻く労働条件は厳しくなる傾向があり、早朝・延長保育の当番、さらに、行事の準備や環境整備、事務整理等の多様な仕事に追われる中、保育者自身が悩みを抱えながらも同僚に打ち明ける時間がなかったり、じっくり話を聴いてもらえる場が持てなかったりする。同僚との関係性によって悩みを相談できる場合とできない場合に分かれ、相談できれば困難の軽減につながるが、相談できない場合、さらに保育者の保育における困難さの増大に繋がることがある。

　保育現場における保育者の悩みとして、理解し難い子どもの姿をどのように受け止めることができるか、集団の中で子ども一人ひとりの要求を理解しながら、クラス集団としてどのように保育していけば良いか、等の内容をよく耳にする。つまり、子ども一人ひとりの個別のニーズと集団保育の中での子ども同士の育ち合いといった個と集団の視点の悩みである。しかし、近年、このような個と集団の視点をそれぞれ別のものとして捉えるのではなく、子ども一人ひとりの個性をありのままに認め、積極的に集団の中で生かし合うといった発想で、ダイバーシティ保育という考え方が注目された。ダイバーシティ保育とは、文化や人種、障害等の多様な属性をもつ一人ひとりの子どものありのままの姿を受容し、お互いに理解し、尊重しながら集団の中で育ち合うことを保障しながら、一人ひとりのニーズに応じる保育のことである。

　また、インクルージョン保育は、文化や人種、障害等の差異を前提にせず、すべての子どもが同じ保育の場に参加することを保障し育ち合う、一人ひとりのニーズに応じる保育のことでもある。

　このように、保育者がそれぞれ孤独に保育の悩みを抱えながらも、ダイバーシティ・インクルージョン保育の実現を目指していくためには、園全体を子どもの育ちの場として捉え、保育者集団が子ども一人ひとりを理解しようとする姿勢で園組織全体で取り組んでいくこと

が重要である。

### ２．子ども一人ひとりの差異やニーズを捉える子ども理解の重要性

　子ども理解は、保育実践の成立に不可欠な要素であり、文化や人種、障害等の差異に関わらず、子ども理解から出発して保育実践がなされていく。個性を受け入れ一人ひとりを理解し、尊重する保育、ダイバーシティ・インクルージョン保育を進める上で、子ども一人ひとりをありのままに理解するとは、その子どもの文化的背景や障害等、何かのフレームを通してその子どもの姿を意味づけることではない。

　まず、「子どもを理解すること」について考えた時、既に「子どもを知っているつもりになっていないか」と自ら問い直す必要があるだろう。保育者は子どもとの関わりの中で、「この子どもについて知っていることは、ほんの一面に過ぎない」、「子どもを理解することは、たやすいことではない」といった自覚があってこそ、日々育ちゆく子ども一人ひとりの内面の要求を捉えることができる。

　子ども理解の方法には、客観的な指標として、発達テストによるアセスメントがある。

　しかし、一人ひとりの子どもの臨床像において、発達の視点だけでなく、その子どもの好きなことや嫌いなこと、人に対する親しみ等、内面にも目を向ける必要がある。

　保育者は生活や遊びを共にして子どもと関わる中で、非言語レベルの身体的接触から言葉による対話等、その子どもの全体像を捉える感覚を大切にしていくことが重要である。また、子どもが見せる姿は、保育者と子どもとの関係性によっても変化する。保育者の保育観や感性、子どもに対する向き合い方の違いや保育の方法によっても、子どもの姿は変化する。

　以上のことから、保育者同士の語り合いの場は、子どもの姿から見えにくい内面の変化を考え合う機会として重要な意味をもつといえる。

## 第２節　保育カンファレンスを軸とした保育実践の省察と保育者集団づくり

### １．園内環境における保育者間の関係性に影響される保育実践

　保育カンファレンスには、保育者が他の保育者と話し合う中で、自らの子ども理解や子どもへの関わり方等を省察し、次の保育実践の改善につなげる意義がある。筆者が以前インタビューを行った特別な支援を必要とする子どもについて、悩みを抱えたある２人の保育者の語りを紹介する。

　保育者Ａさんは、カンファレンスを契機に、保育現場の慌ただしい日常の中で立ち止まり、同僚と対象児の育ちの問題の共有や支援体制づくりを行うようになった。複数担任であったＡさんは、加配保育者と連携し、対象児のニーズに対する共通理解を図ったり、友だちとの関わりの中で育ち合えるように集団づくりの観点から話し合いを進めたりし、一貫した支援方法の共有を図るための工夫をした。

　また、同僚保育者や園長に保育の悩みを相談することがＡさんの精神面を支えていた。園長に相談することによって、園長のリーダーシップが発揮され、対象児や保護者への支援体

制が園全体に広がっていくことに繋がった。それに加えて、外部の専門家にコンサルテーションを依頼し、Ａさんの保育実践について、専門家から肯定的な助言をもらい、大いに励まされた。

その一方で、保育者Ｂさんの語りは対照的である。

Ｂさんの保育実践において、対象児への支援方法の不安があるのにもかかわらず、専門家の助言等が受けられず、対象児を評価する発達アセスメントが不明確なことがあった。対象児と他児との関係性では、対象児との関わりの困難さが大きいと集団（仲間）づくりが機能しにくい可能性があった。園内環境では、Ｂさんは一人担任であったが加配対応を要請することに葛藤を抱えており、その結果、保育者不足から問題が生じることがあった。また保育現場の慌ただしい日常の中で立ち止まって保育を考える機会や、保育のことを保育者集団で語る場を持てずにいた。そして、カンファレンスの機会もなく、同僚や園長に相談しようと思える職場環境がなかったことから、Ｂさんは園内で困難さを抱えたまま行き詰まっていた。

## ２．保育カンファレンスの意義を高める

保育現場では、慌ただしく流れていく日々の中で、保育者同士も保育について語る場がもてない状況になりがちである。しかし、カンファレンスによって、保育者に対象児や自分の保育について考える機会が与えられたことから園内でのカンファレンスの機会を確保することが重要であると考える。しかし、カンファレンスが保育者の前向きな保育実践を阻む原因になることもある。それは、カンファレンスの場で、保育者の力量を問うたり、保育方法に対する指導が行われる場合である。園長やベテラン保育者の中には、若手保育者を指導するという意識も働くのではないかと考えられる。

カンファレンスは、保育者の力量形成や問題解決の機会として捉えられている。その一方で、保育者集団づくりの視点からは、保育者相互のコミュニケーション促進の場として捉えることができる。同僚意識を高めたり、相互支援の体制を作ったりする場として、園内環境づくりの要になると考えられる。

## ３．カンファレンス資料の作成

まず、カンファレンスで検討する対象児を決定する。その際は、障害や発達上の課題がある子どもに限らず、保育者が内面理解を深めたい子どもや、理解の仕方を検討し、関わりを考えていきたい子どもを選べば良い。

カンファレンスの日時が決まり、対象児が決定すれば、資料を作成する。報告を行う保育者は、複数担任であればクラス内でよく話し合い、対象児のどのようなことを主な課題とするか等を考え、資料を作成すると良い。

（１）事例の概要をまとめる

資料の内容としては、対象児に関する基本的な情報を共有できるように、以下の順にまと

めると良い。はじめに、「事例の概要」がわかるように、①対象児の生年月日、②生育歴（出生体重・首の座りから歩き始めまで）、③療育歴（障害がある場合）、④家族構成（家庭的背景）を示す。

次に、「クラスの概要」として、①クラスの構成（年齢、男女の数、合計人数）、②担任保育者の数（加配保育者の有無等）を示す。続いて「保育者が対象児に関して気になっていることや保育上の課題」を示す。

最後に、「発達の経緯とその理解」として、対象児の姿を、生活面、言葉、人とのかかわり、遊び、運動面、行事等、各項目ごとにまとめる。

そして、対象児に関する発達や家庭的背景、保育の中での行動観察等の情報を多面的に示し、発達アセスメントにつながる資料となるようにする。さらに、保育の中での基本的な情報をまとめることができたら、エピソード記述を1～2場面ほど取り上げ、具体的な場面から対象児の姿を理解したり、保育者の対象児に対する関わりをカンファレンスの参加者と共有できるようにすると良い。

（2）エピソード記述を取り入れる

保育記録については、様々な形式のものがあるが、子どもの内面の変化を捉える一つの方法としてエピソード記述がある。エピソード記述は、鯨岡峻（2007）によって提唱された記録方法である。ここでは、子どもの内面を描くためのエピソード記述についてのポイントを説明する。

第一に、保育者が伝えたいと思う出来事が読み手に伝わるように、「背景」、「エピソード」、「考察」の3部に分けてまとめる。

第二に、書き手の「あるがまま」の出来事を忠実に書くことを大切にする。具体的には、保育者自身が感じたことや、生き生きした様子が伝わるように記述する。但し、書きたいように書くのではなく、あるがままの様子を忠実に記述することが重要である。フィクションが入っても読み手にはわからないため、表現の行きすぎには十分注意し、子どもの様子をありのまま再現しようとする真摯な態度が必要である。

第三に、子どもの姿を保育者はどのように受け止め、どのように関わったのかを記述する。そこには、保育者の主観が含まれて良い。記述の流れとしては、①「実際の子どもの姿」→②「それを受け止めた保育者の思い」→③「実際の保育者の行為」→④「それを受けての子どもの姿」、を繰り返す。まずは、時系列にその様子がわかるように記述し、詳細を付け加えていくようにする。

## 4．保育カンファレンス当日を迎えるまでの事前準備

諸々の事情でカンファレンス当日の話し合いの時間が十分に保障されない場合がある。また、同じ園にいる保育者でも、3歳未満児クラスと3歳以上児では生活の流れがずれていたり、園舎の1階と2階等物理的にクラスが離れていたりして、対象児の姿をよく知らない保

育者もいる。

それゆえ、カンファレンスの1〜2週間前に参加者にカンファレンス資料を配布し、対象児の基本情報やエピソードについて目を通してもらっておくことが重要である。それにより、カンファレンス当日までに、それぞれの保育者のできる範囲で対象児の様子を観察したり、関わったりする時間を持つことにもつながる。このように工夫すれば、限られた時間でも、カンファレンスを最大限に生かすことができるだろう。

また、当日意見交換する際に、発言を躊躇する若手保育者もいることから、どの立場の保育者からも意見を集める工夫として次のような方法もある。カンファレンス当日までの1〜2週間で対象児について観察したり、関わったりする中で感じたことを付箋に無記名で記入し、A3のコピー用紙に貼っていく。そして、カンファレンス当日にその紙のコピーを配布することで、すべての保育者の意見を尊重することができる。

### 5．保育カンファレンスの実施上のポイント

カンファレンスにおける当日の役割として、「報告者」、「進行役（ファシリテーター）」、「記録者」等が考えられる。参加者である保育者一人ひとりが当事者意識を持ち、主体的に参加できるようにしたい。

森上史郎（1996）は、保育カンファレンスとは、医師、看護師、カウンセラー等の専門家が行う臨床事例についての意見交換や協議を保育に適用したものであると述べている。そして、保育カンファレンスの機能を有効にするための条件として、①「正解」を求めようとしない、②「本音」で話し合う、③園長や先輩による若年保育者の指導の場にしない、④批判や論争をしない、⑤それぞれの成長を支え合い育ち合うこと、の5つを挙げている。

保育者は保育カンファレンスを通して保育者間で問題を共有し、相互に意見交換することで、保育を振り返り、立ち止まり、新たな気付きを得る。それが実際の保育実践の中で、保育者が子どもの行為を捉え直す契機となり、保育に変化を与え、問題の解決に繋がっていくのである。

### 6．カンファレンスを園内研修に取り入れる〜A園の事例より〜

ある園の園内研修で保育カンファレンスを年間4回実施した後の所感を資料5-1に表す。

これらの所感から若手保育者・中堅保育者・園長といった異なる職階や3歳未満児クラスと幼児クラスといった担任の立場からの気付きや、記録を取ることの大切さ、保育者同士が等身大で語り合うことの重要性について多くの気付きを得ていることがわかる。

その園の保育者の話によると、明らかにカンファレンス実施後に保育士相互のコミュニケーションが促進されたことが実感できたという。保育カンファレンスの実施が全くなかった一昨年は、クラス担任をしていると、特別な支援の必要な子どもの支援に当たる保育者の困り感に気付けず、他クラスの対象児の印象や気になる姿を担任保育者へフィードバックするまでには至らなかったという。

・自分のクラスから対象児を選び、他の先生方からAの見方や支援の方法等意見交換を行ったことで、自分の保育に対する視野が広がったり、自分では気付かなかったAの新たな一面に気付くことができたりしました。
また、5月の姿と10月現在の姿を記録にまとめたり、エピソードを書いてみることで、Aの育ちを改めて感じることができ、記録を取って振り返ることの重要性に気付くことができました。今後も、日々見過ごしてしまいそうな子どものつぶやきや出来事をさっと書き留める習慣を付けて行きたいと思いました。（報告者：保育士5年目）

・対象児のAは幼児クラスであり、私は乳児クラスで日頃、全くAと関わることができず、戸外遊び中に遠くから見ている程度でしたが、カンファレンスでAの様子について細かく伝えていただいたおかげで、現在は、休憩対応や遅番で幼児クラスに入った時に、Aについて意識して観察したり、関わったりすることができるようになりました。（保育士2年目）

・カンファレンスの意義を高める条件を共有していただき、園長の立場から「若手保育者の指導の場としない」ということに気を付け、先生方一人ひとりが「それぞれの発達を支え合い育ち合うこと」ができるように和やかな雰囲気を心掛けました。とても大切なことを学びました。語り合いの中から先生方の思いや考えに触れ、園長としてこのような話し合いの場を作っていくことが重要と再認識しました。（園長）

　しかし、保育カンファレンスを定期的に行った今年度は、保育カンファレンスの場で保育者相互のコミュニケーションが促されただけでなく、実施後は、事例を共有することで、他のクラスの保育者もこれまで意識できなかった対象児の姿に関心が向くようになったそうである。

　戸外やテラス等、ふとした場所で対象児の姿が目に留まるようになり、自分が関わった印象を担任保育者へ「伝えたい」という思いが生まれたという。また、他の保育者から意見をもらうことで担任保育者も自分一人ではなく、園全体で対象児を見てくれているといった安心感や嬉しさを感じ、保育者相互のコミュニケーションの好循環につながっていったとのことである。

## 第3節　同僚意識を高め協働し、保育者一人ひとりが園の組織文化を作る担い手となる

　保育カンファレンスの意義を認め、園長がリーダーシップを取りながら、保育者同士が語り合う場を確保することが、子ども理解に根差した保育者一人ひとりの保育実践を支えていくために重要なことである。カンファレンス等で提示される対象児や保育の課題を園の保育者全員で共通理解をすることで、協働体制が生まれる。そして、保育者一人ひとりが、互いの保育者のために何ができるかを考えながら、アクションを起こしていくことで同僚意識が高まっていくのである。

保育者一人ひとりが、互いの存在を認め、尊重し合い、同僚意識を高め、一人ひとりが実感できる園の組織を協働的に作っていくことで、園全体で子ども一人ひとりを理解し、育ちの場として保障していこうという職場の風土が醸成されていくのである。

　保育の質の確保や向上に関する動向では、今後求められることの一つに、保育現場において「保育士等一人一人の主体性を尊重し、職員間の対話を促す職場の環境づくり（マネジメント）」（厚生労働省子ども家庭局, 2020）がある。保育経験年数や職階に縛られず、保育者一人ひとりが主体となってダイバーシティ・インクルージョン保育を推進していく担い手となることを期待したい。

　保育者集団づくりには、副主任、コーディネーターのような専門リーダーの役割が大きくなると思われる。園長のリーダーシップのもとに、多様な子どもたちへの日々の個別的な、効果的な支援内容・方法をたとえ試行的であるにせよ、推し進めていくことの大切さを学んでほしい。

（水野　恭子）

参考文献
- 鯨岡峻（2007）『保育のためのエピソード記述入門』，ミネルヴァ書房.
- 森上史郎（1996）「特集　保育を開くためのカンファレンス」ミネルヴァ書房『発達』68, 1-4.
- 大場幸夫（2007）『子どもの傍らに在ることの意味―保育臨床論考』萌文書林.
- 厚生労働省子ども家庭局（2020）「保育所等における保育の質の確保・向上に関する検討会『議論のとりまとめ』を踏まえて今後求められること」https://www.mhlw.go.jp/content/000647606.pdf

## 第1節　加配保育者の制度上の位置づけ

　加配保育者については、保育所の場合、1974年に厚生省より「障害児保育事業実施要綱」が出され、障害児が保育の対象となり制度化された。それに伴い、障害児4名につき専任保母1名を配置することとされ、加配保育者も制度化された[1]。

　一方幼稚園の場合、1974年に公立幼稚園に対して「心身障碍児幼稚園助成事業補助金交付要綱」、私立幼稚園に対して「私立幼稚園特殊教育費国庫補助金制度」が策定されたが、加配保育者については明言されなかった。その後、2006年に学校教育法が改正され2007年から特別支援教育が始まったことに伴い「特別支援教育支援員」として「幼稚園、小・中学校、高等学校において障害のある児童生徒に対し、食事、排泄、教室の移動補助等学校における日常生活動作の介助を行ったり、発達障害の児童生徒に対し学習活動上のサポートを行ったりするため、特別支援教育支援員を配置する」[2]とされ、それに必要な経費は地方財政措置とされた。

　加配保育者の配置基準は自治体によって異なっており、具体的な加配基準が無い市区町村は全国で42.5％であり、加配保育者の配置については、概ね障害児1人当たり1名が34.3％、2人当たり1名が19.7％、3人当たり1名が23.0％、4人当たり1名が5.8％と様々である[3]。また、配置基準が決まっていないため、診断名がなくても加配保育者を配置している割合は公立保育所は51.1％、私立保育所で24.6％となっている。つまり、加配対象は障害児だけでなく、加配が必要であると判断される子どもも含まれるのである。自治体によっては加配のための補助金申請の際に診断名を必要とする場合もあり、保護者が障害を認定していない場合は加配できないケースも多くある。

　また、現在の制度上、加配保育者として配置するにあたり、保育士資格や幼稚園教諭免許等の特別な資格を必要とせず、加配保育者の質を保障する明確な指標がないという状況である。

## 第2節　加配保育者の実態調査
### １．非正規雇用・パートタイム勤務問題

　2つの市での筆者の調査[4]によると、加配保育者の77.5％が非正規雇用であった。そのため、職員会議に参加できず情報共有が十分にできない、研修を受ける機会が十分でない、巡回相談に参加できない等の問題が起きている。また、加配保育者の69％が週40時間未満のパートタイム勤務であった。そのため、担任保育者と打ち合わせをする時間の確保が難しい

ことに加えて、記録を書いて振り返る時間も保障されていない。

## 2. 加配保育者になる理由

また、加配保育者の半数が加配保育者になることを「希望していない」と回答した。これについては、自ら望んで加配保育者になったわけではないが、保育補助として採用された後に乳児クラスや障害児加配として配置された結果であると考えられる。つまり、障害児に関する知識や技術等が不十分のまま支援をしているという問題がある。

## 3. 加配保育者の保育歴

今回の調査では、加配保育者の全員が保育士資格、もしくは幼稚園教諭免状を取得しており、79.8%が両方を取得していた。これには、制度上は資格や免許を必要としないが、保育所・幼稚園側は保育についてある程度理解がある人材を求めており、保育士資格や幼稚園教諭免許状を取得している人材が望ましいと考えていることや、働く側が資格や免許を活かした仕事を探した結果、加配保育者として採用されたという理由が考えられる。実際に加配保育者のうち76.7%が担任保育者としての経験を有しており、17.1%が10年以上の担任保育を経験していた。

一方で、障害児保育歴について質問した・尋ねたところ、68.2%が5年未満という回答であり、10年以上経験していると回答したのは7.0%のみであった。これらの結果から、通常の保育経験は十分にあっても障害児を保育した経験は浅く、十分な知識や技術が身についていないと考えられる。加配保育者は障害児保育の専門家というイメージがある一方で、実際には通常の保育を参考に手探り状態で保育していると思われる。

## 4. 加配保育者の困り感

加配保育者の困り感は「集団にどこまで合わせるようにすれば良いのか判断が難しい」「どこまで支援すれば良いのか判断が難しい」「障害名は同じであっても一人ひとりの支援方法が(その日によって)異なる」「専門的知識が不足していると感じる」「加配保育者として経験不足を感じる」「加配対象児が複数いるため一人ひとり丁寧に支援をすることが難しい」等、多岐にわたる。

ここからも、担任保育者とは異なった支援が求められる一方で、加配保育者としてどのように関われば良いのかという研修や検討会に参加する機会が少なく、手探り状態で支援を行っていることが読み取れる。

## 5. 担任保育者との連携の工夫

加配保育者は障害児に対して主に個別支援をする一方で、集団に馴染ませていくための支援も行うため、担任保育者との連携が重要となる。担任保育者との定期的な打ち合わせ時間も重要ではあるが、調査の結果、保育の最中に打合せが行われていることも多いことがわかっ

た。例えば、給食が始まって子どもたちが食べることに集中している時間を使って担任と話をする等である。打ち合わせの内容として一番多いのは「対象児の変化や発達を伝える」であった。どのように障害児を支援していくかについて話し合い統一したり、共通認識をもったりすることも重要であるが、連携をする上で一番重要なことは、その子の発達を一緒に喜び合える関係を築いていくことである。連携する上での課題として、担任と加配の保育観が合わないことが挙げられるが、信頼関係を築いていくことが結果的にお互いの保育観を尊重することにつながり、障害児だけでなくクラス全体にとって望ましい保育のために協同していくことを可能にするのである。

　また、「その都度相談する」のも大切である。障害児への支援において、子どものその時の体調や気持ち、環境によって必要な支援の内容が変わったり、予想外のことが起きたりするため、今の状況ではどのようにしたら良いのかその都度相談することが重要である。特に、加配保育者一人で抱え込まないように注意したい。一人で抱え込んでしまうと、加配保育者と障害児の二者関係に陥ってしまうことにより結果的に集団から離れたり[5]、集団の力を活かすことができなくなったりという問題が起こってしまう。そうならないためにも担任と連携をとりクラス全体の発展と個々の育ちを保障していく必要がある。

## 第3節　加配保育者に求められる役割とは何か

### 1．クラス全体を支援する

　通常、加配保育者は障害児に加配されると認識されているが、障害児のみについて支援を行っていると他児からは「障害児の先生」と認識されてしまう危険性がある。それだけでなく、個別支援だけでは障害児が集団に馴染んでいくことが難しいため、加配保育者も多様な子どもたちがいるクラス全体を支援する役割を担っていく必要がある。そして、困っている時に加配保育者に支援してもらう経験を通して、他児もそのクラスの先生と認識していくのである。

### 2．障害児の内面を理解して受け止める

　加配保育者はクラス全体を支援しながらもやはり障害児を中心に支援しなければならない。その際に、障害児がどのような刺激に反応したり、不安になったりするのか、その内面を読み取っていく必要がある。担任保育者はクラス全体を把握しながら保育を進めているため、個々の内面の読み取りには限界がある。特に障害児の場合、通常では気付かないような些細な変化や刺激にも反応している場合がある。加配保育者はそばにつきながら、例えば障害児がパニックになった際に、原因を丁寧に読み取っていく。そして、その原因を担任と共有しながら、次はどのように支援していくのかを考えていく。当然、支援方法も重要ではあるが、何より一番近いところで、障害児がどのような不安や苛立ちを抱え困っているのか、その内面を丁寧に読み取り受け止め共感してくれる存在として加配保育者がいることは障害児にとって大きな支えとなる。障害児に限らず、嬉しさや楽しさ等のポジティブな感情は共感されやすい傾向にある。しかし、不安や悲しさや寂しさや悔しさ等のネガティブな感情は

「次は頑張ろう」「年長さんなのに泣いているのはおかしいよ」と共感される機会が少ない傾向にある。特に障害児の場合は、ネガティブな感情をもつ機会が多いことに加えて、例えば音や光等独特な感覚による不安や困惑を抱えることがあるため、共感してもらうことが難しいのである。さらに、他児との興味・関心の違いにより一見すると集団から外れた行動をしてしまうことも多く、否定的に理解されることにより、ネガティブな感情を受け止めてもらったり、共感してもらったりする経験が極端に少なくなってしまう。加配保育者であれば、そのような細かな内面の変化も理解しやすい立場にあるために丁寧にその感情に共感していくことが求められる。ネガティブな感情だけでなく、他児とは異なった興味・関心を抱いた場合であっても、まずはその子の見ている世界を理解しようとする姿勢をもち、共感していかなければならないのである。例えば、運動会の練習に参加せずに昆虫採集に興味を持っている子に対して、「みんな運動会の練習してるよ」と声をかけることは、その子が興味・関心をもっていることに対する否定であり、さらに運動会の練習への参加を難しくしてしまう。しかし、「何しているの？」とその子の興味・関心に興味を示し「本当だ、ここにバッタがいるんだね」と共感し受け止めたのちに、「みんな運動会の練習してるから一緒にやってみよう」と誘うと、うまく気持ちを切り替えて参加できることも多い。これは、声掛けの技術という問題ではなく、自分を理解し共感してもらえたことで精神的に満たされたためととらえられる。些細なことかもしれないが、いつも自分のことを理解されず否定され続けてきた障害児にとっては重要な経験となる。加配保育者はその子の良き理解者として日常の中で丁寧に繰り返し受け止め共感していく姿勢が求められるのである。

　そして、その次に支援方法を考えていく。このような刺激に反応したり、このような場合に不安になったりしてしまうと理解できれば、事前にそれらを取り除いたり、本人に伝えておいたりして、不安や困り感を軽減することができ、集団生活を楽しむことや集団の力を活かした結果につながっていくのである。


### 3．障害児を中心とした集団づくり

　集団づくりは担任がするものであるというイメージも強いが、加配保育者も集団づくりをする必要がある。担任保育者は全体をリードしながら集団づくりをしていくことが多いのに対して、加配保育者の場合は障害児を中心とした集団づくりをしていく。加配保育者が障害児を支援して集団に参加できるようにしている場合も多いが、それだけでは集団に受けいれられ難い。障害児が受け入れられるように周辺の他児への支援も併せて行う必要がある。例えば、障害児の発達した面や努力をしている面について、加配保育者が代弁して周りに伝えることで、周辺の他児がそれに気付き、障害児を認めるようにしていくのである。そうして、いろいろなことができない否定的な存在ではなく、発達していく肯定的な存在として認められることで集団に受け入れられる土台づくりをしていくのである。当然、担任も同じように障害児の発達した面に気付いた際にはクラス全体に伝えたりするが、継続して伝え続けることが難しい。加配保育者は障害児のそばにいて、少しの発達にも気付くことができるので、

それを日常の中で何度も何度も繰り返して他児に伝えることが大切である。

　それだけでなく、障害児が集団に参加できなかった場合には、参加したいという気持ちはあるけれど、気持ちのコントロールや整理ができないため今回は参加できなかった等、その子の心情を他児に伝えていく必要がある。そうすることで、障害児がわがままで参加しないという誤解をされないだけでなく、泣いたり、パニックになった時にも「何か理由があるのだろう」と理解しようという姿勢が作られていくのである。それに加えて、例えば、障害児が運動会等の行事の練習に参加できない場合でも、加配保育者が観客席で「一緒になって観る」という支援を通して、「観る」という形で運動会の練習に参加しているということを他児に意識してもらうことも重要である。

　その他にも、例えば自由遊びの時間に障害児が一人でお絵描きをしている際には、「アンパンマン描けたね、次はカレーパンマン描いてみようか」等声をかけながら、他児が障害児のしている遊びに興味・関心が持てるようにしたり、「〇〇〇君もアンパンマン描いてるね、同じだね」と障害児が他児のしている遊びに興味・関心が持てるようにする等、他児とのつながりを築いていくこと必要である。

　このように、小さなことでも毎日繰り返し繰り返し支援を行っていくことで障害児の周辺の他児に変化が出てくる。これが加配保育者の役割である障害児を中心とした集団づくりなのである。

### 4．担任との連携における共通の判断基準をもつ

　加配保育者の困り感として「集団にどこまで合わせるようにすれば良いのか判断が難しい」というものがある。例えば、運動会の練習に参加したくないと障害児が主張している場合、どこまで練習に参加させれば良いのか迷う加配保育者も多い。このような時はその集団や障害児の様子、状況を総合的に把握して判断しなければならず、加配保育者だけの判断は難しい。そこで、担任とどこまで集団に参加させれば良いのかを打ち合わせをしておき共通の判断基準をもっておく。運動会のダンスは加配保育者がそばにつき腕をもちながら一緒に踊る支援を行うが、座り込んで嫌がったり、泣いて嫌がったりした場合には一度観客席に戻り、クールダウンさせ落ち着かせる等である。障害児がどのような反応を示すのか担任と加配で話し合って予測したり、見通しをもったりする中で、担任も障害児の姿を意識したり、現在の発達や課題を把握することが可能となる。また、加配保育者も基準が明確であるため自信をもち支援することができるのである。

　それだけでなく、観客席に戻った時の様子や、なぜ座り込んでしまったり、泣いてしまったりしたのかについては加配保育者が丁寧に読み取り、担任保育者に伝えることも重要である。そうすることで、担任保育者も障害児がなぜ参加できなかったのかを理解することができ、それを踏まえて全体の動きや流れを工夫することにも繋がるからである。

## 5．加配離れへの見通しを持つ

　加配保育者は主に障害児のそばについて支援を行うが、最終的には加配保育者の支援がなくても、もしくは最低限の支援で集団の一員として生活できるように見通しを持つことが求められる。

　そのためには、少しずつ担任保育者に移行していく必要がある。例えば、集団遊びに参加する際にずっと加配保育者がそばにいると障害児が加配保育者に甘えてしまうことで集団に参加できないことがある。これでは加配保育者がいることにより集団から離れさせてしまっていることになる。そうならないためにも、事前に担任と相談しておき、ある程度のところで担任に受け渡して、担任から誘うようにすることが必要となってくる。そして、担任はさりげなく、他児を遊びに誘うのと変わらない様子で自然と集団遊びに参加できるように促していく。このような場面を少しずつ増やしていくことで、加配保育者がいなくても担任保育者の支援によって集団遊びに参加できるようになり、最終的には加配離れをすることができるのである。

　加配保育者は障害児への個別支援を任されていることもあり、必要以上に障害児への支援を行っている場合がある。しかし、幼児教育施設で行うインクルーシブ保育は療育ではないことを理解しておきたい。療育の場合は1人、もしくは少数の障害児に対する個別支援を中心に行うが、幼児教育施設では、多数の定型発達児の中に少数の障害児がいるという大きな形態の違いがある。この多数の定型発達児がいるという集団の力を活かして発達を保障していくことがインクルーシブ保育の一つの意義と言える。その集団の力を活かすために、加配保育者が「見守る」という支援だけでなく、「担任に任せる（受け渡す）」支援も引き出しとして持っておきながら、加配保育者が支援しなければならない場面と担任保育者が支援した方が良い場面を見分けて支援することが求められるのである。それは、1年という単位ではなく、もしかするとケースによっては数年の見通しになるかもしれない。期間に違いはあっても、見通しをもちながら現在どのような支援がその子にとって最適であるのかを考えながら支援をしていくことが求められる。

（櫻井　貴大）

注
1) 厚生省（1974）「障害児保育事業実施要綱」.
2) 文部科学省（2011）「資料8　特別支援教育支援員について」https://www.mext.go.jp/b_menu/shingi/chukyo/chukyo3/044/attach/1312984.htm
3) みずほ情報総研株式会社（2017）「保育所における障害児保育に関する研究　報告書」みずほ情報総研株式会社, 12.
4) 櫻井貴大（2021）「加配保育者の実態調査－勤務状況・保育歴・抱える困難を中心に－」『地域活性化研究』第19号, 21-30.
5) 田中浩司・高橋実・田丸尚美（2012）「地域における障がい児保育の支援システムの研究（その2）加配保育士に着目した職員連携の実態と課題」『福山市立女子短期大学研究教育公開センター年報』(9),79-86.

## コラム　2

## 各種の関係機関・団体とのつながり

　近年、ダイバーシティ・インクルージョンという概念が企業を中心に教育現場でも徐々に広まってきている。ダイバーシティとは、「多様性」と訳されることが多いが、障害があるか否か、あるいは日本人か外国人か等に関わらず、それを個性として受け止め、様々な人が存在することを受け入れようとする、人々の差異や違いを意識した言葉である。ダイバーシティ・インクルージョンとは、個々のその「違い」を認め合い、生かしていくことを意味する。この概念が、幼児教育や保育の現場でも少しずつ重要視されるようになってきた理由として、子どもたちが将来、多様な文化や価値観等の下で生き抜いていくために、幼少期から「多様性」の理解を深めておく必要性があるという点が挙げられる。子どもたちが「多様性」を理解できるような保育をするためには、保育者が子どもたち一人ひとりの「個別性」に気付くことが必要不可欠である。では、子どもたちの「個別性」に気付くために、保育者に求められる能力とは何であろうか。これから上げる事例は、幼児期において必要な関係機関との連携による発達支援の一例である。関係機関の連携の仕方に着目して事例を見てみよう。

### 幼保連携型保育所に通う4歳児のAの事例

　Aは4歳。名前を聞かれても答えることができない。「おはよう」と挨拶されると、「おはよう」と声かけた人の顔をずっと見つめている。挨拶を言葉で返すことはない。排泄のタイミングを言い出せず排泄失敗が多いが、トイレに誘導されトイレ介助があると失敗なく排泄できる。自由遊びでは、他児と一緒に行動することはない。部屋の隅の方で、おもちゃで一人遊びをしていることが多い。時々、癇癪を起しておもちゃを投げることがあるが、周囲の他児はAのところにおもちゃを「はい、どうぞ」と届けに行く。Aは、何も言わないでおもちゃを受け取る。自分の荷物を決められたロッカーの中にしまうことができない。自分のロッカーの場所がわからないのかもしれない。先生の指示を待つことができない。集団行動が苦手である。

### 集団活動場面

　先週、集団活動で紙皿に好きな絵を描いてフリスビーを作った。フリスビーの絵は、同じ色のクレヨンで線をたくさん引いてあった。今日は、「フリスビーを遊戯室で飛ばそう」という活動をすることになっていた。一列に並んで遊戯室まで移動する途中で列からはみ出し、みんなと違う方向に走り出した。保育者が駆けつけ、手をつないで遊戯室へ移動した。先生

がフリスビーのルールを説明していると、その途中でフリスビーを投げようとした。しかし、身体の動きが硬く手からフリスビーが離れず両足でバタバタと床を蹴りだした。

**保育所の方針**

　保育者は叱ることはしない。フリスビーを「投げる」という行為がなぜできないのかを観察した。手の動きと足の動きのバランスが悪く身体をひねる運動ができていないことが分かった。ルールを守れず、「嫌だ」という感情を言葉で伝えられないことを職員会議で検討した。保育者は発達・療育支援の必要性を保護者に伝えることにした。

**保護者の考えと親支援**

　家庭では親の言うことを素直に聞き入れることができるから、「問題はない」という返答であった。その返答を受け園は、市町村の子育て支援課に発達支援の必要性を相談した。その後、保健センターの職員が自宅を訪問し、4歳児の発達課題として、①衣類の着脱、食事、排泄の基本的生活習慣ができるようになる。②社会のルールを守ることができる。ことが定型発達児であるが、それができていなくてもその子どものペースを大事にして、「できたら褒める」といった成功体験を増やしていくことが重要であると指導をした。年長になった時、保護者は、児童発達支援事業を利用することに決めた。

**関係機関の支援とＡの変化**

　児童発達支援事業を利用する前に保育所等訪問支援で環境調整が行われた。何がどこまでできるのか、子どもの個別性についてチェックして支援事業計画を立案した。支援目標は、①助けを求めることができる。嫌なことを「嫌」と言える。②身辺自立ができる。③悪いことをした場合、何が悪いのか気付くことができるの3つである。Ａは週2回の児童発達支援事業と、週3回の幼保連携型保育所を利用することにした。児童発達支援事業所ではまず、自分の靴を靴箱にしまうことができるよう、靴箱にはＡの好きなシールを貼ってＡに自分の靴箱がわかるようにした。できたら「靴が入れられたね、えらいね」等、できた行動を褒めた。

　1年が経過して小学校の特別支援学級に入学すると、放課後等デイサービスの支援を受けることにした。小学校では体操服に着替えるため、「自分の脱いだ洋服を畳むことができる」という身辺自立の支援内容が加わった。保護者は、Ａが紙を受け取る時に両手でくしゃくしゃにしてから受け取るため、自分の脱いだ洋服が畳めず、そのことが原因でいじめられないかと心配している。洋服畳みについての支援は、段階を踏んで行われた。発達テストによるアセスメントでは、Ａは□の形に同じ□の形を合わせることができないことが明らかとなった。そのため、パズル遊びで同じ形のものを合わせる遊びを一定期間続けた。大きさの違う形や球の形等、大きさや型が違っても「できる」体験を繰り返した。次のステップでは、衣類の四隅に□の形のマジックテープを縫い付け、□のマジックテープを合わせられるように取り組んだ。その結果、衣類がきちんと畳めたことを自分の眼で確認できた。できないときは、「泣

き顔」カードを挙げるようにさせた。褒められて嬉しい時は「笑顔」カードを挙げて自分の感情を表現できるようにした。これらの支援を通して、Aは集中できる時間が徐々に増え、先生が話し終わるまで待つことができるようになっていった。待てない時は注意し、どうして注意をされたのかを考えさせる支援も加わった。

### ダイバーシティの実現のために保育者に求められること

　Aの事例では、発達支援は保育所等の気付きから始まったが、各種関係機関の連携により保護者がAの発達遅滞を受け入れることができた。そして、自宅においても関係機関と同じ方法で対応ができるようになり、発達支援がルーチンワークになることで、Aが混乱することなく支援目標が少しずつ達成できていった。保護者が積極的に関係機関と信頼関係を築くようになると、A自身も集団生活に溶け込み始めてきた。それは、周りの子どもたちがAの個別性を認め、Aの行動に理解を示したことも関係する。

　事例を通して、ダイバーシティの実現のために保育者に求められることは、一人ひとりの個別性を認め合い、変わった行動を見て「異常な行動」と捉えるのではなく、その子らしさを受け入れていく姿勢を持つことである。そして、まずは子どもの「できる」ことに着目し、個別性を尊重し合う保育環境でできることを増やしていくことである。

　マイノリティは社会の中でハンディを抱えやすい。多様な子どもたちの「個別性」を理解し、潜在的な可能性を引き出すことができれば、個別性が悩みではなく強みになり、自信をもって人生を歩めることであろう。子ども理解での発想の転換でもある。

（野村　敬子）

# 第3部

## 多様な保育ニーズと保育の実際
## 実践編

# 第7章

# 幼稚園における障害児、発達障害のある子どもの保育実践

本章では、多様な子どもたちがいる中で、こだわりの強い子どもの理解に焦点を合わせて実践を紹介する。特に、特定の子との関係づくり、加配教員との信頼関係づくりを学んでほしい。

## 第1節　こだわりの強いＯと向き合って

### ＜Ｏの紹介＞

Ｏは4月から年少組に入園し、週4回は幼稚園に週1回は療育に並行通園していた。Ｏは祖父母・母・妹・叔父と住んでいた。母親は仕事をしていたので、祖母がＯの面倒見ていた。父親とは仕事の関係で週末にしか会えなかったがＯは父親のことが大好きであった。

### ＜入園式＞

Ｏは制服ではなく私服で登園した。保護者に抱かれながら保育室に入ってくるものの、シールを貼ったり、名札を付けたりすることを強く拒んだ。担任が声を掛けたら泣き出した。母親は持ってきた荷物を所定の位置に置きＯの座る席を指さして「先生の近くだよ。」と伝えた。しかしＯは父親に抱かれたまま母親の方ではなく違う方を見ていた。その後クラスから飛び出すＯを見て、母親の顔つきは強ばり不安げな様子だった。父親は飛び出すＯを追いかけ、必死に抱きかかえていた。入園式開始時刻になっても戸外にいたＯと父親に「入園式が始まります。遊戯室に移動しますので、移動をよろしくお願いします。」と声を掛けた。父親はＯを抱きかかえて入室し後方に歩いて行った。入園式後、他児は椅子に座り担任の話を聞いて、おやつを食べる準備をしていたが、Ｏはその場にはいなかった。戸外にあったゴザに寝転がっていた。担任が「紙芝居読むよ。こっちにおいで。」と誘うと父親がＯを抱き上げたが、体をよじり今にも落ちそうになるほど嫌がっていた。結局何もせずに帰宅した。

### ＜家庭訪問＞

家庭訪問では、母親が家庭でのＯの話をしながら、あきれ顔で「本当にどうしようもない子です。」と言った。そして、他児とは無理でも、先生とはコミュニケーションをとれるようになってほしいと話した。母親の話から、Ｏの現状を認めたくない気持ちと、どうしていいのかわからない状況が伺えた。担任からは園生活の現状や、多様な子どもたちがいるため加配教員を付けて個別の対応をしていくことを伝え、発達外来に行くことを進めた。そして園

生活をこまめに知らせるので、家庭での様子を知らせて欲しいと伝えた。

### ＜Oの１年間の目標＞

・幼稚園生活を知る。

・離席時間を減らし、クラスのみんなと過ごす時間をもたせる。

・保育者や加配教員を介しながら、クラスの子と少しでも関わる時間が持てるようにする。

学年目標とは別にOに合わせた個別の指導計画をたて加配教員と進めていくことにした。

## 第２節　入園当初は新しい環境への不安が大きい

### ４月〜５月の行動

　Oは、保護者と登園した入園式を含め、入園当初から決められた服装で登園ができないことや、上靴を履くことを拒んだり、靴下を脱ぎ捨てたり、床に寝転がったり、端から５番目のトイレばかりを使用するこだわりがあった。

　自由遊びの時間は、保育者が少し目を離した間に見失うことも多く、保育者は多動のOを追いかけた。追いかけていくうちにOの動きがパターン化されていることに徐々に気付いた。

　例えば、座ることや片付けを促すと、顔をしかめうなったり、１番隅のロッカーに身体をうずめて出てこなくなったり、タオルかけのタオルをかける部分を舐めて目の前にある鏡をじっと見ていた。待つことが苦手で、製作の遊びは保育者の説明を聞かずにやり始め、自分なりに完成すると立ち歩く。一つのことに集中する時間が短い。活動中に独特の声を出して笑うことがあったり、突然歌を歌いだすこともあった。

　保育者は園生活をOにわかりやすく知らせ不安感をなくすことと、信頼関係を築くことに努めた。Oのこだわりと多動に振り回され、悩んだり戸惑ったりした。しかしOが時折、甘える姿（足に絡みつく・後ろから抱き付く）が可愛らしいと思えることもあった。Oの不安は何か？困ったことは何か？を考えながら接した。Oに話しかけると生活の中で決められた言葉や単語が少し出始め、聞き取ることができるようにもなってきた。Oの好きなこと（ごっこ遊び、身体を動かすこと、動物が好き）に付き合いながら、幼稚園生活に少しずつ慣れるようにしていった。

### 保育の方針

４月　① 保育者側から誘いOの好きな遊びを知り、付き合いながら変化を見る。

　　　② Oに話しかけて様子や返答をとらえ、会話のやり取りの機会を増やしていく。

　　　③ １日の予定を明確に伝えるように１〜　２〜　３〜と黒板に絵と文字をマッチングさせて知らせる。

５月　① こだわりを否定せずに受け止める。

　　　② みんなと一緒に過ごす時間があることと、みんなと一緒のときには何もしないで待つ事があることを繰り返し伝える。

## 第3節　特定の子ができ遊びが広がった

### 6月〜10月の行動

　6月になると朝の身支度もほぼ身につき、ロッカーに身体をうめたり、机の下に潜ったり、トイレにこだわったりすることもなくなってきた。また、給食のこだわりも少し減り、野菜を1口食べさせ味を体験させた。一方、自分の思いにそぐわないと癇癪をおこして物を投げるようになった。その時は、物を投げてはいけないことを言葉で伝え、次の2つから行動を選択させた。

　①　その場で拾わせる

　②　そのままにしておいて、クールダウンしてから加配教員と拾う。

　好きなことで遊ぶ時間が増え、少しクラスの子に目が向くようになった。Oが急に一方的に話すと、周りの子が答えようとするが、Oは次の事へ興味を示して会話にはならなかった。

　一斉保育の時は加配教員が隣りについて過ごすので短時間は座れるようになった。担任の「前を向きましょう」で身体を前に向けることができるようになった。

　排泄が自立できたことが理由なのか、6月下旬になるとトイレの場所やスリッパの色等のこだわりが減った。しかし片付け等できていないことを指示すると、自分の気持ちと合わないようで嫌がった。

　午後からの活動はクラスのみんなと同じことをすることが難しく、保育室を出て行って、遊戯室のウレタンマットの上か階段の2番目にいた。

　7月になると、他児の様子を見て、同じ物を使い真似をする姿がでてきた。初めは少し離れた場所で真似をしていたが、徐々に近付いていく姿があった。ごっこ遊びの時は保育者が質問をすると会話がかみ合う時もあった。

　同じグループの子の名前と同じバスの子の名前を言うようになった。以前のような小さな声や独り言ではなく大きな声で話す。一定の場所で遊ぶ時間が長くなった。

　待つ時や自分の思い通りに行かない時に物を投げる事は続いていた。これまではOにどうするか選択させていたが変化が見られなかったので、その都度、言葉と共に指で×を示し、場を変えてクールダウンさせ気持ちを落ち着かせることを繰り返した。療育の先生にも状況を話すと、不得意な面なので受け入れながら対応をしてほしいという話だった。

　8月になると、クラスの子に話しかけ、近寄っていく姿があった。クラスの子の事が気になるようである。クラスの子の遊びを見て真似し始めた。クラスや公園で「Y〜」と言うようになった。Y・K・T・Sも「Oちゃん」と声を掛ける姿がでてきた。4人の名前が出るようになり、少しずつ変化を感じることができた。しかし一斉保育中に間があると離席し、遊戯室のこだわりの場所（階段の上から2段目）に行くことは続いていた。Oは待つことや話を聞くことが苦手なので、次に○○すると事前に伝え、楽しみを持たせるようにした。

　体育館に行くと集団で動くことはできず、他児とは違う行動をし続けてしまう。体育館といういつもと違う場所や雰囲気が苦手なこともわかった。

　9月になると、運動会の競技はOの興味・関心のあるダンスにした。しかし決められた動

きや何度も繰り返すことに加え、体育館での練習を嫌がった。そのため体育館ではこだわりを見せ、音が鳴ると耳を押さえて拒否を示した。そして強いこだわり（給食に手を付けない、つま先立ち歩き等）が出始めた。保育者はこだわりに寄り添いながらその場に合わせて声を掛けた。

　練習以外の場面では大好きな公園で遊ぶことを繰り返した。他児の名前はＩやＫが増えた。

　行事が日ごろの活動と大きく異なることから、辛く不安になりこだわりが多く見られた。その対応に戸惑ったが様子を見ながら進め、その活動ばかりでなくＯが好きなこと（ごっこ遊び・身体を動かすこと）を保証した。すると、他児とのかかわりが出始めて、近くで遊ぶようになってきた。また話しかける姿がみえた。

　10月、Ｏの様子を見に来た障害児保育の専門家（大学教員）から「行事が終ったらこだわりが減ると思うし、身体を動かすこと（Ｏの好きなこと）を取り入れる」と助言を受け、遊びの時間を保証した。また、Ｏだけ行事の練習を減らした。遊びの時間を十分に取り入れたことで気持ちの変化が出始めた。周りの子がやることを真似しはじめ、同じような場所で同じような遊びをするようになった。また短時間ではあるが、遊びに加わるようになった。９月の後半から10月の頃、公園に行く途中の坂道を歩いている時「カーアーカーアー」とカラスの鳴き真似をして「からすさん　まってー」と言いながらみんなで走っていったことがあった。それ以来坂道を走ることが楽しくなり、数日間「まってーくまさん置いていかないで」「まってー蝶さん置いてかないで」といって身体をななめにして後ろを見ながら走る姿もあった。

　公園でのＢＢＱごっこ遊びでは、Ｏ「これは？」Ｋ「お肉です」Ｏ「はいありがとう」Ｋ「Ｏちゃんここで店番して」Ｏ「うん」とＫ・Ｉたちとごっこ遊びでの簡単なやり取りができた。他の日には、Ｏ「おいしいカレー屋さんですよ」Ｋ「どうですか？」加配「カレーライス２つください」Ｏ「はいどうぞ」と特定の子とのかかわりが増え、他児と関わろうとする姿が見えた。しかし会話のやりとりが続かなくなると自然にその場からいなくなった。

　療育の先生や障害児保育の専門家と話し合う機会を持ち、Ｏの特性について理解ができた。


### 保育の方針

６月～８月

① 他児と同じ空間で遊べるようにする。会話が途切れるので遊びに加わり助ける。

② 待つことや自分の身の回りのことが身につくように手順を決める。

③ 曖昧な言葉や優しく伝えるのでは分からないので、短い言葉で「ダメ」「いけない」と明瞭に教える。

④ 応答性があるので言葉で指示しがちだが、言葉だけのやり取りでは理解できていないことがわかった。よって、視覚入力を利用して絵や実際の物を見せるようにする。

⑤ Ｏにとって居心地の良い場をクールダウンの場として使い、他児の活動に目が向くように声を掛ける。

2学期に向けて

・周りの子どもたちと遊び等で関わりができるようにしていく。

・帰りの身支度が身につくように視覚入力の有効性を利用して「カード」を準備し、見せながら身支度する。

9月〜10月

① 信頼関係ができ始めた加配教員に対して、甘えからか話を聞かない態度が出始めた。活動によって加配教員を変えて再度けじめを付けさせた。良いことをしたら抱きしめて褒める。そして「ダメ」も分かりやすく伝える。

② 行事以降のこだわりの変化を見る。

③ 絵画でこだわりがでた時は、Oの様子をみて、周りと全て一緒ではなくてもいいと伝え、気持ちを切り替えてから再度取り組むようにした。


## 第4節 こだわりがほとんど見られなくなる時期 〜先を見通す力が形成されて〜
### 担任の思いと理解できたこと

　1番のこだわりが強く、何でも1番になりたい気持ちから、自分の身支度をしないで1番前の席に座る。Oの荷物をKやIが運ぶと「ありがとう」と言いそのまま座り続けていた。自分で身支度をするように伝えると怒りだす。1番になりたい思いが強すぎて、1番になれないと癇癪をおこし、クラスの輪から離れて歩き回る。「1番じゃなくてもいいよ」といってもOは納得しなかったが、園生活では1番へのこだわりが減るように支援を続けた。するととある日、療育でOが「2番でもいい」と言った。12月中旬には「1番」と言わなくなった。

　遊んでいるKやIに近づいていくようになった。以前に比べるとやり取りができているのは、KやIから話しかけているからだと思われる。特定の子の存在があることで言葉の広がりが出始めた。また同じグループのSやAにも好意を寄せ始めていて、3人で水筒を積み上げたり、隣同士で短時間だが粘土遊びをしていた。

　遊ぶ時間が終ると砂場のおもちゃの片付けを手伝うようになり始めた。

　12月に入り野菜を食べ始め、偏食の改善が見られた。

　Oはクラスのほとんどの子の名前とマークを覚えていた。また、他児のことが気になり始めていた。

　絵に変化が見られた。クレパスを全色使うこだわりはなくなった。


### 保育の方針

11月　① 特定の子とのかかわりができ始めているので、距離を置いて様子を見る。

　　　② 行事が終り、給食・つま先立ち・スリッパのこだわりや離席が減った。しかし活動ではみんなと同じにはできない。

12月　① 1番へのこだわりと偏食への対応をする。

　　　② 特定の子以外の子とのかかわりがさらに増していけるようにする。

③ 離席が減ってきたのでクラスで過ごすこと、席に座ることを伝える。

## 第5節　こだわりの変化によってOについた力
### こだわりの変化
① 多くの身のまわりのことを自分ひとりでできるようになってこだわりが減った。
② 行事 (決められた動き・何度も繰り返す・いつもと違う場所と雰囲気) が苦手なためこだわりが強く出たが、行事が終わると減っていった。
③ 秋の行事以降は、1番のこだわりが出るのは帰りの時間のみになった。
④ 自分の思いが通らないと、靴下を脱ぐ・上靴を脱ぐ・つま先立ち歩き・遊戯室のカーテンに包まる等のこだわりがでる。

・保育者や加配教員はこだわりの行動ばかりに目を向けるのではなく、なぜ？どうして？と考える。
・Oが楽しめることや好きなことを把握し、保育中にそれをする時間を保証した。
・Oの変化について加配教員と情報交換した。

　こだわりは形を変えて出ていたが、上記の①〜④のように変化もあった。Oの不安が減るとこだわりは減少していると思うことが多くあった。行事の時のこだわりは非常に強かったが、見に来る障害児保育の専門家に助言された「身体を動かすこと (Oの好きなこと) も取り入れてみて」を行ったことで、特定の子との遊びの広がりや言葉の広がりとなった。

### ＜Oについた『人間関係の広がり』＞
・一人遊び。
・保育者や加配教員との遊びや関わりができた (関係性ができた)。
・他児と同じおもちゃを持ちたがる。
・他児から少し離れた場所で同じような遊びをする。
・特定の子とかかわりを持ちたがる (ごっこ遊びは好きだが言葉の広がりがない)。
・特定の子とはごっこ遊びでの簡単なやり取りができる。
・特定の子がごっこ遊びをしていると、そこに自然に入っていく。短時間だが遊びに加わる。
・Oの遊びに周りが合わせる。
・BBQごっこ・落ち葉遊び・鬼ごっこ・砂場 (20分) 等、特定の子を交えながら遊ぶ。
・遊び以外の面でも周りの子 (他児) に目が向く。
・保育者や加配教員に甘えながら過ごすことで安心できる。
・身体を動かすことや戸外遊びを好む。公園遊びが楽しく自然にいい顔になる。
・好きな遊びをできる時間では安定し楽しさも増す。
・集団ゲーム (鬼ごっこ) 等はルールが理解できないが、特定の子と一緒にいることを好む (安心感を持つ)。
・Oの方から積極的に遊びに入っていける特定の子も少しずつ増えてきている。

特定の子がいることの安心感・充実感・楽しさや心地よさを感じることができた。そして他児との関係が広がり、遊び場での共有空間が増えていった。

### ＜Oについた『言葉の育ち』＞

- 担任も加配教員も聞きとれないくらい小さい声で独り言を言う。
- 担任や加配教員に自分の要求を伝える。
- 担任や加配教員の質問に対して単語で答える。
- 特定の子が遊んでいる近くに自分から行く。ごっこ遊びに加わるが会話が途切れる。
- ごっこ遊びは好きだが他児との言葉の繋がりがない。特定の子と話をする（長い時間はできない）。
- 特定の子から声を掛けられたり、特定の子に大きな声でOからも話し掛けたりする。
- 子ども同士の会話が続かないため、担任や加配教員は言葉を繋ぐことを意識する。
- 遊びで「ありがとう」「かして」等特定の子と言葉のやり取りができ始めている。
- Oの好きなこと（ごっこ遊び・身体を動かすこと）を保証すると、特定の子とのかかわりがでて、近くで遊ぶと同時に話しかけることが増えた。
- 見立て遊びやごっこ遊びのイメージが少しずつ増し、遊びではことばでのやり取りが増えてきた。
- 他児に強い口調で言われると、言葉で説明することができないため泣いてしまう姿も出てきた。

### ＜Oについた『イメージの広がり』＞

① 特定の子や他児との関係性ができてから、見立てたりごっこ遊びでイメージを持つことができた。
② 絵に変化が現れた。

### 第6節　加配教員とのチームワークについて

　担任の目だけではなく加配教員の目を通して見ることで、Oの色々な様子を知ることができ、Oの変化から計画や解決策をたてることができた。互いに声を掛けあいながら、次の個別の指導計画をたてた。

| | |
|---|---|
| ・実態把握 | Oの不安は何か？困ったことは何か？考えながら接する。 |
| | Oの好きな遊びを知る。 |
| ・受容 | こだわりを受け止める。 |
| ・Oの得意に着目 | 身体を動かす好きな遊びをさせる。 |
| ・場の共有 | 他児と同じ空間で遊べるようにする。 |
| ・言葉がけ | 「良い・悪い」を伝える。 |
| | こだわりを見てから接し方を考える。 |

＜視覚入力を通して＞
・子どもたちが物を出す場所には、その物の絵を描いて貼っておく。
・1日の予定が分かるように黒板に1～　2～　3～と絵に描いて説明する。
・×・○カードを使って見せる。
・活動がわからない時は絵を描いて伝える。
・着替えカード作って見せながら着替える。
・Oは応答性があるので言葉でつい伝えてしまいがちだが、図や番号・カードで伝える方がわかりやすい。
・言葉で伝える時は分かりやすい言葉を明瞭に使う。

　加配教員と週1回の打ち合わせをすることで、Oの細かい様子を知ることができた。常に加配教員とはOの変化やこだわりについて話し、個別の教育支援計画や個別の指導計画を作成することができた。Oにとって加配教員は安心できる存在で、Oの気持ちに寄り添った対応をしてくれていた。しかしO自身が加配教員の対応や指示の仕方もよく見ていて、話を聞かなかったり、甘えたり拒否したりすることもあった。定期的に園全体で事例検討会を行い、Oにかかわる保育について意見交換を行った。

## 第7節　まとめ
　幼稚園生活をOにわかりやすく知らせ、不安をなくすことと信頼関係を築くことに努め、保育者からOを誘い、Oの好きな遊びを知り、付き合い変化を見ていった。こだわりが強かったOにとって、遊びの時間を十分に取ることで、クラスの子に対して興味がわくようになり、大きな変化を感じた。担任や加配教員が言葉を繋ぎ常にOのそばにはいるが、一人遊びから周りの子がやることを真似しはじめ、同じような場所で同じような遊びをするようになった。そしてクラスの子に目が向くことでクラスの中で過ごす時間が増え、離席がほとんどなくなった。こだわりが強くて頭を抱えながら接してきた日々もあったが、個別の指導計画をもとに興味・関心が強いことや得意なことを突破口にすることで周りの特定の子との関わりが持てるようになった。

（鈴木　恵子）

# 第8章

# 保育所における障害児・発達障害のある子どもの保育実践

本章では、多様な子どもたちがいる中で、自閉症スペクトラム障害の子ども理解について焦点を合わせて実践を紹介する。特に、日々の実践を記録にまとめること、園内で子どもたちについての共通理解を図ることを学んでほしい。

## 第1節　保育所における障害児保育実践の実際について

本章では、第5章で述べたカンファレンス資料の様式に沿って対象児の概要について記述することで具体的な資料作成のポイントを理解できるようにする。また、基本的な対象児の概要を示した上で、2例のエピソードを記載し、対象児の姿や保育者がその姿をどのように受け止め、支援しているのか、具体的な保育の場面からイメージできるようにする。

最後に、個別の支援、集団参加の保障、対象児の特性を生かした支援等の視点から、実践上のポイントについて解説する。

Aは3歳児クラスより入園した後、専門機関で自閉症スペクトラム障害と診断された。4歳児クラスへ進級し、少しずつ要求を言葉で表すようになってきた。加配保育者と一緒に担任保育者としてAを受け持った実践記録から以下に紹介する。

### 1．カンファレンス資料の様式に基づいて－①事例の概要－

（1）自閉症スペクトラム障害の4歳児Aの概要

第5章で述べたカンファレンス資料の様式に沿って対象児の概要について記述することで具体的な資料作成のポイントが理解できるようにする（資料8-1）。

資料8-1. カンファレンス資料の様式の記載例（仮想事例含む）

| |
|---|
| **1．対象児のプロフィール**<br><br>　A（自閉症スペクトラム障害）　　令和○○年 11月 12日生まれ（4歳児・男児）<br><br>（1）家族構成<br><br>　　父（会社員）・母・本児・弟（1歳1か月）の4人家族<br><br>（2）生育歴<br><br>　・出生体重 2,360g 帝王切開　首の座り 3か月　寝返り 6か月　お座り 10か月<br><br>　　はいはい 18か月　歩き始め 2歳<br><br>（3）入所までの経過と療育歴<br><br>　・1歳 10か月で療育機関へ通う。母子並行通園である。 |

- ２歳より△△病院（言語訓練）、３歳児クラス本園に入所する。３歳６か月で自閉症スペクトラム障害と診断を受ける。
- 現在、４・５歳児混合クラスへ進級する。

- 療育関係機関　○○学園（言語訓練）１か月に１回
  - △△病院（言語訓練）週１回・・ＳＴと保育者連携（報告書交換）
  - 本年度６月よりＮ病院（運動面のリハビリ）・・ＯＴと保育者連携（報告書交換）
  - 自宅にてＡＢＡ（行動療法）を受ける（不定期）・・母親と情報交換

## ２．クラスの概要
　４・５歳児クラス
　　４歳９名、５歳13名＝計22名（男14名　女８名）
　（知的障害児１名、自閉症スペクトラム障害児２名含む）
　　○保育者１名　＋　加配保育者（パート）２名（どちらか１名交代制）

## ３．Ａの実態
　（４月〜５月の様子）
生活面…・持ち物の始末は保育者が声をかけないと最後までできない。
食事……・箸は使えず、スプーンを上持ちで食べる。食器を持つ手も下から支えられない。
　　　　　・おやつの牛乳のストローが一人ではずせない。（指先の力が弱い、不器用）
排泄や手洗い・自立している。手洗いは身についていない。
着脱……・自分で服を脱ごうとするが、上着を一人で脱げない。ズボン、靴下は自分で脱ぐ。
言葉……・「いただきます、ごちそうさま」「おはようございます、さようなら」を言う。
　　　　　・ままごとコーナー等空間の中に入る時「いれて」という。
　　　　　・できないことがあると５月初めより「やって」と保育者に言えることが増える。
　　　　　・５月になり、保育者が「何作ってるの？」と聞くと「やきそば」と質問に対する返答ができることもある。しかし、保育者が聞いても黙っていることもある。
　　　　　・会話のやりとりはまだ難しく、オウム返し（エコラリア・反響言語）が多い。
　　　　　・要求を言葉で伝えたり、説明ができないため、力づくで他児や保育者をひっぱったり、他児が座っている場所に横から入りこもうとしたりする。
対人関係・４月当初ほとんど他児に関わらず、汽車のレールをつなげて遊ぶ。
　　　　　・ままごとコーナーを好み、平行遊びである。（他児に関心がない様子）
　　　　　・保育者には関心が向き、おかずを運んで持ってくることもある。
　　　　　・５月になり、他児への関心の芽ばえが少しずつ見られる。給食を食べるグループが一緒の４歳児のＲ、Ｉには関心をよせ、関わろうとする。
　　　　　・他児が嫌がっていたり、戸惑ったりしていることに気付かず、自分のしたいこと

を強要する。自分の思いが通らないと威嚇する。

表現……・保育者と対面で手遊び『忍者のじゃんけん』を模倣する姿が見られる。

　　　　　・歌やリズム遊びが好きである。『ちょうちょう』の歌を歌う。

## ４．Aについて気になる姿（保育課題）

人とのかかわりの中で、嫌なことがあると威嚇する

## （２）カンファレンス資料を基に口頭で伝える情報の例

　このように、事例の概要を紙面にまとめ、順を追って読み上げながら、保育者間で共有したい情報を付け加えて伝えていくようにする。例えば、読み上げる文面を下記のように示す（資料8-2）（資料8-3）。

### 資料8-2. カンファレンス資料に加えて読み上げる文面例（入所までの経緯と経過）

　入所までの経緯と経過です。

　1歳10か月に療育機関、○○学園へ通っております。

　療育機関に通うきっかけは、市内の子育て支援センターで看護師や臨床心理士が母子の様子を観察していたところ、支援が必要な親子と認識し、親子サークルを勧めたことだと園の巡回訪問の看護師から聞いています。そこから療育機関への橋渡しをしたそうです。

### 資料8-3. カンファレンス資料に加えて読み上げる文面例（家族構成）

　家族構成についてです。

　父親は、会社の休みが取れると保育所のお迎えに母親と一緒にきていました。「Aくん、いくよ〜」と優しく言葉をかけていました。Aは、床屋で散髪する際パニックになってしまうため、自宅で母親がAを抱き、父親が散髪をしているそうです。

　母親も、Aに愛情を持って関わっています。

　Aのことを「障害児だからと特別に思わずに、できることは何でも経験させてください」と3歳児クラスに入園した初日に担任保育者に伝えてきたと聞いています。

　Aが降園後、気の向くままに園庭の遊具にふらふらといってしまうと、母親は後をゆっくりと追いかけながら、ゆったりと言葉をかけていました。

　Aのための療育にも両親共に熱心でありましたが、担任保育者に療育内容を伝えたり、保育に対する要望を伝えたりする姿はほとんどありませんでした。そのため、担任保育者が家庭での様子や療育機関の情報を母親に尋ねると、誠実に答えたり、紙面に記載された療育の記録を渡してくれたりしました。

　このように、カンファレンス資料に事例の概要を記載しながら、カンファレンス当日に読み上げ、さらに具体的な情報については、資料8-2の「入所までの経緯と経過」のように、どのようなことがきっかけで療育を受けるようになったのかという理由を共有する。また、資

料8-3のように、家族構成について、父と母それぞれの子育てに対する態度や夫婦の関係性、障害の受容度、園に対する要望等、詳細な情報を伝えることで家庭の背景について、情報共有することができる。

最後に現在の「Aについて気になる姿」(保育課題)について共有した後、エピソードを読んでいく。

## ２．カンファレンス資料の様式に基づいて－②エピソード記述－

【エピソード①：5/7　13：45～「いれて～」コミュニケーションとしての言葉を伝えて】

Aは、園庭で他児が作った泥団子を見て、「だんご作る！」と保育者に言って、砂場へ行こうと園庭の真ん中を通って砂場へ向かおうとした。しかし、園庭の途中で三輪車が目に入り三輪車の置いてある方へとふらふら行ってしまう。

Kが、大型三輪車に乗っているのを見つけ、引き付けられるように近寄り、ペダルをこいでいるKの大型三輪車を力づくで止めた。Aは、何も言わずに、Kの乗っていた大型三輪車の後ろの席に乗り込もうとし、Kは、後ろを振り向きAの姿に困惑した表情を浮かべた。それを見て、保育者はすぐにAが大型三輪車の後ろに乗り込む前にAの身体を止め「Aくん、いれて－だよ」と知らせる。それを聴いたAは「いーれーてー」と元気よくKに言った。

Kは少し保育者の顔もちらっと見てから小さい声で「いいよー」とAに返事をした。「いいよ」といったKであったが、保育者は、Kの声のトーンや無表情な顔から、本当は一人で大型三輪車に乗りたかったのだろうと考えた。保育者はKに「ごめんねKちゃん、Aくんね、Kちゃんが大好きだからね、どうしても後ろに乗せてほしかったみたい。乗せてくれてありがとう」と伝えると、Kは少し笑みを浮かべ、先ほどより素早い反応で軽く頷いた。そして、納得したかのように大型三輪車にAを乗せ、勢いよくペダルをこぎ出した。

保育者が「いってらっしゃーい」と手を振ると、KとAは保育者の方を振り向き「いってきまーす」と嬉しそうに笑顔で手を振った。Aを乗せたKの大型三輪車が園庭一周するように進むと、Aは、そこから見える砂場の友達やブランコで遊んでいる他児の方を見ながら、相手の他児がAの方を見ていなくても気にならない様子で、「いってきまーす！　いってきまーす！」と何度も周囲の他児に手を振った。

### (考察)

以前も何度か他児が嫌がったり、困惑する姿があったりしても、Aは相手の気持ちに気付く様子がなく、汽車ごっこを強要したり、他児の身体を押したりする姿が見られた。今回のエピソードでも相手の思いに気がつかないため、保育者が適切な他児への関わり方をAに理解できるように根気よく伝えていかなければならないと感じた。今回の場面に保育者が気付くのが遅れて、KがAの思うように動かないと、低い声で奇声を発したり、泣き出したりし、情緒が不安定になってしまう。注意されたと感じると、床に寝転んで全身の力を抜いて、怒ったり泣いたりするため、早期に発見し、「かして」「いれて」等、コミュニケーションとして

の言葉を伝えながらさりげなく支援し、Aと他児との関わりを仲立ちしていくようにする。言葉では、オウム返し（エコラリア、反響言語）が多かったが、「いってきます」に対する返事が「いってらっしゃい」ということは理解でき、言葉で表現できることがわかった。

---

**【エピソード②：10/3「Aくん、おやつのストローさし、誰にやってほしい？」友達との関わり】**

　4月から半年は、Aにとって関心のある友達と同じ席にしていたが、後半は、他の友達の名前も出てきたので、年長児のグループにAも混ぜ、席替えをした。

　その日のおやつの時のこと。牛乳のストローが紙パックに挿せないAは、席替え前はそばにいた保育者に「やってください」と言葉で要求できるようになっていた。しかし、今度は年長児のグループなので加配保育士が近くにおらず、周囲に要求を言葉で出せずに懸命に牛乳にストローを挿そうとする姿があった。保育者がどうするかなと思いながら見ていると、同じテーブルでおやつを食べていた年長児Uが、Aの姿に気付いた。Uは援助の手を差し伸べるかと思ったが、Aに「Aくん、誰にストローやってほしい？」と聞いた。するとAはすぐに「Rくん」と答えた。Uは「Rくん、A君がストローやってほしいって」と知らせると、Rは「わかった」と言って、Aの牛乳にストローを挿して「はい」とAに牛乳パックを手渡した。

　Rは、お礼も言わず無言で牛乳を飲み始めたAの姿を見て、Aに向かって「ありがとうだよ」と伝えると、Aは「ありがとう！」と元気よく言った。

　この一部始終を見守っていた担任保育者と加配保育者は、驚きのあまり顔を見合わせた。

**（考察）**

　Aは、信頼関係のある保育者に自分ができないことを要求できるようになったが、本日席替えをして、年長児に対してはまだ要求を言葉にできない姿があった。しかし、年長児のUは、Aの要求を汲み取り、援助が必要と判断したが直接援助するのではなく、Aに「誰にストローを挿してほしいか」を尋ね、Aの思いを尊重する姿が見られた。しかも、自分が指名されなかったのに対して気分を悪くする様子もなく、RにAの要求を伝えていた。

　日頃、担任保育者と加配保育者が言葉にならないAの要求を引き出せるように関わっていることを、クラスの子どもたちがそばで見聞きしている間に理解して、今回のエピソードのようにAの思いを尊重した関わりへと繋がっていったのだろう。

---

　ここに挙げたエピソード記述を書くポイントは5章で述べているが、改めて解説すると「背景」、「エピソード」、「考察」の順に記述する。先に背景を書くことによって、その場にいない第三者でもその場面をイメージした上で、エピソードの本文へとスムーズに読み進めることができるからである。

　最後の考察では、保育者が自らの子どもとの関わり等を振り返り、省察することで、子どもの行動の意味を問い直し、保育の質の向上へとつながる。保育者間でカンファレンス資料を共有した上で、エピソードの共有や語り合いの中で対象児の姿を複眼的にみることが重要

である。

## 第2節　保育実践のポイント

### 1．個別の支援について

　保育実践においては、障害の有無に関わらず、一人ひとりの発達や家庭の背景、文化の背景、障害の特性、自己肯定感の感情面等、一人ひとりのニーズやダイバーシティ（多様性）に応じたきめ細かい支援が求められている。

　個別の支援に目を向けてみると、まずは、ねらいを設定するために、子どもの実態把握が重要である。生活面では、食事、排泄、衣服の着脱等基本的生活習慣の確立に向けての支援が考えられるが、子どもが自分の力でどの程度できるかを把握する必要がある。具体的には「自分でできない」という状態と「少しの支援があれば自分でできる」という発達の境目を捉えることである。スモールステップで保育課題を細分化し、境目を見極めてその子どもにとって必要な支援を試みながら「自分でできた」という満足感や達成感を味わえるようにし、「できた」ことをほめることを大切にしたい。些細なことでも一つずつほめられることで、子どもの自信へと繋がり、自己肯定感も高めていけるような個別の支援が重要である。

### 2．他児や友達との関わり・対人関係の中で育ち合う

　ここに挙げた2つのエピソードは、どちらも他児や友達との関わり・対人関係について考えることができる。今回の事例①は5月ころのエピソードであり、Aは保育者の言葉には反応するが、他児との関わりはほとんど見られない。大型三輪車の事例でも、Kと遊びたいというより、大型三輪車に魅力を感じている様子が窺える。しかし、10月のストロー挿しのエピソードでは、友達からの問いかけに意思をもって答える姿にAの発達を感じることができる。友達とのかかわりでは、保育者に「○○ちゃん、給食食べた」等、友達の行動を伝えてくることがある。この段階では、特別の友だちに対して仲間意識や親しみをもっており、保育者を仲立ちとして友だちとの遊びを楽しめるようにする。

### 3．対象児の特性を活かした支援（戸外の体操・集団参加の保障・生活発表会の取り組みより）

　対象児の特性を活かした実践では、自閉症スペクトラム障害のAの場合、戸外で音楽に合わせて踊ることは好きであるが、4月当初は体操するためにクラスで整列する場所には居られなかった。最初に列に並んだものの徐々に後ずさりし、整列したクラスの集団よりも10メートルほど離れたところへ行き、保育者の動きを見ながら体操をする姿が見られた。このように、Aにとって狭い列に並ぶことは、不安を伴うことに違いない。Aがクラス全員が体操をしていることを見渡せる場所から、安心して体操を楽しんでいる姿を認めていくようにした。それから3か月たったある日、Aは自らクラスの列に並び、後ずさりすることなくその場で体操をしていた。Aのペースで少しずつ周囲との関わりを作っていきながら、安心できる居場所づくりをしていきたいと考えた。

生活発表会の取り組みでは、3歳児(年少)の生活発表会当日には、保護者や来賓等日頃面識のない大人から対面で視線を集めることになり、Aは舞台に立ったもののパニックになって泣き出し、その場に座り込んでしまい、保育者が抱っこする姿があった。そのような昨年度の様子を踏まえ、4歳児の生活発表会ではAは普段から音楽的な遊びが好きであったためわらべ歌遊び『かごめかごめ』を取り入れたシーンを作った。友達と手をつなぎ輪になって、わらべ歌を歌いながら回ることで普段の遊びのようにリラックスできるようにした。また、舞台に立ち観客と対面になる時間を減らすように工夫した。その結果、最後まで劇遊び『ももたろう』に参加することができた。また、Aの特性を活かし劇の内容や演出を工夫して、集団づくり、クラス集団とのつながりの中で楽しさを共有する喜びを感じられるように配慮した。このように、日々の子どもとの関わりや保育実践を記録にまとめ、カンファレンス資料を作成し、保育者間で語り合える場を大切にしたい。

(水野　恭子)

# 第9章

# 肢体不自由・病弱・重度重複障害の子どもの保育：
## 障害児保育園ヘレンを事例として

　本章では、肢体不自由・病弱・重度重複障害の子どもの保育の体系と、医療的ケア児の支援について、「障害児保育園ヘレン」における障害児保育実践を事例として紹介し、解説する。

## 第1節　障害児保育の体系

　これまで障害種別で分かれていた障害児施設・事業の体系（給付）が、2012年児童福祉法改正により、通所・入所の利用形態別に一元化された（図9-1）。

　肢体不自由、病弱、重度重複障害の子どもにおいては、一元化される前は、通所サービスとして、肢体不自由児通園施設、重症心身障害児（者）通園施設を利用し、入所サービスでは、肢体不自由児施設、重症心身障害児施設を利用してきた。現在は、通所サービスでは主に、児童発達支援センター及び児童発達支援事業所を利用し、入所サービスでは、医療型障害児入所施設を利用している。

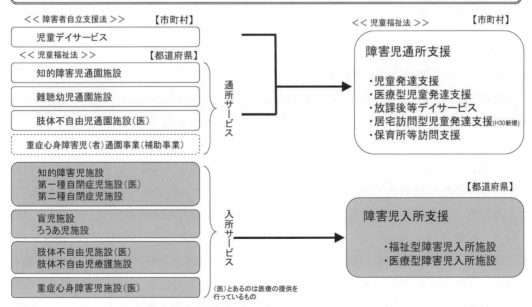

**障害児支援の体系①〜平成24年児童福祉法改正による障害児施設・事業の一元化〜**

○　障害児支援の強化を図るため、従来の障害種別で分かれていた体系（給付）について、通所・入所の利用形態の別により一元化。

図 9-1　障害児支援の体系
https://www.mhlw.go.jp/content/12200000/000360879.pdf

## 障害福祉サービス等の体系②（障害児支援、相談支援に係る給付）

| | | | | | |
|---|---|---|---|---|---|
| 障害児通所系 | 障害児支援に係る給付 | 児童発達支援 | 児 | 日常生活における基本的な動作の指導、知識技能の付与、集団生活への適応訓練などの支援を行う | |
| | | 医療型児童発達支援 | 児 | 日常生活における基本的な動作の指導、知識技能の付与、集団生活への適応訓練などの支援及び治療を行う | |
| | | 放課後等デイサービス | 児 | 授業の終了後又は休校日に、児童発達支援センター等の施設に通わせ、生活能力向上のための必要な訓練、社会との交流促進などの支援を行う | |
| 障害児訪問系 | | 新規 居宅訪問型児童発達支援 | 児 | 重度の障害等により外出が著しく困難な障害児の居宅を訪問して発達支援を行う | |
| | | 保育所等訪問支援 | 児 | 保育所、乳児院・児童養護施設等を訪問し、障害児に対して、障害児以外の児童との集団生活への適応のための専門的な支援などを行う | |
| 障害児入所系 | | 福祉型障害児入所施設 | 児 | 施設に入所している障害児に対して、保護、日常生活の指導及び知識技能の付与を行う | |
| | | 医療型障害児入所施設 | 児 | 施設に入所又は指定医療機関に入院している障害児に対して、保護、日常生活の指導及び知識技能の付与並びに治療を行う | |
| 相談支援系 | 相談支援に係る給付 | 計画相談支援 | 者 児 | 【サービス利用支援】・サービス申請に係る支給決定前にサービス等利用計画案を作成・支給決定後、事業者等と連絡調整等を行い、サービス等利用計画を作成【継続利用支援】・サービス等の利用状況等の検証（モニタリング）・事業所等と連絡調整、必要に応じて新たな支給決定等に係る申請の勧奨 | |
| | | 障害児相談支援 | 児 | 【障害児利用援助】・障害児通所支援の申請に係る給付決定の前に利用計画案を作成・給付決定後、事業者等と連絡調整等を行うとともに利用計画を作成【継続障害児支援利用援助】 | |
| | | 地域移行支援 | 者 | 住居の確保等、地域での生活に移行するための活動に関する相談、各障害福祉サービス事業所への同行支援等を行う | |
| | | 地域定着支援 | 者 | 常時、連絡体制を確保し障害の特性に起因して生じた緊急事態等における相談、障害福祉サービス事業所等と連絡調整など、緊急時の各種支援を行う | |

※ 障害児支援は、個別に利用の要否を判断（支援区分を認定する仕組みとなっていない）　※ 相談支援は、支援区分によらず利用の要否を判断（支援区分を利用要件としていない）
(注) 表中の「者」は「障害者」、「児」は「障害児」であり、利用できるサービスにマークを付している。

**図 9-2　障害福祉サービス等の体系**
https://www.mhlw.go.jp/content/12200000/000360879.pdf

　現在は、通所系、入所系サービス以外に、訪問系サービス、相談支援系サービスも用意されている（図 9-2）。肢体不自由、病弱、重度重複障害の子どもの中には、通所が困難な子どももいる。そのような子どもは訪問系サービス「居宅訪問型児童発達支援（2018 年新設）」を利用することもある。

## 第2節　医療的ケア児とは

### 1．国の指針・法律の中の医療的ケア児

　医療の進歩によりこれまで助からなかった命が救えるようになったが、一方で、重い病気や障害のある子ども、いわゆる医療的ケア児が増えてもきている（図 9-3）。

　そのような中で、国はさまざまな通達・施策を講じてきた。

　「障害福祉サービス等及び障害児通所支援等の円滑な実施を確保するための基本的な指針」（平成 29 年厚生労働省告示第 116 号）によれば、医療的ケア児とは「人工呼吸器を装着している障害児その他の日常生活を営むために医療を要する状態にある障害児」とされている。そして、同指針「一．基本的理念　4．地域共生社会の実現に向けた取組」では「地域、暮らし、生きがいをともに創り、高め合うことができる地域共生社会の実現」と明記されている。その中で、医療的ケア児について触れられ、医療的ケア児が「保健、医療、障害福祉、保育、教育等の支援を円滑に受けられるようにする等、専門的な支援を要する者に対して、各関連分野が共通の理解に基づき協働する包括的な支援体制の構築」を取り組みとして掲げている。

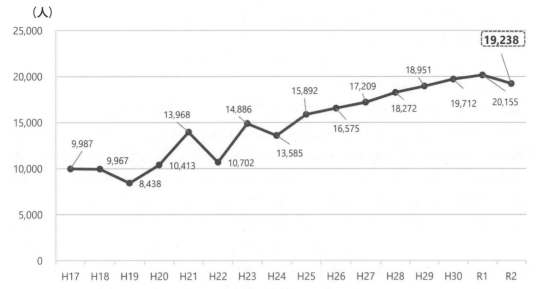

（人）

出典：厚生労働科学研究費補助金障害者政策総合研究事業「医療的ケア児に対する実態調査と医療・福祉・保健・教育等の連携に関する研究（田村班）」及び当該研究事業の協力のもと、社会医療診療行為別統計（各年6月審査分）により障害児・発達障害者支援室で作成）

**図9-3　在宅の医療的ケア児の推計値（0〜19歳）**
https://www.mhlw.go.jp/content/000959431.pdf

　さらに同指針では「四．障害児支援の提供体制の確保に関する基本的考え方　4．特別な支援が必要な障害児に対する支援体制の整備　（二）．医療的ケア児に対する支援体制の充実」において「医療的ケア児が身近な地域で必要な支援が受けられるように、障害児支援等の充実を図る。さらに心身の状況に応じた保健、医療、障害福祉、保育、教育等の各関連分野の支援が受けられるよう、保健所、病院・診療所、訪問看護ステーション、障害児通所支援事業所、障害児入所施設、障害児相談支援事業所、保育所、学校等の関係者が連携を図るための協議の場を設けること等により、各関連分野が共通の理解に基づき協働する総合的な支援体制を構築することが重要である。加えて、医療的ケア児に対する総合的な支援体制の構築に向けて、市町村においては、関連分野の支援を調整するコーディネーターとして養成された相談支援専門員等の配置を促進することが必要である。」と述べられている。

　2016（平成28年）6月3日、医療的ケア児への支援の地方公共団体の努力義務が規定された児童福祉法第56条の6第2項（改正により追加規定）が施行された。同日付け、厚生労働省医政局長、厚生労働省雇用均等・児童家庭局長、厚生労働省社会・援護局障害保健福祉部長、内閣府子ども・子育て本部統括官、文部科学省初等中等教育教育局長の連名により「医療的ケア児の支援に関する保健、医療、福祉、教育等の連携の一層の推進について」の通達が関係各所へなされた。それによれば教育関係においては「障害のある児童生徒等に対する早期からの一貫した支援について」（平成25年10月4日付け　文部科学省初等中等教育局長通知）を踏まえた、関係機関との連携による医療的ケア児を含む障害のある児童生徒等に対する乳幼児期から学校卒業後までの一貫した教育相談体制の整備、「特別支援学校等における医療的ケアの今後の対応について」（平成23年12月20日付け　文部科学省初等中等教育局長通知）を踏まえた医療的ケア児が安全に、かつ安心して学ぶ事ができるよう、医療的ケア

を実施する看護師等の配置及び活用の計画推進、看護師を中心とした教員等との連携協力による支援体制整備等が通達されている。

2018年には重度の障害等により外出等が著しく困難な障害児に対して、「居宅訪問型児童発達支援」のサービスが新設された。

2021年6月には、「医療的ケア児及びその家族に対する支援に関する法律」が施行され、医療的ケア児が「日常生活及び社会生活を営むために恒常的に医療的ケア（人工呼吸器による呼吸管理、喀痰吸引その他の医療行為）を受けることが不可欠である児童（18歳以上の高校生等を含む。）」と定義され、国や地方公共団体の責務、保育所の設置者、学校の設置者等の責務、さらには、医療的ケア児支援センターの設置についても明記された。

国の指針に記載されていること、それらを踏まえた法律は、医療的ケア児が「生涯を通じて身近な地域で生活し、ケアを受けられるようにすること」「同世代の子ども集団との交流があり、それを理解のある多職種の専門スタッフが連携したサポート」「これらをコーディネートする人材（ソーシャルワーカー）の確保と施設（医療的ケア児支援センター）の設置」という内容である。まさに、インクルージョン保育の推進と深いつながりのあるものである。

## ２．医療的ケア児の支援の現状と課題

2015年度厚生労働省社会・援護局委託事業「在宅医療ケアが必要な子どもに関する調査」によれば、主な介護者の約8割が「介護、見守りのための時間的拘束に係る負担」について「負担感がある」「やや負担感がある」と回答した。また、主な介護者の睡眠時間は「5〜6時間未満」「7〜8時間未満」がそれぞれ3割であるが、睡眠の取り方については約1/4の介護者が「断続的に取っている」状況であることが示された。育児や療育、在宅生活等の全般に関する相談先としては、医療機関の職員が8割弱、福祉サービス事業所等の職員が約3割であるなど、多くの保護者が複数の相談先を挙げており、総合的に相談できる場所がないことが示された。また、医療的ケア児の約6割が障害福祉サービス等を利用していないと示されている。2008年に日本小児科学会雑誌に掲載された調査結果によれば、超重症児のおよそ7割が自宅で暮らしているという。このことは、医療的ケア児の介護のために、その家族が離職し、介護にあたっていることを意味する。

このように、これまで、専門的スタッフ確保と育成に費用がかかる一方、制度化の途上であり医療的ケア児を受け入れた場合の十分な財政的処置がないという財源の問題から、医療的ケア児は、地域の幼児教育施設だけでなく、障害福祉サービスにおいてさえ受け入れが進んでいないこともあった。医療、福祉、教育等の関係機関との連携が十分ではないこと等から、医療的ケア児の多くは、家族、特に主な介護者である母親の24時間365日の休みのない介護によって支えられていた。

この現実は大きな課題であり、社会による現実の理解と問題解決のための支援が必要不可欠との認識から、「医療的ケア児及びその家族に対する支援に関する法律」が成立したのである。

## 第3節　医療的ケア児の支援実践例－障害児保育園ヘレン－

### 1．障害児保育園ヘレンの設立から現在まで

　障害の重い子どもの主な介護者である母親の多くは、子どもの介護のために一時離職していることも多く、利用できるサービスも限られていることから子どもを預かってもらう時間も短時間となり、フルタイムで就労できていない状況にある。中でも医療的ケア児の母親はその割合が非常に高い。つまり、地域の幼児教育施設に通うことが難しいだけでなく、障害福祉サービス等の利用もできない状況にあり、このような障害のある子どもは集団生活を通した成長・発達の場が保障されていない状況にある。

　この問題の解決に向け、認定 NPO 法人フローレンス（以下「フローレンス」）は、2014 年 9 月に、日本で初めて障害児を長時間保育できる「障害児保育園ヘレン」（以下「ヘレン」）を杉並区に開園し、2015 年 4 月には自宅でマンツーマンで保育する「障害児訪問保育アニー」（以下「アニー」）を開始した。財政面で大きな課題を抱えながらも、ヘレンは行政や民間企業、そして個人の方々からさまざまな支援を受け続けることで事業の質と量の充実を図ってきた。ハード面では「福祉送迎車」「家具、医療用具等備品」の購入、ソフト面では「人材育成のための研修」の費用などがある。現在、フローレンスは上記の他に世田谷区ヘレン経堂（2017 年 2 月開園）、江東区ヘレン東雲（2017 年 6 月開園）、渋谷区ヘレン初台（2017 年 10 月開園）、練馬区ヘレン中村橋（2018 年 11 月開園）を運営している。

---

**事例1　－親の仕事と子どもの成長発達の保障－**

　A は、200X 年に超未熟児の一卵性双生児の姉として誕生し、食事を口から摂取することが難しく胃ろうを使用している。親の就業から 200X+1 年に区立の保育園に入園を申し込んだが医療的ケアがあることから断られ、待機児童にさえもなることは出来なかった。200X+2 年夏に区に障害児保育園ヘレンが開園し入園した。入園までは区の児童発達支援センターの療育施設に週 1 度親子で通園し、親が仕事の日は、仕事をしている親の隣で DVD を見て日々を過ごしていた。ヘレンに入園してからは週 5 日朝から夕方まで先生や友達と生活し、たくさんの遊びを経験しながら過ごす日々となった。入園当初は初めての場所に涙することもあったが、笑顔が見られるようになり表情が豊かになった。友達が遊んでいる様子を見たり、自分もやりたいと声を上げたり、少しずつ成長・発達している。

---

　この事例のように、現在においても、医療的ケアの必要な子どもを受け入れている幼児教育施設はまだまだ少ない。幼児教育施設に入園できない場合は親が仕事をあきらめなくてはならない。そのようなことをしなくてもよい社会にしていかなくてはならない。また、子どもの成長・発達においては同世代の子どもと身近な地域で生活と遊びを経験できることが何よりも大切である。

## 2．ヘレン入園までの手続き

　ヘレンは児童福祉法に基づく児童発達支援事業であり、一方アニーは子ども・子育て支援新制度に基づく地域型保育事業「居宅訪問型保育事業」である。施設型のヘレンは、アニーを併用することで長時間保育を実現している。また重症心身障害児・医療的ケア児だけでなく、その他の障害の重い子どもの枠も設けている。

　大きな流れは図9-4の通りである。STEP 2とSTEP 3の間で入園待ちとあるが、定員はすぐにいっぱいになり、待機してもらうケースも多い。

　2018年、筆者がヘレンの調査を実施した際、当時のフローレンス障害児保育事業部サブマネージャー石川廉氏は「保育が必要な状態にある方を優先しており、「レスパイトや一時保育」の受け入れ等は実現できておりません。またダメ元でも通常の保育所に申し込んだ時点で、ヘレンへの入園はできないと判断する自治体もあります」と課題も指摘されていた。きちんとした制度としての位置づけが急がれる状況であった。

| |
| --- |
| STEP 1　説明会に参加 |
| STEP 2　基本情報登録 (webフォーム) |
| 　　　　　（※入園待ち） |
| STEP 3　希望入園先の園の見学 |
| STEP 4　入園申込書類等提出 |
| 　　　　　（主治医の診断書含む） |
| STEP 5　書類審査 |
| STEP 6　面談（親子） |
| STEP 7　入園可否の連絡 |
| STEP 8　自治体（居住地）にて手続き |
| 　　　　　（児童発達支援事業・居宅訪問型保育事業の2つの窓口へ） |
| STEP 9　契約 |
| STEP10　入園・慣れ保育（約1か月） |

図9-4　入園までの流れ

## 3．ヘレンの園生活について

　ヘレンの一日の流れは表9-1の通りである。長時間保育を実現することで、長時間の集団生活が可能となり、「遊び」を通して楽しみながら発達を促す「療育」を実施し、障害児の成長・発達の場を保障している。

　『訪問看護と介護20』巻12号（2015年12月）にはヘレンにおける「遊び」が紹介されている。それによれば、ヘレンにおける「遊び」は保育スタッフのみならず、作業療法士、理学療法士、看護師等すべてのスタッフの知識や技術、経験を総動員して検討され、「子ども一人ひとりに合わせた発達支援」をねらいとして実践されている。子どもたちの人数や様子によってその日の活動を変えながら行い、活動の種類としては、リラックス遊び、感触遊び、運動

表9-1　1日の流れ

| 8：00 | 開園 |
|---|---|
| 10：00 | 朝の会 |
| | クラス活動（散歩・制作等） |
| 12：00 | 昼食 |
| 13：00 | 午睡 |
| 14：30 | 起床 |
| 15：30 | おやつ |
| 16：00 | 帰りの会 |
| 17：30 | 閉園 |

遊び等さまざまである。具体的には、リラックス遊びは、スヌーズレンや鑑賞遊びを行う。感触遊びは、いろいろな感触に触れる体験をする遊びである。たとえば、干しごぼうを買ってきて、最初に買ってきた状態のまま一緒に触り、水でもどしてから踏んだり握ったりして感触が変わることを経験する。好きな感触だけでなく、嫌いな感触も大切にし、その子の気持ちを受け止めるようにしているという。運動遊びは、ハンモックに乗って揺れや傾きを感じたり、フロアカー（車輪と紐がついた板状のおもちゃ）に子どもが乗って、スタッフが引っ張って走ったり、お散歩にいったりする。

　このような遊びを通した療育を可能にしているのは、豊富な経験があり、研修を受け、医療的ケア児への理解のある保育士の存在が大きい。しかし、それだけではなく、看護師、作業療法士、理学療法士、嘱託医等の「専門職チームで支援」ができる体制があることこそ医療的ケア児の集団での生活と遊びを実現しているともいえる。経管栄養（胃ろう・腸ろう）、ストーマ、たん吸引（気管切開の子ども）は、すべて看護師が行っている。看護師は医療的なケアだけをする存在ではなく、生活全体や遊びにも参加している。緊急時は基本的に主治医に連絡する。主治医の定期診察や、リハビリテーション、摂食外来受診等には看護師、保育士、リハビリスタッフが同行している。年間行事としては、ヘレン荻窪の場合、季節に応じた遊びとして「七夕」、「クリスマス会」、その他、「親子交流会」を年2回開催している。

　フローレンスが運営する認可保育園が同じ建物内に併設されているヘレン初台では交流保育も行っているが、地域の保育所に申し出た場合、安全面等で断られるケースもあり、なかなか実現が難しい状況にある。

　2016年4月には「障害者差別解消法」、2021年には「医療的ケア児支援法」が施行されたので、地域の幼児教育施設へ障害のある子どもが入園するケースがさらに増えていくことと思われる。そのようなときの相談窓口になってくれる場所が、児童福祉法に規定されている施設・事業の「児童発達支援センター」、そして、ヘレンのような「児童発達支援事業所」である。今後は、「医療的ケア児支援センター」の設置が進めば、大きな力となってくれるはずである。

　Ｂは経管栄養、気管切開をしている子どもである。ヘレンのスタッフは、成長・発達とともに医療的ケアの必要がなくなってきており、地域の保育所でも十分生活できるという思いをもっていた。親へ転園の意向を確認すると、「できれば、地域の保育所へ転園したい」とのことであったので、自治体の担当課に相談に行くよう勧めた。相談の結果、保育所の園長や保育課担当者による園見学が行われた。集団生活は可能と判断され、地域の保育所へ転園することができた。

　このように、ヘレンから地域の幼児教育施設へ転園が可能になった事例は、大きく「医療的ケアが必要でなくなった子ども」と「医療的ケアが必要であっても医療依存度が高くない子ども」に分けられる。

　「医療的ケアが必要でなくなった子ども」は、Ｂのように経管栄養、気管切開をしている子どもたちである。成長発達とともに医療的ケアを必要なくなる子どももいる。

　「医療的ケアが必要であっても医療依存度が高くない子ども」は導尿の子どもである。また、医療的ケアが日中必要でない「透析の子ども」等もいる。

　転園が可能となった段階で、事例のように、地域の幼児教育施設への転園に向けて、親が自治体の担当課（保育課等）にアプローチする。それを受けて、幼児教育施設所の園長や保育課担当がヘレンを見学し、受け入れられるという見通しがもてると転園となる。つまり、ヘレンで集団生活できることがわかると受け入れてもらえるケースが増えてきており、ヘレンの存在意義は大きいといえる。

　転園した子どもと保護者が遊びに来てくれることもあるという。2018年当時ヘレン荻窪園長の遠藤愛氏は、成長している姿を見ると嬉しいと感じると同時に「成長・発達の場がないだけと感じる」という。ヘレンは単なる医療的ケア児の受け皿としての保育所ではなく、インクルーシブな社会の創造へ向けて社会に訴えかける社会変革の運動体でもあるといえる。

（前嶋　元）

参考文献
• 前嶋元（2018）「第3章心身障害児の相談と教育・福祉－医療的ケアの障害児保育園ヘレンの取り組み」医療福祉相談研究会編『医療福祉相談ガイド』中央法規出版, 1511-1517.
• 前嶋元（2018）シンポジウム「病気や障がいのある子どもの生活と遊び」『第29回全国大会東京大会プログラム要旨集』
• 森下倫郎・遠藤愛・石川廉（2015）「NTERVIEW ケアする人々(33) 医療的ケアが必要な子どもと家族の夢を叶える「保育」: 通所と在宅の長時間預かりで親の就労と子の発達を支援 認定NPO法人フローレンス 障害児保育園「ヘレン」障害児訪問保育「アニー」訪問看護ステーション「ジャンヌ」」医学書院『訪問看護と介護』20 (12), 1013-1020.
資料
• 障害児保育園ヘレンホームページ https://helen-hoiku.jp/
• 厚生労働省ホームページ　https://www.mhlw.go.jp/stf/seisakunitsuite/bunya/0000117218.html

# 第10章

# 視覚・聴覚障害のある子どもの教育・保育

視覚障害のある子ども、聴覚障害のある子どものダイバーシティ・インクルージョン保育に関しては、幼児教育施設への在籍が考えられる。その一方で、特別支援学校幼稚部への在籍は、障害児やその保護者、きょうだい児がそれぞれ他の同じ障害児や、障害児のいる保護者、きょうだい児との交流機会を創出することにもつながるため、ダイバーシティ・インクルージョン保育の機会を担保しながら在籍することも検討の余地があると考えられる。

そこで本章では、視覚障害特別支援学校幼稚部・聴覚障害特別支援学校幼稚部における教育・保育実践の実際について実践事例等 (仮想事例含む) を用いて解説する。その際、視覚障害・聴覚障害特別支援学校における教育相談やセンター的機能に基づく幼児教育施設との連携についても言及する。

## 第1節　視覚障害のある子ども

### 1．視覚障害のある子どもとその教育・保育

（1）視覚障害のある子ども

視覚障害とは視機能 (視力・視野・色覚機能等) の永続的な低下により、学習や生活に支障がある状態のことをいい、矯正視力 (眼鏡・コンタクト等近視・乱視等を矯正した視力) でも生活に支障が出る状態を指し示す。教育行政下等では視覚障害のある子どもを視覚障害児とも表現する。視覚障害のある子どもに関しては、光も感じられない視機能状態であり、主に聴覚、触覚を活用して点字等を使用し、生活や学習を進めていく子どもを盲児、眼球に障害の原因となるような疾患はないものの脳機能等により視力低下が生じている状態 (斜視弱視、屈折異常 (乱視) 弱視、不同視弱視、形態覚遮断弱視等) であり、矯正視力が 0.3 未満で視覚を活用し、聴覚、触覚等で補いながら生活や学習を進めていく子どもを弱視児と表現することもある。

身体障害者福祉法に規程される視覚障害は、視機能のうちの矯正視力、視野の程度により1級〜6級に区分されている (表 10-1)。

視覚障害は視力 (物体を識別する能力) の機能障害である視力障害がよく知られているが、以下のようにそれ以外にも複数の病態がある。

①視力障害：視力 (物体を識別する能力) の機能障害

②視野障害：視力の範囲に狭窄・欠陥等が生じる機能障害 (求心性視野狭窄、中心暗点、白濁等)

第3部　多様な保育ニーズと保育の実際　実践編

③光覚障害：光刺激に関する感覚の機能障害（夜盲、羞明（光の強弱により痛みや不快感が生じる）、順応異常等）

④色覚障害：色刺激に関する感覚の機能障害

⑤両眼視機能障害：左右眼の同時使用により立体的な単一視認識を行う機能の障害

⑥眼球運動障害：外眼筋・神経等による眼球の運動機能障害（眼球振盪等）

⑦眼瞼（がんけん）疾患：瞼の運動機能障害（眼瞼下等）

　また右眼と左眼の視線が違う場所に向かう運動異状である斜視のある子どもも存在する。斜視の状態は大別して恒常性斜視（常に斜視になっている状態）と間歇性斜視（ときどき斜視が生じる状態）があり、斜視の種類は内斜視（目が内側に寄っている）、外斜視（外を向いている）、上斜視（上を向いている）、下斜視（下を向いている）が存在する。乳児期には生後6か月以内に発症する内斜視もあり、この場合は斜視手術等により両眼視機能維持をはかることが多い。また基礎型内斜視、調節性内斜視、周期内斜視、急性内斜視等の後天内斜視も存在し、特に急性内斜視は外傷等による脳内出血等でも生じるため、幼児が頭部をけがした際等には留意が必要である。

表 10-1　視覚障害の区分（身体障害者福祉法）

| 等級 | 障害の程度 |
|---|---|
| 1級 | 両眼の視力（万国式試視力表によって測ったものをいい、屈折異常のある者については、きょう正視力について測ったものをいう。以下同じ。）の和が 0.01 以下のもの |
| 2級 | 1　両眼の視力の和が 0.02 以上 0.04 以下のもの<br>2　両眼の視野がそれぞれ 10 度以内でかつ両眼による視野について視能率による損失率が 95 パーセント以上のもの |
| 3級 | 1　両眼の視力の和が 0.05 以上 0.08 以下のもの<br>2　両眼の視野がそれぞれ 10 度以内でかつ両眼による視野について視能率による損失率が 90 パーセント以上のもの |
| 4級 | 1　両眼の視力の和が 0.09 以上 0.12 以下のもの<br>2　両眼の視野がそれぞれ 10 度以内のもの |
| 5級 | 1　両眼の視力の和が 0.13 以上 0.2 以下のもの<br>2　両眼による視野の2分の1以上が欠けているもの |
| 6級 | 一眼の視力が 0.02 以下，他眼の視力が 0.6 以下のもので，両眼の視力の和が 0.2 を超えるもの |

（２）視覚障害のある子どもの教育・保育

　日本において視覚障害のある子どもの教育・保育は、就学前期は家庭教育の他、主に幼児教育施設や視覚障害特別支援学校幼稚部、児童発達支援センター・事業（所）等で行われている。初等・中等教育期は小学校、中学校、高等学校（義務教育学校、中等教育学校を含む）の通常の学級、通級による指導（通級指導教室）、小学校、中学校の特別支援学級、そして特別

支援学校で行われている。大学等では障害学生支援が行われる他、視覚障害者を対象とした国立大学法人筑波技術大学も存在する。

　本節で主に取りあげる視覚障害を対象とする特別支援学校である視覚障害特別支援学校（視覚障害部門を有する複数部門設置の特別支援学校を含む）は文部科学省学校基本調査によれば、2021年度に全国で84校、各都道府県で概ね1〜2校程度設置されている。また、その多くに小学部、中学部、高等部が設置されている（一部には専攻科も設置されている）。幼稚部は全国で89学級設置され、181名の幼児が在籍している。

## 2．視覚障害特別支援学校幼稚部における教育・保育

### （1）視覚障害特別支援学校幼稚部における教育課程

　視覚障害特別支援学校幼稚部における教育・保育は、特別支援学校幼稚部教育要領に基づき行われる。基本的には幼稚園教育要領に示される目標や5領域は共通であり、視覚障害や併有する障害の特性、一人ひとりの発達に応じて支援を行う「自立活動」で教育課程が編成され、実践が行われている。また小学部に進学する幼児も在籍しているため、小学部以降のキャリア教育（発達）との一貫性を重視している。

　なお、視覚障害児は併せて軽度から最重度の知的障害や肢体不自由を有する場合もある。そのため、学校によっては、障害の重い子どもや複数の障害を有する子どもに対する「重度・重複学級」を設置し、2つの教育課程を編成している場合もある。

### （2）視覚障害特別支援学校幼稚部の日課

　視覚障害特別支援学校幼稚部の日課は基本的には幼稚園における日課とほぼ共通の傾向を有している（表10-2）。日課を固定して安定的な生活を送ることを重視する幼稚部もあれば、子どもの興味関心等に応じて、日ごとに園外活動を設定している幼稚部もある。幼稚部によっては、放課後「運動クラブ」等の課外活動を設定している場合もある。

　幼稚部の日課における遊びの時間は、学級全体、グループ別、個別を設定する場合がある。また個別活動の時間には教師や視能訓練士等による個別課題（訓練）を行う場合もある。さらに特別支援学校によっては年間の教育課程（指導計画）の中で近隣の幼児教育施設との交流活動を日課に位置付けているところもあり、幼稚部で障害に応じた支援を行いながら、ダイバーシティ・インクルージョン保育を志向している。

## 3．ダイバーシティ・インクルージョン保育における視覚障害のある子どもの支援のポイント

　支援のポイントとしては、以下があげられる。

① （安心した）行動のための環境整備：視覚障害乳幼児はリーチング等の接近・接触行動や後追い行動の出現頻度が低い傾向にあるため、保育者の手添え＋声かけ支援等で接近・接触行動機会を保障する。

② 視覚的情報の補償：視覚からの情報不足（人間の情報獲得の約80%は視覚情報処理機

表 10-2　視覚障害特別支援学校幼稚部の日課例

|  | 月 | 火 | 水 | 木 | 金 |
|---|---|---|---|---|---|
| 8:30 〜 9:30 | 登校・朝の支度・自由遊び | | | | |
| 9:30 〜 10:00 | 朝の会 | | | | |
| 10:00 〜 12:00 | 遊びの時間 | | | | |
| 12:00 〜 13:00 | 給食の準備・給食 | | | | |
| 13:00 〜 14:00 | 遊びの時間 | | | | |
| 14:00 〜 | 下校の準備・帰りの会・下校 | | | | |

|  | 月 | 火 | 水 | 木 | 金 |
|---|---|---|---|---|---|
| 8:30 〜 9:30 | 登校・朝の支度・自由遊び | | | | |
| 9:30 〜 10:00 | 朝の会 | | | | |
| 10:00 〜 12:00 | 遊びの時間 | 園外保育（散歩） | 遊びの時間 | 遊びの時間 | 交流保育 |
| 12:00 〜 13:00 | 給食の準備・給食 | | | | |
| 13:00 〜 14:00 | 個別活動 | 遊びの時間 | 個別活動 | 個別活動 | 遊びの時間 |
| 14:00 〜 | 下校の準備・帰りの会・下校 | | | | |
|  | | （運動クラブ） | | | |

構経由と考えられている）により概念形成や知識量が不足するため、手添え＋声かけ＋イメージ化による情報補償を行う。また物や人との距離を「○○メートル先」「右側に○○歩」等具体的に表現することで、空間や構造を把握する力を高めるための基礎経験となるようにする。

③ 身体模倣機会の創出：保育者、保護者、きょうだい児、他児等の視覚的模倣（見よう見まね）をしにくいため、代替的な身体模倣機会を創り出す。

その上で、保有する感覚を十分に活用できるように支援したり、感覚と経験・知識を結び付ける機会を増やしたりすることが有効である。例えば、聴覚（感覚）を活かすため、静かな活動場面を取り入れる等、感覚に集中できる環境を整備したり、触覚（感覚）を活かして、具体的な事物・対象と動作を結びつけるように、活動時間を延ばし、触る・触れる時間を確保する等である。さらに、視覚障害乳幼児の保育では、保育者の簡潔・適切な場面・事象等の解説が有効な知識獲得手段となるため、保育者の説明（解説）能力が保育の質に影響することに留意する必要がある。

## 4．手でみる作品（制作）を通じたダイバーシティ・インクルージョン保育

　視覚障害特別支援学校幼稚部におけるダイバーシティ・インクルージョン保育の一例として、手でみる作品（制作）による保育実践があげられる。視覚障害教育においては「触覚をたよりに鑑賞する展覧会」である「手でみる彫刻展」の実践が知られている（武末・古屋, 2021）。

これは粘土造形制作等を通して、実際に作成物を触れて鑑賞することにより、視覚障害児の触覚経験を豊かにすることが可能となる教育方法である。なお、手でみる作品（制作）では、幼児教育施設の子どもと一緒に制作活動を行い、完成した作品を手の触覚を通じて鑑賞することにより、視覚障害の有無に関わらず感覚を豊かにする経験を得ることができる。視覚障害児は触覚により視覚的情報の補償を行うことができる。視覚障害児にとって両手でものに触れ、その特性等を感じて観察する触察は、対象物の性質や大きさ、形状等を学習する機会となる。また他の子どもたちは視覚障害児が鑑賞している自らの制作物を説明する等の活動を行うことで、言葉での表現を豊かにする経験を増やすことができる。

　また視覚障害特別支援学校においては、この制作物の展示の際に、小学部から高等部の児童生徒が触れられる制作物も併せて展示することで、作品のレパートリーを豊かにするとともに、児童生徒に対する教育実践として、鑑賞者を想定した図画工作・美術教育や総合的な学習の時間・総合的な探求の時間のねらいに迫ることも可能となる。

## 第2節　聴覚障害のある子ども

### 1. 聴覚障害のある子どもとその教育・保育

（1）聴覚障害のある子ども

　聴覚障害とは聴能（聴覚機能）の永続的な低下により、学習や生活に支障がある状態のことをいい、矯正聴力（補聴器等矯正した聴力）でも学習や生活に支障がある状態を指し示す。教育行政下等では聴覚障害のある子どもを聴覚障害児とも表現する。聴覚障害に関しては、音を聞くことのできない聴能状態であり、主に視覚、触覚を活用して手話等を使用し、生活や学習を進めていく子どもを聾児、耳に障害の原因となるような疾患はないものの脳機能等により聴力低下が生じている状態であり、平均聴力レベルが25db以上で聴覚を活用し、視覚、触覚等で補いながら生活や学習を進めていく子どもを難聴児と表現することもある。

　難聴には外耳・中耳（鼓膜等）等聴覚情報受容器官の障害による伝音性難聴、内耳・脳機能・聴神経等における聴覚情報処理器官の障害による感音性難聴の2つが存在する。伝音性難聴は聴覚情報受容器官（外耳・中耳（鼓膜等））の障害による難聴であり、主に「音の伝道」に関する課題のため、補聴器等での受容器官の補助により、症状改善が見込める場合がある。

　感音性難聴は内耳、脳機能、聴神経等聴覚情報処理器官の障害による難聴であり、音の明瞭度が低い（音の歪み等）ことにより聴覚情報処理に困難が生じるため、音量を上げる等による対応での解決は困難であり、音質の改善等が必要である。伝音性難聴と感音性難聴の両方を併せた難聴を混合性難聴という。また難聴は軽度難聴（25dB以上40dB未満）、中等度難聴（40dB以上70dB未満）、高度難聴（70dB以上90dB未満）、重度難聴（90dB以上）と4段階に程度区分がなされることが多い。

　身体障害者福祉法に規程される聴覚障害は、聴能のうちの矯正聴力等により2級〜6級に区分されている（聴覚障害は1級及び5級は設定されていない）（表10-3）。

　聴覚障害は妊娠中のウイルス感染（特に風疹等）で生じる先天性の場合と、発性疾患、投薬

表 10-3　聴覚障害の区分（身体障害者福祉法）

| 等級 | 障害の程度 |
|---|---|
| 1級 | |
| 2級 | 両耳の聴力レベルがそれぞれ 100 デシベル以上のもの（両耳全ろう） |
| 3級 | 両耳の聴力レベルが 90 デシベル以上のもの（耳介に接しなければ大声語を理解し得ないもの） |
| 4級 | 1　両耳の聴力レベルがそれぞれ 80 デシベル以上のもの（耳介に接しなければ話声語を理解し得ないもの）<br>2　両耳による普通話声の最良の語音明瞭度が 50 パーセント以下のもの |
| 5級 | |
| 6級 | 1　両耳の聴力レベルが 70 デシベル以上のもの（40 センチメートル以上の距離で発声された会話語を理解し得ないもの）<br>2　一側耳の聴力レベルが 90 デシベル以上 , 他側耳の聴力レベルが 50 デシベル以上のもの |

副作用、頭部外傷、騒音等の聴覚組織損傷により生じる後天性の場合に分類される。先天性聴覚障害者の場合、音声言語を習得する前に失聴した者は聴覚機能だけでなく、言語機能にも課題が生じるため、手話を第一言語（母語）とする場合が多くなる。一方で中途失聴者等の後天性聴覚障害者の場合、概ね小学校低学年程度まで母語確立している場合は、話すこと（Speaking）や読み書き（Reading、Writing）への影響は小さいとされている。

　聴覚障害は新生児スクリーニング検査で一定の検出が可能となっている。日本では、OAE（Oto Acoustic Emissions、耳音響放射）、自動 ABR（Automated Auditory Brainstem Response、AABR と表記する場合もある、自動聴性脳幹反応）による生後 3 日以内の新生児への初回検査が多くの分娩取扱医療機関で行われている。検査は 1 回 5 ～ 15 分程度で新生児の睡眠中に行われ、再検査が必要な場合は 1 週間以内に確認検査を実施する。この検査実施により、両側中等度・高度（重度）難聴児はほぼ検出することが可能となっている。なお、新生児スクリーニング検査は保険適用外検査となるが、多くの市区町村で母子保健制度等による検査費用助成が行われている。分娩取扱医療機関では、聴覚障害の疑いがある場合は保健所・保健センターや特別支援学校等につなぐ支援が行われる。

　聴覚障害の診断が下り、蝸牛機能に障害のある（感音性難聴）場合、保護者は音声処理部（スピーチプロセッサー）により音（聴覚情報）を電気信号に変換し、蝸牛の中に埋め込む刺激装置（電極）で直接聴神経を刺激する人工内耳での治療法を選択することがある。人工内耳での治療は原則 1 歳以上で、概ね 2・3 級程度の、補聴器の補正が望みにくい感音性難聴の中～重度障害児に行われる。また近年では裸耳・補聴器と人工内耳を組み合わせ、裸耳・補聴器で低周波数、人工内耳で高周波数の聴覚情報を処理する方法である残存聴力活用型人工内耳（EAS：Electric Acoustic Stimulation）による治療も行われている。

（2）聴覚障害のある子どもとその教育・保育

　日本において聴覚障害のある子どもの教育・保育は、視覚障害のある子どもと同様に、就

学前期は家庭教育の他、主に幼児教育施設や聴覚障害特別支援学校幼稚部、児童発達支援センター・事業（所）等で行われている。初等・中等教育期は小学校、中学校、高等学校（義務教育学校、中等教育学校を含む）の通常の学級、通級による指導（通級指導教室）、小学校、中学校の特別支援学級、そして特別支援学校で行われている。国立大学法人筑波技術大学には視覚障害者だけでなく、聴覚障害者を対象とする学部・学科も存在する。

　本節で主に取りあげる聴覚障害児を対象とする特別支援学校である聴覚障害特別支援学校（聴覚障害部門を有する複数部門設置の特別支援学校を含む）は文部科学省学校基本調査によれば、2021年度に全国で119校、各都道府県で概ね1～3校程度設置されている。また、その多くに小学部、中学部、高等部が設置されている（一部には専攻科も設置されている）。幼稚部は全国で322学級設置され、1,018名の幼児が在籍している。

## ２．聴覚障害特別支援学校幼稚部における教育・保育

### （１）聴覚障害特別支援学校幼稚部における教育課程

　聴覚障害特別支援学校幼稚部における教育・保育は、視覚障害特別支援学校幼稚部と同様に特別支援学校幼稚部教育要領に基づき行われる。幼稚園教育要領に示される目標や教育課程における5領域は共通であり、聴覚障害や併有する障害の特性、一人ひとりの発達に応じて支援を行う「自立活動」で教育課程が編成され、実践が行われている。また聴覚障害特別支援学校幼稚部でも小学部に進学する幼児が在籍しているため、小学部以降のキャリア教育（発達）との一貫性を重視している。

### （２）聴覚障害特別支援学校幼稚部の日課

　聴覚障害特別支援学校幼稚部の日課は、視覚障害特別支援学校幼稚部と同様に基本的には幼稚園における日課とほぼ共通の傾向を有している（表10-4）。

　聴覚障害特別支援学校幼稚部では、午前あるいは午後に聴能訓練を個別、集団で帯設定している場合がある。また幼児の通学範囲が広い場合や、幼児教育施設と並行通園している児童の聴能訓練を行うため、日によって給食後の活動（日課）が異なる場合もある。

## ３．ダイバーシティ・インクルージョン保育における聴覚障害のある子どもの支援のポイント

　支援のポイントとしては、以下があげられる。

　① 聴覚情報処理を支援する保育環境を構成する。聴能（障害の程度）と保育現場における言語指示理解（能力）は必ずしも比例しないため、言語指示だけでなく、視覚情報指示（絵カード、写真カード、文字カード等）を併用することが有効である。わかりやすい表現や言葉の選定や、1文の長さ、文節での区切り等を意識してゆっくり話すこと（保育者の口元が見えるようにすることが重要）、話しかける方向を前方からにすること（後ろからの声かけは聞きにくい場合が多いため）等を留意することが望ましい。

　② 補聴器を使用している場合や人工内耳手術を受けている場合は、医療機関等で聴能訓

表 10-4　聴覚障害特別支援学校幼稚部の日課例

| | 月 | 火 | 水 | 木 | 金 |
|---|---|---|---|---|---|
| 8:30 〜 9:30 | 登校・朝の支度・自由遊び | | | | |
| 9:30 〜 10:00 | 朝の会 | | | | |
| 10:00 〜 10:30 | 運動遊び | | | | |
| 10:30 〜 12:00 | 遊びの時間 | | | | |
| 12:00 〜 13:00 | 給食の準備・給食 | | | | |
| 13:00 〜 14:00 | 個別活動 / 遊びの時間 | | | | |
| 14:00 〜 | 下校の準備・帰りの会・下校 | | | | |

| | 月 | | 火 | | 水 | 木 | 金 | |
|---|---|---|---|---|---|---|---|---|
| 8:30 〜 9:00 | 登校・朝の支度 | | | | | | | |
| 9:00 〜 9:30 | 集団活動 | | | | | | | |
| 9:30 〜 10:00 | 朝の会 | | | | | | | |
| 10:00 〜 11:30 | 遊びの時間 | | | | | | | |
| 12:00 〜 13:00 | 給食の準備・給食 | | | | | | | |
| 13:00 〜 14:00 | 下校の準備・帰りの会・下校 | 個別活動・帰りの会 | 下校の準備・帰りの会・下校 | 個別活動・帰りの会 | 下校の準備・帰りの会・下校 | 下校の準備・帰りの会・下校 | 下校の準備・帰りの会・下校 | 個別活動・帰りの会 |
| 14:00 〜 | | | | | | (教育相談) | | |

練を受けている段階の子どもが多いため、補聴器の扱い方をサポートするとともに、聴能訓練の経過を保護者を通じて共有し、医療機関等から配慮を要請された事項（配慮事項）を保育実践の中でも留意することが必要である。

③ ICT を活用し、タブレット PC を保育内で適宜視覚情報として提示する等、情報の「見える化」を推し進めていくことが有効である。

④ 聴覚障害乳幼児は言語コミュニケーション上のいざこざが生じやすくなるため、保育者の仲介を必要とする場面が多くなる。そのため、保育者の仲介機会（干渉）を記録し、発達段階に応じた支援を行う必要がある。

⑤ 聴覚障害児は模倣による学習を重視するケースが多いため、モデルの設定を配慮することが望ましい。

## 4．遊びを通じたダイバーシティ・インクルージョン保育

　聴覚障害児を含む集団での保育実践を行う際は、基本的には視覚情報を確保しながら、保育実践に臨むことが基本となる。また子どもの聴能の状態に応じ、適宜必要な合理的配慮を行う。

　例えば、ハンカチ落としを行う際は、後ろに落とす音を聞くことが難しい場合は、頭の上

に置く等の工夫を行う。またルールのある遊び（鬼ごっこ等）の場合、ルールの変更等の理解に困難が生じやすいため、ルールをボードに記す等の配慮を行う。また、音遊びで音源を探す遊びをしたり、太鼓等振動のある楽器を用いる活動は子どもも楽しめて、感覚遊びも充実する。また粘土遊びやフィンガーペインティングで触覚を活用するのも楽しめる。このように保育実践上、環境構成や個別の配慮事項に基づいた支援の準備を事前にしっかりと行うことで、ダイバーシティ・インクルージョン保育実践を目指していくことが可能となる。

## 第3節　視覚障害特別支援学校・聴覚障害特別支援学校における教育相談とセンター的機能

### 1．教育相談

　視覚障害特別支援学校・聴覚障害特別支援学校では、0〜5歳の就学前の視覚障害のある子ども・聴覚障害のある子どもとその保護者、きょうだい児等を対象とした教育相談を行っている。教育相談では保護者と子どもの愛着関係形成のための養育支援や、保護者の子育て不安の軽減、進路、支援ツール（教材、補助具）等の情報提供等を行っている。また、保護者向けの研修会を企画・開催し、障害の理解や養育等の悩みの解消等に努めている。視覚障害・聴覚障害の場合は、生後すぐに新生児スクリーニング検査等で障害が発見されるケースもあるため、保護者の障害受容に課題が生じる場合も多い。

　さらに、同じ障害の子どもをもつ保護者相互の交流は保護者の養育上の情報源になったり、不安の軽減につながったりする。そのため、保護者間の相談や活動を通じた交流の機会をつくりだすために親の会活動等を実施している特別支援学校・PTAや保護者が多い。親の会活動では保護者の相互扶助により、在籍学校や園を超えて交流が可能となり、当事者グループ、きょうだい児グループを親の会内で組織している場合は、障害児やきょうだい児の仲間関係にも望ましい影響を与えると考えられる。

### 2．センター的機能

　視覚障害特別支援学校・聴覚障害特別支援学校のセンター的機能は、視覚障害特別支援学校・聴覚障害特別支援学校が有する視覚障害児や聴覚障害児の教育・保育に関する高い専門性を活かして、幼児教育施設に在籍する視覚障害児・聴覚障害児について、保育者に対する教育・保育や園生活上の支援の助言等を行うものである。具体的には保護者や園の申請に基づき、園生活上の支援方法等を保育者に助言したり、園での研修の講師を務めたり、特別支援学校の施設設備の提供等を行っている。

（田中　謙）

引用・参考文献
- 武末裕子・古屋祥子（2021）「粘土による造形活動の有効性について－『手でみる彫刻展』ワークショップおよび幼児・児童造形事例から－」『教育実践学研究　山梨大学教育学部附属教育実践総合センター研究紀要』(26), 115-124.

# 第１１章

# 外国にルーツのある子どもの保育：保育所の実践

## 第１節　外国にルーツのある子どもの保育の難しさについて

　外国にルーツのある子どもの保育を考える上で、まずその家庭や子どもが今後も日本で生活するかどうかについて確認をしておく必要がある。もし、半年や１年で帰国する予定があるのであれば、無理に日本語や日本の文化や習慣を覚える必要性は低くなる。しかし、多くの場合は見通しが持てておらず、日本に残ることを想定して保育をしていくこととなる。そこで以下の問題について考えていく必要がある。

　① 言語の問題
　② 宗教や文化の問題

### １．言葉によるコミュニケーションの問題

　外国にルーツのある子どももその国の母語しか話すことができない場合がほとんどである。そのため、会話によるコミュニケーションが難しくなるが、コミュニケーションの手段は会話だけではない。ジェスチャーや実際の動きで示したり、その物を指したり、絵カードや翻訳機を利用したり、同じ母語を話す園児に通訳をしてもらったりする等の方法でコミュニケーションをとることができる。保育者がその子の母語をすべて覚えることは難しいが、日常的に使う単語は文字カードを準備する等、できる限りその子に寄り添って伝えていく必要がある。それに加えて、理解していないとしても併せて日本語でも伝えていくことも重要である。目の前の物や出来事を見て、保育者や他児が話す日本語を聞くことによって少しずつ理解していくことが期待できるからである。

　注意すべき点は、「わかった？」と聞いた場合に、理解していなくても頷いたり、「わかった」と答えたりすることも多いため、その後も理解しているかを保育者が忘れずに確認することである。

### ２．ダブルリミテッドによる影響とアイデンティティの問題

　外国にルーツのある子を保育する場合、母語と日本語の２か国語以上を使い分けて話すこととなる。そのような子たちはダブルリミテッドバイリンガルと呼ばれる状態になることが多い。ダブルリミテッドバイリンガルとは、「二つ以上の言語に触れて育つ言語形成期の年少者がどの言語も年齢相応のレベルに達していない状況」である。つまり、２つ以上の言語を扱うことにより、どの言語においても年齢発達よりも幼い言語能力となるため、発達障害

や知的障害等と間違われやすい傾向にあるので、しっかり見極める必要がある。そして、言語能力が身についてきたとしても、同年齢の子どもたちと比較して語彙力や表現力が十分でない等の問題も生じてくる。

　また、幼児教育施設において日本語と母語のどちらを使用すべきか迷うケースが多い。日本に来ているのだから園では日本語を使って欲しいと思う保育者も多いが、どのように考えていけば良いのだろうか。これについてはアイデンティティの問題と併せて考えていく必要がある。その人（子ども）のアイデンティティと母語には密接な関係があるため、母語を話さず、日本語のみを話すように強制してしまうと、その子どものアイデンティティに混乱が生じる可能性がある。

　例えば、両親がフィリピン国籍でその子どもたちもフィリピン国籍であることも多い。しかし、家でも保育所でも日本語のみを使用している場合、「フィリピン人である自分」ということと「日本語を話している自分」という部分でズレが生じてしまい、自分は何者であるかというアイデンティティ形成に支障をきたしてしまう危険性がある。通常、日本人の両親のもとに生まれ、日本で育ち日本語を話すことによって、日本人としての自分や自分らしさというものを獲得していくが、外国にルーツをもつ子どもたちはそれが難しい状況に置かれているのである。

　そこで、一つの工夫として、場所によって使用する言語を整理しておくという方法がある。例えば、保育所では日本語を話すが、家庭ではタガログ語（もしくは英語）を使用することで、子ども自身も混乱しにくくなり、フィリピン国籍である両親やきょうだいとは母語を使用することで、フィリピン人である自分としてのアイデンティティも形成しやすいと考えられる。その場合、どの場所でどの言語を使用するかについては、その子どもの家庭環境によってさまざまであるため、保護者と相談しながら決めていくことが重要である。

　そのような形で、外国にルーツをもつ子どもは、「フィリピン人としての自分」「フィリピン人だけど日本語を話すことができる自分」等複数のアイデンティティをもち生活していくこととなる。このような点から、母語を使わないように強制することはその子のアイデンティティを否定することにつながり、ダイバーシティの観点からも適切ではないと考えられる。

## ３．言語の違いによるからかい行動への対応について

　日本語を話すことが難しく母語のみ使用している、もしくは、日本語と母語が混在した状態で使用している場合に、からかい行動が見られることがある。例えば、避難訓練の時に、フィリピン人である男児が「地震が起きたらテーボー(table)の下に隠れるんだよ」と教えてくれたのだが、周りの子どもたちは「テーボーって何？」と笑ってからかうことがあった。子どもたちは自分とは違うことに対しておもしろがることがあるが、このような場面はピンチではなくチャンスだと捉えていく必要がある。例えば、周りの子どもたちがその子の使っている母語について知ったり、理解を深めたりする機会にするのである。そのためには、日本語を教えるのではなく、その子にいろいろと教えてもらうという方法がある。「机のことは

table って言うんだね。」と保育者が共感したり、教えてもらう姿勢を示したりすると、子どもたちは「シャボン玉は何て言うの？」と聞いたり、「英語がわかるんだね」と驚いたりしながら、「日本語が話せない子」ではなく、「英語を話すことができる子」と肯定的に理解する姿勢が自然と作られていくのである。そのためには、保育者がどのように対応するかが重要であるため、間違ってもそれを笑ったり、真似したりしてからかうことの無いように注意したい。そして、言語だけに頼らず、他の方法で伝えるという仕方を子どもたちが試行錯誤していくという経験も重要である。

### 4．宗教や文化に関する理解

　日本人は宗教への関心が薄く、知識も乏しいことが多いため、配慮が十分になされないことが多いのが現状である。特に、日本の風習や習慣の中に宗教的行為が含まれていることも多く、知らずしらずのうちに宗教的行為をさせてしまっていることもある。例えば、食事の前の「いただきます」は仏教的行為にあたるが、食事のマナーとして理解されている場合も少なくない。食材についてもそれぞれの宗教によって禁忌があり、例えば、イスラム教徒は豚肉を食べてはいけない。しかし、その他の子どもたちにはその理由は十分に理解されず、通常の好き嫌いとして捉えられてしまうことがある。そこで、①宗教上食べてはいけないもの②健康上食べることができないもの（アレルギー）③苦手なもの（好き嫌い）とを区別して伝えていく必要がある。この点については、外国にルーツをもつ子どもの保護者と確認をしておき、表を作成しておくことで、園内での共通認識を図ることができ、誤食等も防ぐことができる。

　文化については、箸を使用せず、ナイフやフォークを使って食事をする国もある。日本で生活をしているため必ず箸を使用しなければいけないということではなく、箸を使用していくのか、ナイフとフォークのみで進めていくのかは保護者と相談する必要がある。国や文化によって食べ方が異なることを理解する機会だと捉え、クラスの他児にも理解できるように説明をしていくことで、それぞれが異なっていることが当たり前という文化が作られていくのである。

## 第2節　外国にルーツのある子どものいるクラスの保育実践について

### 1．ネパール人のA

　ネパール人のAという男児が5歳児クラスに入所してきた。父親が日本でインド・ネパール料理店を出すこととなり、ネパールから家族で来日したが、父親とAは全く日本語を話すことができなかった。母親は簡単な日常会話程度であれば日本語を話すことができた。

　Aは日本語を話せないにも関わらず、日本の保育所での生活には非常に興味があり、物怖じせず他児とも関わりあっていた。不思議と言葉は理解していないながらも、子どもたち同士では通じ合っているという様子であった。

　しかし、保育者は全く日本語が通じないAに対してどのように接していけば良いのか非常

に困っていた。保育者なりに日本語でコミュニケーションをとろうとするが、理解している
のかいないのかも判別がつかない様子であった。それでも、給食の際にイチゴジャムを付け
てみて食べてはどうかという提案をする時にはジェスチャーをしてみたり、実際に保育者が
食べてみて笑顔でおいしさをアピールしたりする等様々な方法でＡとのコミュニケーション
をとろうとしていた。

　クラスの他児もＡが日本語が分からないということは理解していた。ある時、Ａがドッジ
ボールを見ていた際に保育者に促され参加することとなった。他児たちはＡの実力がどの程
度なのか非常に興味があったようで喜んで受け入れてくれた。Ａはルールを全て理解してい
るわけではないものの、ボールへの執着心が強く積極的にボールを追いかけている様子が印
象的で、外野に出てしまったボールまでも追いかけていくほどであった。その際に他児から、
「ＮＯ！ＮＯ！」とラインを指さしながら言われることで、ラインから出てはいけないこと等
を理解していくという積み重ねを通して、他児もＡをクラスの一員として認めていくように
なった。

　しかし、まだすべてのルールは理解できない様子であったので、クラスでどのようにした
らＡもドッジボールを楽しむことができるのかについて話し合った。すると、ある男の子が
「みんなが話をしてないからＡ君も分からないんじゃない」と発言をした。つまり、Ａがボー
ルに当たったにも関わらず外野に出ない時に、試合を続けている子と、Ａに外野に出ること
を伝える子が混在していて、伝わりにくいのではないかという投げかけであった。そこで、
Ａがルールを理解できていないと感じた時は一度試合を止めて、Ａに伝える時間を設けるこ
ととなった。そうすると、今まで試合に参加したい一心で興奮して他児の促しを聞くことが
おろそかになっていた姿勢が、試合を止めて伝えることで他児の言っていることを一生懸命
理解しようという姿勢に変わり、少しずつ理解ができるようになっていったのである。

　ここでは、言語によるコミュニケーションはほとんどないが、遊びを核として子どもたち
がつながっていく様子が見てとれる。ボールを必死に追いかける姿や、「ＮＯ」と言われな
がら、他児の身振り手振りからその意図を一生懸命理解しようとする姿が他児の心を動かし
たのである。これは、保育者が給食時に一生懸命Ａに伝えようとしていた姿勢を見て、他児
も真似したものと考えられ、日本語が分からないＡという理解ではなく、しっかり伝えれば
理解してくれるＡという理解であったと考えられる。そして、保育者の関わり方が子どもた
ちにとってのＡ理解の基盤となっていることが読み取れることから、保育者がどのようにＡ
を理解し、支援していくのかについて、保育者の背中を見せる形で伝えている実践であると
言える。言葉が分からないからといって赤ちゃん扱いをしてしまうとクラスの他児も同じよ
うに赤ちゃん扱いをしてしまうため、言語は理解できていないが、「同じ５歳児である」とい
うことが子どもたちに伝わるように支援していく必要がある。

　そして、クラスの他児がどのようにＡを理解しているのかを評価しながら、Ａの内面を探っ
ていき、一緒に遊ぶことを通して集団への参加を保障していくのである。そこでは、ルール
を理解させる、保育者がルールを決めて子どもたちに守らせるという方法ではなく、どうし

たら A も一緒に楽しく遊ぶことができるのかをクラスの問題として投げかけ、子どもたちが考えた方法で実践してみるという方法をとっていた。保育者から言われて守るというルールは受け身であるが、自分たちで考えたルールは自分たちにも責任があり、それに問題があれば修正をしていかなくてはならい。この繰り返しが、「A君はどこまで理解しているのだろう」「A君はこう思っているのではないか」と A の内面へ思いを向けることにつながり、集団参加を保障する実践につながったと考えられる。

## 2．ネパール料理「モモ（ネパール餃子）作り」を通した実践

　少しずつクラスに慣れてきた A であったが、保育者にはクラスの他児にももう少し A を理解してもらいという思いがあった。ある日、A の母と話をしている時にネパール料理の話になり、モモというネパール餃子があることを聞いた。そこで、子どもたちにもその作り方を教えてほしいと依頼したところ、快く引き受けてくれた。

　クッキング当日は A の母を保育所に招き、作り方を教えてもらいながらみんなで作ってみるという形をとった。まずは保育者が他児に餃子を食べたことがあるかを聞き、ネパールにも餃子があることを伝えると他児は驚いていた。A の母からネパール餃子は「モモ」と呼ばれていることを教わると、他児たちは「果物みたいだね」「桃の形なのかな」と興味津々の様子で聞いていた。その中でも、A たちも牛肉を食べるという話には非常に驚いていた。なぜなら、他児たちは宗教上の理由で、A は牛肉を食べることができないことを知っていたからである。A の母から、牛肉にも種類があり、「バフ」と呼ばれる水牛の肉は食べることができ、バフとはバッファローという意味であることを教えてもらった。

　そして、実際に餃子の皮で餡を包んでいくところを見せてもらうと、日本の焼き餃子とはまったく異なる餃子の形にさらに驚いていた。他児は「本当に桃の形だ」「肉まんみたい」と口にしながら、さらに興味が強まっていく。説明を聞いたのちに、子どもたちも見様見真似で餡を包み、うまくひだが作れず悪戦苦闘しながらもそれを楽しんでいる様子であった。A の母が丁寧に子どもたちの机を回り、包み方のコツを教えてくれると、他児は尊敬の眼差しを向けているようでもあった。

　その後、自分たちで作ったモモを蒸し器に入れてもらう。蒸している間に、A の母はモモのソースを手際よく作っていく。日本で食べられている焼き餃子のソースと色も形も異なっており、他児たちも早く食べたくて仕方がない様子であった。

　蒸しあがったモモをお皿に乗せてもらい、クラス全員で食べ始める。ソースは付けずに味見をする子、少しだけソースをつけてみて恐る恐る味見をする子、その様子はさまざまであったが、他児からは「おいしい」という声がたくさんあがった。A の母は非常に嬉しそうな表情であると同時に、A も誇らしげな様子であった。

　他児たちは「ソースは全然辛くない」「日本の餃子と味が似てる」「やわらかいからおいしい」等それぞれ感想を口にしながらも、「ふにゃふにゃしてる」「中は餃子の味がする」と日本の焼き餃子との違いを確かめている様子でもあった。さらに、「ネパールの餃子おいしいじゃ

ん」とＡに伝えている場面もあり、Ａがどこまで理解しているのかは不明であるが、他児の様子や表情から察しているようで頷きながら笑顔でやりとりをしているのが印象的であった。

　モモ作りの後から、Ａの母がお迎えに来ると他児たちが挨拶をしたり、「またモモ作ろうね」と誘ったり、「Ａ君、今日豚汁食べてたよ」と報告する姿が見られたりするようになった。また、給食でＡが食べられないものがあると、「ネパールには無いんじゃない」「初めて食べるから嫌なのかも」とＡの内面を探り代弁するような姿も見られるようになった。

　子どもたちにとって異文化を理解するということは非常に難しいことである。特に言葉だけでの説明ではその違いを認めたり、理解したりすることにはつながりにくい。しかし、子どもたちは体験を通して理解することは非常に得意である。まさしく、体験を通して学んでいるのである。今回のモモ作りの実践には、ポイントが２つある。１つ目は誰にでも馴染みがあり、五感を使う「食事」という体験を通して異文化を理解できるようにしたという点である。食を通した異文化理解は直接「味」として子どもたちに刺激を与えてくれる。そして、これまでの自分たちの「当たり前」がＡにとっては「当たり前ではない」ということを教えてくれたのである。さらに、日本の焼き餃子とネパールのモモの「似ている部分」と「異なっている部分」にも子どもたちは気付いていた。異文化理解において、まったく異なるというわけではないと気付くことや、比較することによって、自分たちの無意識的な当たり前を意識化させることにつながったと言える。それが、Ａにとっての日本の食事は自分たちがモモを食べることと同じような感覚であると捉えたり、恐る恐る食べた時の不安をＡも感じているのかもしれないと思い量ったりすることにつながったと考えられる。

　２つ目はＡの母とクラスの他児をつなげたという点である。日本語を話すことができないＡを通して、ネパールという国の文化について理解することは難しい。そこで、Ａの母を通して、ネパールはどのような国でどのような文化をもっているのかを理解していくことができたと考えられる。さらに、Ａの母を通してＡを理解することにも繋がったと考えられる。それによって、日本人である自分たちに同化させるのではなく、ＡにはＡの考え方や思いがあり、それを尊重していこうと思えるようになった結果、Ａの内面に意識を向けることができたと考えられる。加えてＡにとっても、Ａの母と他児が交流している姿を通して自分も受け入れられていると感じることができたと思われる。Ａのことをを母に報告することで、Ａの母もＡがクラスで受け入れられていると感じることができ安心感にもつながるのである。

　このような形で、子どもたちが体験を通して、それぞれの違いを受け止めて、集団としてどのようにしていけば良いのかを考えていくことで、自分たちの良さに改めて気付いたり、異なった価値観に触れることで考えを深めたりしていく。そして、異なったものを同化させたり、排除したりするのではなく、異なる考えをもっている子どもたちがいる中でどうすればみんなが納得できるのかを模索していく中で、新たな意見や発想を生み出すことになり、それが多様性を尊重した社会づくりの根源となると言えよう。

そのために、個別の指導計画を作成していく必要がある。言語面だけでなく、他児がどのようにその子を理解しているのかという集団の視点を含めながら、言語理解、基本的生活習慣の確立、友だち関係、得意なこと苦手なこと、宗教・文化的背景等の視点から総合的に理解していく。その個別の指導計画をもとに園全体で支援を検討していきながら、それぞれを認め合える集団づくりを模索していくことが重要である。

（櫻井　貴大）

引用文献
• 中島和子（2007）「ダブルリミテッド・一時セミリンガル現象を考える」『母語・継承語・バイリンガル教育（HMB）研究』3, 1-6.

# 第１２章

# 貧困家庭、親が精神疾患の子ども、被虐待児等の支援

本章では、貧困な家庭、親が精神疾患の子ども、被虐待児等の支援について、行政・専門機関等との連携の実践事例を通して解説する。その際、子どもや保護者支援の留意点についても言及する。なお、両事例とも筆者が行政の専門職として携わったものである。

## 第1節　貧困な家庭の子どもの支援

日本の子ども（17歳以下）の貧困率は13.5％（2018年）で、約7人に1人が貧困である。先進国の中でも10番目に貧困率が高い。事例に出てくるような生命の維持が困難となる絶対的貧困では、貧困な環境下の子どもを支援する中で、支援者の価値観を押し付けることがないように保護者への偏見（スティグマ）を最初から持たないようにして頂きたい。保護者のプライドや意向に気付かないまま保護者を傷つけていることが多々見受けられる。

---

**事例1**

本児　A：4歳

母：25歳（離婚　飲食店勤務）　祖父：63歳（外国籍）　パートナー：50歳

叔母：24歳（3度離婚）　B：10歳　C：8歳　D：2歳

---

ジェノグラム

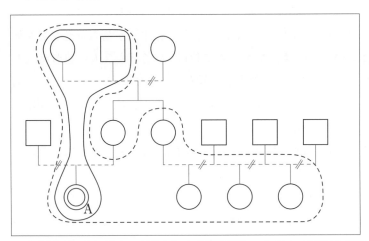

支援者及び支援者の所属する専門機関のあるZ市町村（以下、Z市）と本児Aとの関わりは他市町村からの連絡から始まった。他市町村の担当者からの、「在留カードの期限が切れている子どもが行方不明である。Z市の祖父宅にいるかもしれないので、祖父宅へ家庭訪問

し安否確認をして欲しい」との内容の依頼であった。早速職員が祖父宅に家庭訪問を行うと、Aがいた。

　祖父は片言の日本語で「Aの母がAをここに置いていったきり連絡が取れなくて困っている。日中Aを保育所に入れないと仕事が出来ない。助けてほしい」と訴えてきた。行政側でZ市内の保育所の空き状況を調べてみると、保育所には空きがないものの、幼稚園なら入園できることが確認できた。しかし、祖父の在留カードの有効期限が何年も前に切れており、行政上A及び祖父の住所がなく各種保険に入れないため、仮に祖父宅から通園するとしても、幼稚園でのけがや病気の時などに祖父に係る医療費の負担が大きくなる恐れがあった。そのため、支援者は頻繁に家庭訪問を行いながら、祖父との信頼関係の構築を図った。関係が築けてくると祖父は支援者に対して色々なことを相談するようになってきた。祖父本人が体調を崩しており、経済的にも困窮しているため、水道などのライフラインが停止している状況であることも明らかとなった。

　Aが生活している祖父宅での生活状況を改善するために、支援者は次のような支援を行った。

・食料の購入等もままならないため、社会福祉協議会のフードバンクを利用ができることを説明し、申し込み・受け取りに同行した。水道が止まっていたため、飲料水に関しては給水袋で運ぶ等して確保した。

・Aの幼稚園入園について説明し、手続きや物品の準備等を手伝った。

・祖父の在留カードを新規で申請するために、祖父とAを伴い東京都入国管理局を訪問し、手続きを支援した。祖父は日本語が十分読めない中、何枚もの申請書に記入して手続きを行った。

・祖父は日本での就労期間が長かったため、年金事務所への年金の受給申請にも同行し、手続きを支援した。

・祖父がAの親族里親になるための申請手続きも支援した。。

　このような支援に基づき各種手続きを進め、行政サービスが受けられるようになったことで、A及び祖父の生活は徐々に落ち着いていった。しかしながら、生活が落ち着きを見せ始めた矢先、A及び祖父が住む家にAの母の姉（Aからみて叔母）が子ども3人を連れ転入してきた。叔母は内縁の夫と別れたばかりであり、飲食店に勤務していて収入があったものの、借金も抱えていた。叔母は転入後A以外の実子はかわいがっていたが、徐々に実子の面倒も見なくなり、祖父宅に帰らなくなっていった。

　そのため、結果的に祖父がAを含め合計4人の子どもの面倒を見ることとなった。そのため、支援者からの支援を受けながら、子どもたちの予防接種や入学準備、学校の参観日等わからないことが多々ある中で、周囲の力を借り頑張って4人の子どもを養育していた。支援者は叔母に関しては、事件や事故もあるので行方不明が続くようであれば警察へ行方不明者届を提出するように祖父に促した。しかし、祖父は母を失った子どもたちが、強制的に保護されてしまうことを危惧していた。

　Aは小さい頃から躾がなされていなかったために、手を洗わないことや友達の私物も鞄に

入れてしまうこと等、生活習慣から育て直しが必要であったが、幼稚園に通う中で保育者や他児から教わりながら、徐々に生活習慣も改善するなど、発達していった。祖父宅は福祉サービスを申請・受給することで養育環境も改善され、Aだけでなく叔母の子どもたちも学校に馴染むようになっていった。

　貧困な家庭の支援では、ライフラインの状況等、支援者による緊急性の度合いの見極めがとても重要になる。そのほかにも、福祉サービスの情報を提供することや、必要に応じてAの祖父の年金事務所の例のような他の支援機関につなぐことも不可欠となる。

　また、貧困な家庭では親の養育能力が低く、養育環境が不十分なケースもある。このような環境で養育された子どもにとっては、このような養育環境が「あたりまえ」として認識されやすく、自身のおかれた養育環境が多くの子どものおかれている養育環境と異なることについて、当事者が社会に出るまでは気付き難い特徴を有する。そのため、養育環境に関する認識や知識が乏しくなり、自身が子育てする際の養育環境の質にも負の影響を与える可能性が考えられる。

　このような負の連鎖を断ち切るためには、子ども自身が自らのおかれている環境を理解する機会を設けることや、社会性を身に付けていくための教育を受ける機会を設けることが必要となる。貧困な家庭への学習支援や食事の提供等、行政だけでは十分なサービス提供が出来ないことも、社会資源を増やすことで改善が見込める。近隣での支援や学生による支援等を地域で考えてゆくべきである。

　その中では、支援者が支援者として活動する中で、できることとできないことやどこまで支援するのかという線引き等、日々悩むことは少なくない。また、支援者として、気持ち的な見返りを求めて支援してしまうと、支援者自身がバーンアウトを起こしてしまう可能性もある。しかし、支援対象の子どもが成長・発達し、自立してゆく姿に寄り添うことは、支援者としてこれほど嬉しいことはないのである。

　貧困な家庭の子どもと関わる場合には、支援者として支援が難しいケースが出てくることもあるだろう。行政職の場合であれば、その際には一人で抱え込まず、まずは上司に相談し、生活レベルで問題が起きているのであれば、種々の支援機関へ相談すべきである。貧困な家庭に対する支援は、行政職のみならず、支援現場で支援に携わる多くの人々による「温かい支援」で成り立っている。Aの場合も、生活が安定するまで、業務でなくても沐浴や、服の洗濯をしてくださった幼稚園の保育者の存在は大きいものがあった。

## 第2節　精神障害の親を持つ子ども、被虐待児の支援

　親が精神的な疾患を有しており、生活が不安定な場合、親による育児や家事が困難となり、子どもに親やきょうだいの世話をさせる事例が多く見られる。この家族の世話をする子どもをヤングケアラーといい、子どもの成長・発達の過程で大きな負の影響がでる可能性が懸念される。現状を変えるためには、親の支援をしつつ、子どもが安心安全に生活して成長・発達してゆく過程に寄り添い、見守ることが必要である。

精神障害といっても軽いものから重いものまで個々様々であるが、ここでは重い精神障害の親を持つ子どもの支援事例について触れてゆく。

---

**事例2**

　本児E：10歳（情緒学級）　　　F：5歳（保育所在籍）

　母G：34歳（境界性人格障害・軽度知的障害）3度の離婚（現在パートナーあり）

　祖母H：近隣に住んでいるが関係性は良くない

---

ジェノグラム

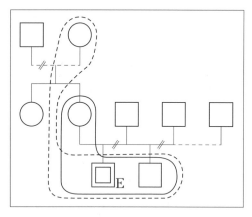

　本児Eとの関わりは、行政への虐待通報から始まった。

　通報が入り、自宅へ確認に行くと母はろれつが回らず、ふらついる。Eは、母に毛布をかけてあげていた。母に通報内容の事実確認をすると否定したが、色々不安があるので相談に乗ってほしいと返答してきた。後日、経済面での支援を行うために他職種の職員とともに家庭訪問を行った。

　子どもへの支援は養育者が変わらない限り、または子どもが発達しない限り、家庭全体、親への支援にもなる。このケースではまず精神科の紹介と福祉サービスの紹介を行った。母に近隣の精神科を紹介し、母の意志の元、以前の通院先から診断書と紹介状を書いてもらうように手配し、初診を予約した。子どもが学校に行っている間に精神科で待ち合わせ、初診同行をおこなった。

　以前通院していた病院では薬を大量に処方されたが、服薬管理ができない母は、毎回意識がなくなるほど過剰服薬していた。母はたびたび近隣の店や自宅の駐車場で倒れ、緊急搬送されていたのである。頻繁に救急車を呼ぶので、最終的には歩いて帰りなさいと諭されていた。

　精神科を紹介して程なく、祖母から「もう限界です、娘をどうにかできないか」という連絡があった。駆けつけると、母は自宅近くの駐車場に倒れて大の字で寝ていた。このままでは子どもの養育もできない母の精神科への入院が必要であると思われた。かかりつけ医に連絡し、母の同意の元で任意入院となった。入院前に依存していた薬はすべて断薬し、薬の処方を少しずつ調整して様子をみることとなった。母が入院している間、Eは祖母の家で生活することで生活リズムが改善され、遅刻することも忘れ物も、不安定な様子もなくなっていた。

1か月の入院後、関係機関が集まり、退院時の病院のカンファレンスで退院後の状況や子どもの養育は誰が行えばいいのか等を、本人も交えて話し合った。子どもたちは、平日は祖母のところから学校に通い、週末は母のところに行くということで母も納得した。

　退院から数日後、祖母から連絡が入った。母と金銭的なことでうまくいかず喧嘩をしてしまった。喧嘩の際、子どもたちの前で母が投げたコップが祖母に当たり、けがをしたという。Eは怖かったのか、学校では保健室で養護教諭と話すだけで教室には戻らなかった。学校からの連絡を受け、母と祖母と面談を行い、子どもの前で喧嘩をしたり、物を投げたりすると心理的に虐待になることを説明し、他機関の職員も交えて今後同じようなことが無いように約束してもらった。

　しばらくすると、母は入院前より症状が軽くなり、表情も明るく将来への希望を語るまでになり、冷静さを取り戻した。やがて子どもの授業参観や親子教室へも参加し、Eも笑顔が見られるようになった。ところが、母と週末を過ごした後の月曜日に遅刻が増え、Eの生活が徐々に乱れ始めた。そんなある日、母がパートナーから暴力を振るわれ、警察に通報したと連絡があった。その場にEもいたことから心理的虐待の恐れがあるため、すぐに家庭訪問を行った。祖母も交えて話し合い、Eはしばらく祖母宅で生活することとなった。

　Eきょうだいと生活を共にすることで祖母は仕事量を減らさなくてはならず経済的に苦しくなったので、子どもの手当等が祖母に入るように子どもたちの住所を祖母のところに移した。祖母の家での生活が落ちつくと、子どもたちも不安定になることが少なくなった。

　現在母は、精神的不安定さも徐々に減り、ハローワークにも出向き就労に関しても真剣に考えられるようになった。もともと子どもたちに愛着がある母なので、子どもたちと一緒に暮らすことを目標に計画を立てるまでになった。

　生活に支障をきたす状態の親を持つ子どもは、不調時の親の世話を担うことが日常的にあり、子どもへの影響が否めない。原因をすべて解決することは難しく、子どもの様子や家庭の様子を周囲と協力して注意深く見守る必要がある。子どもが成長する中で自らのやりたいことを諦めることないよう、教育を受け、自立できるように支援することが重要である。

　上記の2事例のように乳幼児期の支援には、早期発見と関係機関との連携が必要不可欠である。信頼関係ができていないと養育者には幼児教育施設に不信感しか残らない。常日頃から子どもの変化も養育者へ訊ねられるように信頼関係を築くことが大切である。

（田代　弘美）

参考文献
• 狩野力八郎監修（2007）『自己愛性パーソナリティ障害のことがわかる本』講談社 .
• 厚生労働省ホームページ（2020）『2019年国民生活基盤調査の概要　各種世帯の所得等の状況率の状況』https://www.mhlw.go.jp/toukei/saikin/hw/k-tyosa/k-tyosa19/index.html
• 『精神科看護』編集委員会編（2021）「特集ヤングケアラー　精神疾患を持つ親とその子どもすべてを包み込む支援」『精神科看護』2021年7月号 .
• 澁谷智子著（2019）『ヤングケアラー介護を担う子ども・若者の現実』中央公論社 .

## コラム　3

## 研修の充実

　2017年に幼稚園教育要領、保育所保育指針、幼保連携型認定こども園教育・保育要領が同時改訂（改定）され、各幼児教育施設はより質の高い幼児教育を担うこととなった。ここでは、幼児教育の質の向上と研修のあり方を述べる。

### 1．自治体・保育団体が実施している保育者研修

　保育士の研修については、厚生労働省の「保育士の研修体系に関する調査」(2016年)において、県、市町村、保育団体が実施する保育士を対象とした調査を行っている。回収数は、都道府県41、指定都市16、中核都市35、その他の市町村857、保育団体56の合計1,005である。研修内容の報告は、研修の対象別でみると、施設長研修26.3%(264)、主任保育士研修23.2%(233)、中堅保育士研修13.5%(136)、初任者研修21.5%(216)、潜在保育士研修8.1%(81)、保育士全般61.2%(615)であった。

　また、全国社会福祉協議会(全国保育士会)は、保育士の研修体系の確立に向け『保育士の資質のさらなる向上のために～保育士の研修体系検討・平成15年度報告書』(2003年)を取りまとめた。報告書では、職場研修の3つの形態である、OJT (on the job training)、OFF-JT (off the job training)、SDS (self development system)を総合的に捉えること、職員研修の役割分担を、職場レベル、県(広域)レベル、全国レベルとし、それぞれが相互に連携すべきと整理した。その後も全国保育士会は、「保育士の研修体系」の検討を重ね、保育所保育指針等の改定(改訂)に伴い、2017年度に「保育士の研修体系」を「保育士・保育教諭の研修体系」と改めた。その中で「発達の気になる子や障害のある子への対応」の研修を初任者・中堅の研修体系に位置付けている点は注目できる。また、社会福祉法人日本保育協会では、毎日子どもと接する施設長、保育士の資質向上の重要性について、施設長等管理者研修、乳児保育とともに障害児保育等の担当者研修の必要性を取り上げている。しかし、園や市町村では県レベル、全国レベルの研修に保育士を参加させてはいるが、研修参加の予算や代替保育士の確保をした上での任意の参加となる。ここには、園や市町村の財政的な影響を受け、少数の保育士のみの参加となり、研修内容が全ての園にまで共有されないという問題点がある。

　一方、全国国公立幼稚園・こども園の園長及び同等の職務にある者で組織される全国国公立幼稚園・こども園園長会(国公幼)は、幼児と教員・保育士を育て、保護者や地域との連携のもと、質の高い幼児教育に向けて、①幼稚園教諭の専門性の向上、②学校評価の推進、③保護者等への幼児教育理解の普及、④幼小接続の中心的役割の推進の4つを目標としている。

1つ目の「幼稚園教諭の専門性の向上（研修の充実）」については、教育公務員特例法により、行政機関、全国、各ブロック、都道府県、市町村、園内研修等キャリアに応じた多様な研修の機会が保証されているとしているが、研修実態が集約されていないという課題も挙げている。

## ２．国の報告から見る研修の充実

　2018年の厚生労働省による「保育所における保育の質の確保・向上に関する検討会『議論のとりまとめ』」には各種研修の質的充実が示されている。

　一方、2020年の文部科学省幼児教育課・幼児教育の実践の質向上に関する検討会の「幼児教育の質の向上について（中間報告）」の「障害のある幼児等への支援」では、保健等の業務を担う関係機関との連携を図ることが重要であり、国においては、幼児期の特性を踏まえた研修プログラムの作成や受け入れ体制の整備等の検討を行うべきであると示されている。また、「研修の充実等による資質の向上」では、研修と通常の保育活動、園内研修と園外研修、さらには法定研修、幼児教育関係団体が実施する研修等、それぞれの機能や位置付けを構造化し、効果的な研修を行うことや、日々の保育を振り返りカリキュラム・マネジメントの実施につなげられるよう、教職員間で意見交換等を行うことの重要性が示されている。

## ３．インクルーシブ保育のための園内研修の充実と課題

　保育者の専門性の向上のために研修の充実が必要であることは、国の報告、保育所保育指針、幼稚園教育要領等で示され、研修は全国レベル、県（広域）レベル、職場レベルで実施されている。しかし、幼稚園教諭は法定研修により、原則的にすべての初任者、10年経験者が研修を受けなければならないことに対し、保育士の研修参加には困難がみられる。では、外部研修への参加は困難であっても、園内研修はどうであろうか。そこで園内研修を充実させるヒントを保育者の話から探ってみたい。

　ある市町村の障害児保育研修の企画担当者に話を聞いた。研修として、障害児保育の講義、加配保育者研修（公開保育）、心理士等による巡回指導を実施している。心理士等による巡回指導は、「困っているから来てほしい」という保育者側の困り感からの依頼が多いという。園は対象児の気になる部分に目が向いているので、巡回指導側は対象児の良いところを見つけ園に伝える。視点を変え、保育の方向性が見えてくると対象児も変化してくるとのことだった。

　また、加配保育者研修（公開保育）については、現代社会では、いつでも誰でも入手できる情報があふれているからこそ、情報を吟味するために講義研修が必要であることや、同じ立場の加配保育者を集めての公開保育は、参加者の新たな気付きにつながるとのことだった。心理士等の巡回指導や加配保育者を集めた研修は、市町村が組織的に実施すべきものである。市町村は様々な関係機関と連携しながらそういった研修を積み重ねることでインクルーシブ保育の理念を地域や園に浸透させるのが今日的動向である。

園内のケース検討会について、ある保育所の園長は、ケース検討会は園によって雰囲気や発言の活発さが違う。保育者はそれぞれ保育経験や対象児と関わる時間帯等も違う。ケース検討会では、その違いが対象児の見方の違いとなり、多様な意見が出る場合がある。互いが刺激を受け、新しい視点を得ることができ、チームとしてインクルーシブ保育を考えることができる、と話した。一方、様々な外部研修には参加させたいが、人手の確保が大変であるという課題も語った。

　これらの話は、国が保育の質の向上のために研修の充実を進めている中で、市町村や園のリーダーが前向きに取り組んでいる有効な研修の例である。障害児を含めてすべての子どもが"今"を生きている園での園内研修の充実は重要である。例えば合理的配慮を踏まえたこれからの障害児保育の進展は、園のリーダーと園内の保育者の協働にかかっている。保育者の研修の充実は、設置主体の公私に関わらず園単位というより組織的な研修体系に基づくことで、人材育成と保育の質の向上の実現につながる。このような観点からも研修の果たす役割は大きい。

（太田　美鈴）

第4部

家族支援と連携

本章では、障害及び外国にルーツのある子どもをもつ保護者支援に関して、保護者の有する多様な困り感や問題意識を保護者目線で支援するポイントについて述べる。

## 第１節　保護者が子どもの障害を受容する

子どもに障害が疑われた時の保護者の気持ちは計り知れないものがある。障害のある子どもを育てるということは大変なことである。生まれたと同時に障害の告知をされるケースもあるが、ほとんどは「他の子とどこか違うのではないだろうか？」「もう少し待てば発達が追いつくのではないのだろうか？」と人知れず悩み苦しみながら子育てをしている。ここでは、保護者を理解し、寄り添うために、保護者の障害受容について考えてみる。

### １．障害受容をめぐる保護者の姿

#### （１）子どもの問題に気付いていない保護者

子どもとしっかりかかわっている余裕がない、経済的な問題、家庭内の不和、仕事の問題等の大きなストレスを抱えていて、子どもの現在の様子に気付いていない等、日々の生活の中でとても子どもに目を向けていられないといった場合である。また、まだ子育てに必要な知識や経験が乏しいために、わが子の問題が分からない、理解できないといった場合もある。保育者は保護者と日々の生活の中で近い存在なので、一人ひとりの保護者の心に寄り添い支援していく点が必要である。

#### （２）子どもの問題に気付いてはいるが、受け入れ、認めることができない保護者

わが子と定型発達の子どもたちとの違いには気付いてはいるものの、現状から目を背けてしまっている場合である。保護者は、乳幼児期から「うちの子は他の子とどこか違う」と気付いている場合が多い。言葉には出さないが不安や悩みをもって日々子育てをしている。周囲から見て明らかに障害があるとしても、その保護者は否認したいのである。保護者が子どもの障害を認めていなくても、その保護者の心に寄り添い、応えていくことが大切である。

#### （３）子どもの問題を背負い込む保護者

保護者が子どもの問題行動の責任の多くを背負い込んでしまっている、あるいは背負わされてしまっているケースもみられる。障害の診断がつくことで、保護者が、子どものトラブ

ルの原因が自分の子育てのせいではなかったのだと知り、ほっとする事例はいくつもある。子育ては母親だけが背負うものではなく、父親を含めた家族全体で、また、地域のような大きなコミュニティーの社会資源を生かしながら行うものである。

### ２．保護者の障害受容の過程

　子どもを授かった時、どの親も「健康であってほしい」「元気に生まれてきてほしい」と願っている。しかし、生まれてすぐに障害があることがわかったり、育ちの過程で「他の子どもと違う」ことを認めざるを得ない状況になった時、どのように感じるだろうか。子どもに障害があると告知されてから、わが子の障害を受容し、社会に適応して積極的に生活していくまでの間、保護者には様々な感情の変化がある。障害受容については、多くの研究者が「障害受容モデル」を提案しているが、次の３つの考え方が代表的である。以下に中田（1995）が紹介しているドローター、オーシャンスキー、中田自身の考えを示す。

　ドローター（1975）は、わが子の障害を受容し、適応していく経過のモデルを図13-1のように「第１段階 ショック」「第２段階 否認」「第３段階 悲しみと怒り」「第４段階 適応」「第５段階 再起」として示した。このような一連の心情の変化をドローターは「適応の段階モデル」とし、５つの段階が重なりながら変化していくことを述べている。段階を登っていく早さには個人差があり、短時間で障害を受け入れることができる保護者もいれば、悲しみの段階からなかなか抜けられない保護者もいる。保育者は、保護者の感情を受け入れてかかわる必要がある。

　オーシャンスキー（1962）は慢性的悲哀説を示した。段階的モデルでは、再起することが最終的な段階になっている。しかし、何かの折に、再び悲しい感情が湧き上がってくることがあるというものである。このモデルで重要なのは、何年経っても保護者は「慢性的に」悲しみの感情を抱くということである。保育者は、悲哀の心持ちにある保護者から語られる言葉に丁寧に耳を傾けることが必要である。

　中田（1995）は障害受容を「螺旋型モデル」で示した。螺旋型モデルは段階的モデルと慢性的悲哀説を統合したもので、図13-2のように表と裏に「障害の肯定（適応）」「障害の否定（落

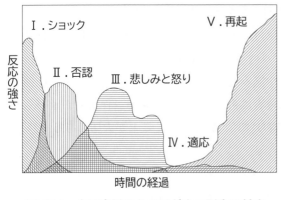

図13-1　先天奇形のある子どもの誕生に対する正常な親の反応の継起を示す仮説的な図

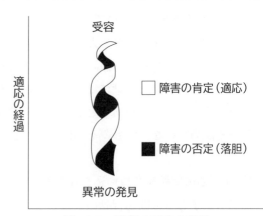

図13-2　障害の受容の過程

胆）」があると示した。子どもの障害を受容したように見えている保護者であっても、子どもの発達過程の中で何度もつらい気持ちを体験していることもある。螺旋型モデルは、障害受容がゴールではなく、障害を受け入れる気持ちと、否定したい気持ちが見え隠れすることを言っている。このモデルで重要なのは、保育者は、保護者のこのような心のゆらぎに寄り添い、支えていくということである。

## 第2節　家庭との連携

### 1．家庭との連携の在り方

これまで、保育者としての「保護者の障害受容」ついて述べてきた。ここでは、保育所保育指針解説から「家庭との連携」の重要性について考えてみる。

> 障害や発達上の課題のある子どもの理解と援助は、子どもの保護者や家庭との連携が何よりも大切である。その際、子どもの困難な状況だけでなく、得意なこと等も含めて、保育所と家庭での生活の状況を伝え合うことに留意する。子どもについての理解を深め合うことや、保護者の抱えてきた悩みや不安などを理解し支えることで、子どもの育ちを共に喜び合うことが大切である。こうした連携を通して保護者が保育所を信頼し、子どもについての共通理解の下に協力し合う関係を形成する
>
> （厚生労働省「保育所保育指針解説」2018年、p.57）

ここに述べられているように、子どもの育ちを保護者と共に喜びあう関係をつくることが、家庭との連携でとても大切なことである。

### 2．保護者目線の支援のポイント

#### （1）日常的にコミュニケーションをとる

まずは笑顔で挨拶をし、毎日の小さなコミュニケーションを重ねていくことで、保護者と温かい関係性をつくっていく。障害のある子どもとその保護者に向き合う際には、常に相手に受容的な態度を示すカウンセリングマインドを大切にする。しかしながら、このような態度で保護者の気持ちになって耳を傾けたとしても、実際には最初から心を開いて語ってくれることは期待できないことが多い。それでも、「おはようございます」、「今日は寒いですね」等、笑顔で相手がホッとするような言葉をかけたり、雑談したり、また迎えの時間にはその日にあった子どもの姿や、園という集団の中で見える子どもの良いところや発達している点を具体的に伝えると、保護者との心の距離が少しずつ縮まっていき、関係性ができていく。

#### （2）保護者の悩みを聞く

保護者の話を共感的に聞くことに努めながら、保護者が話しやすい雰囲気をつくることが支援の第一歩である。何に悩んでいるのか、困り感は何か、保育者にどのようなサポートを

してほしいのか、保護者の心の声に耳を傾けるようにすることで信頼関係ができる。また、日々の子育ての大変さに共感し、ねぎらいの言葉をかけるようにすることも大切にしたい。保護者の今の状況を理解し、信頼関係を一歩ずつ築きつつ、子どもの実態について保護者とともに理解していこうとする姿勢が大切である。保護者からは園ではわからない家庭での様子や過去の情報等を教えてもらい、保育者は園での様子を伝え、「一緒に支援を考えていきましょう」という態度を示すことで、保護者がひとりで悩みを抱え込まずに済み、効果的な支援を行うことができる。

### （3）障害のある子どもの家族を支援をする

　障害のある子どもの家族、特にきょうだいへのケアが必要な場合がある。保育者や保護者は、障害のある子どもに意識が向いていることが多く、きょうだいは「良い子でいなければ」と、我慢をしていたり葛藤を抱えたりしていることがあるからである。意識的に愛情を注ぐ時間をつくる等、きょうだいにも常に気にかけているという姿勢でいることが大切である。

### （4）関係機関と連携する

　障害のある子どもの保育をするためには、専門的な知識や経験を有する関係機関との連携が大切である。地域の児童発達支援センターや医療機関等につないだり、療育の場を紹介したりして互いの専門性を生かして連携しながら子ども理解を深め、保育や支援の方向性を確認していく。

　保護者に「専門機関へ行ってください」と依頼するのではなく、園としてどのように対応したら良いか一緒に考えたいので、関係機関に相談に行きたい、専門家の話を参考にしたいと、園も支援することを前提に話す。保育者側の困り感だけで関係機関を勧めないで、保護者の同意を得て一緒に行くことも提案する。園での様子も参考になるので、簡単な記録を関係機関に提出することが望ましい。「個別の支援計画」を作成し、医療、福祉、教育等の関係機関や保護者、そして、園の役割分担を明確にする。保護者が定期的に専門機関を利用する場合は、保護者に情報提供を求めて共有すると良い。

## 第3節　地域における保護者相互のつながり

　地域における保護者相互のつながりとして「親の会」や「保護者会」等について述べる。
　保育所保育指針解説において、地域とのつながりについて以下のように示されている。

> 　障害や発達上の課題のある子どもや保護者が、地域で安心して生活ができるようにすることが大切である。そのため、他の子どもの保護者に対しても、子どもが互いに育ち合う姿を通して、障害等についての理解が深まるようにするとともに、地域で共に生きる意識をもつことができるように配慮する。その際、子どもとその保護者や家族に関するプライバシーの保護には十分留意することが必要である。

（厚生労働省「保育所保育指針解説」2018 年、pp.57-58）

行政や専門機関、障害のある子どもの保護者の主体的な活動（親の会）等、障害のある子どもの保護者同士が出会う場がある。このような事業や活動が地域にあることを保護者に紹介することも支援の一つとなる。

次に障害のある子どもの保護者同士の交流を紹介する。

---

「親の会」の活動事例　障害のある子どもを育てる保護者同士の交流

　A地区には、幼稚園と保育所がある。地域の中で、障害のある子どもをもつ保護者が月一回集まり、自主的に話し合いの場を持っている。障害は発達障害（自閉症スペクトラム障害、注意欠如・多動性症）、ダウン症、肢体不自由等である。保護者同士がつながり、地域で安心して生活ができるようにすることが目的である。話し合いの内容は、毎回保護者が決定し、子どもに対する思いや園に入ってからの発達、保育者とのかかわり、将来への不安等語り合っている。時には小学校の特別支援学級の担任を講師として招き、小学校の話を聞くという場もあった。幼稚園と保育所の園長も時々輪の中に入れてもらい、地域で共に生きる意識をもつことができるように配慮する。

---

　障害のある子どもを育てる親ならではの悩みは、共有する場が少なく、保護者同士が会話する機会は多くないのが実情である。親同士でつながり、子育ての悩み相談ができる場が身近にあれば、助けになるはずである。そんな意図から、地域で保護者が集まる「親の会」や「保護者会」が開催されている。保護者同士の共感も生まれる一方で、中には障害を受け入れていない保護者、子育てが楽しいというような気持ちになれていない保護者もいる。そういう保護者との関係づくりには、例えばいちご狩りを一緒に楽しんだり、座談会で会話のきっかけを作り、子育てをする上で支え合えるつながりを作っていくような工夫がなされている。活動の中で打ち解けてくると、お互いの情報を交換したり、自分の地域との様々なつながりを紹介をする保護者もいる。近い境遇にある保護者同士だからこそ話せることもあると思われ、子どもと保護者が生きていく上で頼れる場となっている。保護者がつながる機会をつくり、障害のある子どもたちは、自らの肯定感と将来への希望を持つことができ、保護者は子育てを共に楽しめる社会を実現することが必要である。

## 第4節　外国にルーツのある子どもをもつ保護者支援のポイント

　近年、日本には多くの外国人が就労や留学等の目的で定住するようになった。私たち日本人が外国人を日本社会の構成員としてとらえ、様々な国籍や民族等の背景をもつ人々が、それぞれに自分の国の文化を発揮できるような豊かな社会づくりが目指されている。筆者が保育の中で、外国にルーツのある子どもの保護者を支援した経験からいくつかのポイントについて述べる。

## 1．コミュニケーションの取り方について

　日本語が堪能でない保護者とのコミュニケーションの際には、ジェスチャーを用いる、絵で示す、実物を見せる、翻訳したプリントを見せる、通訳に入ってもらう、翻訳機やタブレットを使う等のいくつかの方法がある。これらを組み合わせるとより効果的になる。しかし、筆者は子どもがケガをした時や、トラブルがあった時には必ず通訳を介して詳しくその経緯と園の対応を伝えるようにした。あいまいに伝わると、誤解や不信感につながる恐れがあるからである。自分で伝える時には、短い文章にする。翻訳機を使う場合も文章を簡潔にして翻訳をした方が良い。例えば「明日は学級閉鎖です」をそのまま入力すると、「明日は学校を閉じます」になるので「明日幼稚園は休みです」にした方が伝わりやすい。「マスク着用にご協力ください」はあいまいな表現なので「マスクをつけてください」と簡潔に伝えるようにする。

## 2．食事について

　その国の食習慣があったり、宗教によって食べられないものがあったりする。できる限り尊重するが、園で提供する給食で対応が難しい時には、その理由も丁寧に伝えるようにする。第11章で紹介したように、食事に外国の食材やメニューを取り入れたり、保護者が集まってその国のおやつを作って試食したりして、多様な文化に触れる機会を持つことも大切である。

## 3．行事について

　保護者は行事の間際になってからの連絡では休みを取るのが難しい場合が多い。あらかじめ教育的な意図を含めて行事参加のお願いしておくと協力してもらうことができる。例えば運動会・親子遠足・生活発表会等といった大切な行事は学期の初めに「仕事を休んで園の行事に参加してほしい」ことを伝えておく必要がある。

　七夕、七五三、クリスマス、節分等、宗教的な理由で参加できない行事があるので、事前に確認しておくようにする。

## 4．習慣について

　欠席時は連絡が必要だと言う認識がないことがあるので、「欠席をするときは必ず園に連絡をしてほしい」ことをお願いしておく。文化圏によっては雨天や寒い日には欠席が多いこともある。友だち関係や生活習慣が定着してきたことを共に喜び、欠席で途切れないよう、「雨が降っても園に来てほしい」ことをお願いする。朝の9時までに登園できない子がいる場合は、遅くなる理由を確認する。朝の礼拝をしてから登園する親子もいる。日本の幼児教育施設では友だちや保育者と一緒に活動をしていて、その活動からどのような力が身につくのかを説明し、そのため「決まった時間に園に来る」ことを丁寧にお願いする。今後、日本で生活し、小学校に進学することを踏まえて就学後のイメージを持ってもらうようにする。

　また、着替えを人前ですることに抵抗を感じる文化もあり、別室での着替えを求める保護者もいる。最近は着替えを人前でしないことは園でも一般的になってきていると思われるが、

可能ならば別室、難しい場合は仕切りやカーテンをする等の個別的な配慮をする。

## 第5節　一人ひとりの多様性を認める保育へ

　障害のある子どもをもつ保護者や外国にルーツのある子どもをもつ保護者への支援は、障害児、外国にルーツのある子どものみでなく、すべての子どもの多様性を認め合う大切さを育むことがその基本となる。私たちは、それぞれ異なる特徴、個性、習慣、考え方を持っており、互いの違いを理解しながら協力し合うことによって、すべての子どもたちが生き生きと園生活を送り、社会で幸せに暮らすことができる。それぞれの違いを理解し、当たり前に尊重しあえるような社会の担い手を生み出していくことが子どもの保育においても、保護者支援においても重要なのである。本書の第1章で述べられているように SDGs はあらゆる人々の目標であり、「誰一人取り残さない (Leave no one behind)」ことを理念としている点が特徴である。保育者は、目の前の課題のみを解決するのではなく、その支援をすべての人 (子ども) が生き生きと暮らせる社会、SDGs の目標の達成につなげるということを忘れてはならない。

（田中　裕子）

引用参考文献
- 厚生労働省（2018）「保育所保育指針解説『家庭との連携』」フレーベル館 , 57-58.
- 中田洋二郎（1995）「親の障害の認識と受容に関する考察－受容の段階説と慢性的悲哀」『早稲田心理学年報』27, 83-92.
- 中田洋二郎（2010）『発達障害と家族支援－家族にとって障害とは何か』学研ヒューマンケアブックス .
- 立元真（2019）「第12章　家庭や関係機関」前田泰弘編著『実践に生かす障害児保育・特別支援教育』萌文書林 , 169-170.

# 第14章

# 保護者支援の実際①

本章では、障害及び外国にルーツのある子どもを持つ保護者、貧困家庭の保護者支援に関して、幼稚園等での支援の実践事例等（仮想事例を含む）からポイントを解説する。また幼稚園等で保護者支援を行う際の社会資源の活用等についても言及する。

## 第1節　障害のある子どもをもつ保護者への支援

### 事例1

認定こども園に通うＡ（４歳：年中）は、入園当初（年少）から大人数での活動が苦手である。みんなで活動しているときや座って保育者の話を聞くときも、すぐに集中力が切れ、他のことに気を取られる。また、真剣に取り組んでいる他児に話しかけたり、順番やルールを守ることができなかったりすることもあり、他児とトラブルになることが多い。担任は、Ａの母親がＡの進級・入学にあたり極度の不安を感じているとのことから面談した。母親は、Ａ自身の困り感に気付いているものの自分自身もイライラしてしまうことや、家族には母親のしつけのせいだと責められることを話した。担任は、母親の大変さとＡへのかかわりに対する不安について傾聴し、特別支援教育コーディネーター（巡回相談員）に相談することを提案した。その結果、特別支援教育コーディネーターから医療機関に繋がり、ＡＤＨＤの疑いがあると診断され、児童発達支援事業所に週２回通所することになった。

担任は、その頃から他の保育者、特別支援教育コーディネーター、児童発達支援事業所の担当指導員と連携しながら、Ａが園生活において安心して遊びや活動に向かい合えるよう工夫をしてきた。また、保護者の負担感に留意しながら、家庭でも実践できるようその具体的な方法を保護者に伝えた。他児とのかかわりにおいては、多様な集団場面のなかでＡの言動が認められるような配慮について検討し、子どもたちのやりとりの中にあるそれぞれの気付きに向き合い、ネガティブな意味をもたせないよう気持ちを汲み取ることも心掛けてきた。その結果、子どもたち同士が集団の中で少しずつ相互に理解し、受容し、協力し、時にぶつかり合いながら活動ができるようになってきた。

このような園での日常が自然に他児から他児の保護者たちに伝わり、今ではＡの保護者をまじえて保護者同士が園庭で談笑している場面もみられる。しかし、行事の前後にはＡの母親の感情が高ぶることが多く、「他の子と同じようにできないＡをみるのが辛い」と涙を流すことが幾度もある。担任は、その都度保護者が思っていることを吐露できるような環境を整え、母親の感情を否定することなく不安な保護者の気持ちを受容・共感し、傾聴している。

## 1. 障害理解と障害受容

　ADHD（注意欠如・多動性障害）の検査は、おおむね３歳から受けることができる。低年齢の頃は、幼児期の発達段階にある個人差なのか、障害特性によるものかの判断が非常に難しいため、「様子をみましょう」と言われたり、「ADHDの疑い」としたりする医療機関もある。保護者は、他の子どもと比較したり、専門職から話を聞いたり、書籍やインターネットの情報を得る等して障害を受容していく。第13章で述べたように、ドローターは、障害受容の段階について「ショック→否認→悲しみと怒り→適応→再起」へ変化していくとしており、オルシャンスキーは、保護者が子どもの発達の節目ごとに悩み落胆を示す様子を「慢性的悲哀」としている。

　保護者が子どもの障害を告知される時期はさまざまであり、障害受容については、家族環境や保護者を取り巻く環境、保護者の価値観や性格等が複雑に絡み合う。保育者は、これらのことを踏まえたうえで障害受容の多様性を理解し、不安を助長しないように注視していかねばならない。また、保護者の心の揺れは自然な反応であり、その揺れに寄り添うことの大切さを心に刻む必要がある。また、きょうだい児がいる場合、その子どもへの配慮も忘れないでほしい。

　本事例は、Ａの年中時の様子である。園生活の中でＡと保護者にどのような困り感があるのか、どうすれば過ごしやすくなるのか、環境の工夫、行動への介入等を園全体で考え、関係する機関や職員と連携している。どれだけ支援を肯定的にとらえている保護者であっても、送迎時や節目ごとに行われる園行事（発表会や運動会、参観等）では、わが子と他児らとの違いを目の当たりにして感情が揺さぶられることは往々にしてある。わが子の障害について頭では理解していても、すべてを受け入れることは容易ではない。感情の波に飲み込まれる背景には、Ａの育てにくさや就学先（通級による指導か通常の学級）への葛藤、家族の思いや関係性、他児や他児の保護者の理解等さまざまな要因がある。

　保育者は、母親が落ち着いて話すことができる環境を整え、情報を一方的に伝えることのないよう保護者の状況に合わせて寄り添い、信頼関係の構築に努め、どのような支援が必要かをともに考えていく姿勢をもつことが大切である。また、保育者が診断名から対応を検討してしまうことがあってはならない。障害の特性については、一人ひとりに表出する行動やこだわり、苦手なことは異なることを認識し、１つの障害だけでなく他の障害も併存している可能性があることも視野に入れておく必要がある。どちらにしても、当事者らが困らないように回避する支援ではなく、困ったときにはともに乗り越えていくという姿勢に加え、一人ひとりの子どもの特性を良い方向へ伸ばしていくことを心がけてほしい。

　また、障害のある子どもが他児とトラブルを起こした場合、他の保護者からの苦情や保護者同士のトラブルになることもある。このようなことが重なると園内では不安や憤りが増幅する恐れもあり、保育者とのかかわりも悪化するような悪循環に陥る可能性がある。そうなることを防ぐため、親子への個の支援だけでなく、園におけるグループダイナミクス（集団力学）を活用することが有効である。保育者は、保護者らに対して説明することに重きを置

くのではなく、保育活動を通して肯定的・建設的相互作用が起こるように媒介し、相互理解と相互尊重に導くことを通して周囲が適切な理解やサポートを学んでいく機会に繋げ、当事者らの自尊心の低下や集団からの孤立を防ぐ役割を担っている。

### ２．障害のある子どもへの社会資源の活用

　障害児とその保護者は、障害があることによりさまざまな部分で生きにくさを感じ、疲弊することがある。また、障害が見過ごされ、必要な福祉的支援を受けることができないまま成長すると、環境になじめず社会から孤立する等の二次的な問題が発生する恐れもある。そのため、家庭で対応できない障害のある子どもの発達に応じた総合的な医療・療育の提供についてはさまざまな分野・療育の連携が推進されている (p.158 図 17-1 参照)。

　児童発達支援事業所の利用にあたっては、市町村保健センター、児童相談所、保健所等の意見があれば可能とされている。医学的診断名又は障害者手帳を有することは必須要件ではないため、Ａも認定こども園に通いながら週２回、集団療育及び個別療育を受けている。Ａを医療機関に繋げた特別支援教育コーディネーターは、特別支援学校の教員であり、要請に基づき地域の幼児教育施設や学校を巡回し、相談支援を行っている。

　また、地域には保護者のための団体もある。NPO 法人等が運営する大きな組織もあれば、児童発達支援事業所に通所している親同士が作る小さな組織もあり、同じ境遇の親だからこそわかる悩みや１人では気付かなかった情報を共有できる。このように、障害児の支援は、異なる人々が共通の目的をもち、それぞれの立場から多面的に行われる。保育者も自身の所属する施設の機能や専門性を十分に理解し、自らの役割や専門性の範囲を意識して、抱え込むことなく連携していくことが求められる。親が集めている情報・意見にしっかりと耳を傾け、園内でも共有し、保育者の立場から育ちの見通しを伝えることで母親が子育てに前向きになるように支援していくことが重要である。

## 第２節　外国にルーツのある子どもをもつ保護者への支援
### 事例２

　Ｂ（５歳：年長）は、３か月前に父親の仕事の都合でフィリピンから転園してきた。母子ともに簡単な挨拶や名詞を日本語で言うことができる程度で、通常の会話はタガログ語を使っている。転園時の面談では、父親のみでの来園であったため、状況の把握ができていなかった。担任もはじめのうちは母親との意思疎通が難しく、母親が不安に感じている様子がみてとれた。そのため、Ｂの両親と話し合い、重要な連絡は日本人である父親に電話をするか、連絡帳へ記載することにしたものの、そうすることで母親と保育者とのコミュニケーションの時間が極端に減ってしまうことが課題となった。

　このままではいけないと、園では、タガログ語と日本語を書いた絵カードや掲示物を作成したり、ICT 機器の翻訳機能を使ったりして、親子が担任やクラスの子どもたちと一緒にコミュニケーションを楽しめるような取り組みをはじめた。また、なかなか日本の生活習慣に

なじめない母親と他児の保護者との交流のきっかけとして、遠足の前におにぎり作りのイベントを開催した。そこから、他の保護者との関係性も深まり、Bの母親の表情も明るくなっていった。小学校就学前ということもあり、これからの園生活や就学にむけて、保護者、市役所の子育て支援課と情報を共有しながら進めているところである。

### 1. 多文化共生をどう捉え保育に活かすか

　外国にルーツをもつ家庭には、移住労働や家族の滞在、定住、国際結婚等、それぞれの背景があり、思いや状況もさまざまである。母国を離れて子育てをしている家庭において、言葉が通じない、伝えたいことが伝わらないことがどれほど大変かは想像に難くない。本事例にもあるように、保護者のどちらかが日本人である場合、就園時には支援の必要性がみえず、準備ができないまま保育にあたる可能性もある。言葉の問題はもちろん、周囲との相互理解の不足からトラブルや孤立に繋がることもある。例えば、体温を測る習慣がない、下着をつける習慣がない、宗教上の理由から寺社仏閣に行くことができない、祈祷した鶏肉しか食べることができない、宗教上頭に触れてはいけない、1歳になるとピアスをつける、言葉が直接的であったり感情的に感じられたりする等、その国、地域、人それぞれのあたりまえがある。

　外国にルーツのある子どもの保育や家庭との出会いは、多様性を学ぶ大切な機会であり、かかわりを通して尊重し合う方法をともに考えていく好機である。保育者は、外国にルーツのある子どもと日本の子どもを分けて保育の対象とすることなく、子どもら保護者らとともに我が事としてどのように向き合っていくのかを考える機会をもつことができるように工夫していくことが必要である。相互理解には、文化・生活習慣の違いや宗教上の留意事項、食の工夫等の特徴や違いを互いが知ることが必要であり、できるだけ早期にその機会を設け、継続的に見守ることが重要である。

　本事例のBの母親は、「おにぎりづくり」をきっかけに子ども・保護者たちと仲を深め、その後、親の会での「タガログ・日本語レッスン」や「料理教室（アドボとシニガン）」、児童館でのボランティアとして「他言語絵本の会」、園行事の1つである「保育参加（親に半日保育士となってもらう取り組み）」等、ほかの保護者たちとともに活動を展開している。このように、子どもだけでなく保護者自身が輝くことのできる活動についても意識的に取り入れることが期待されている。

　保育所保育指針や学習指導要領においても、「国際理解の意識の芽生え」を養うことや「グローバルな視野で活躍するために必要な資質・能力」を育成することが明記されている。保育者は、日本の既存文化や価値観の継承だけでなく、さまざまな国籍や文化の違いを認めたうえで互いを尊重することの大切さを日常の保育から伝え、子ども・保護者らのロールモデルとなるよう意識してほしい。それぞれの「あたりまえ」を受け入れること、相互理解への手段・方法をともに模索する過程も大切に楽しみながら保育者が行動見本を提示することが求められる。

## 2．外国にルーツのある子どもをもつ保護者への社会資源の活用

　各自治体、国際交流の組織の取り組みや支援は、それぞれの地域で大きく異なる。保育者は、入園前、入園時、緊急時や体調不良時、就学準備（卒園時）期に生じやすい問題に対して、どことどのように連携をとっていくかを確認することが必要である。例えば、市区町村や国際交流支援団体の通訳派遣や他言語パンフレット、ボランティア団体やNPO法人の外国人相談員派遣、地域の日本語教室、教育委員会の就学前教室等その地域にある社会資源を知ること、調べること、話を聞きに行くことである。

　年長クラスに外国籍の園児がいる場合、その自治体ではどのような就学案内や手続きがなされるのか、その園児と家庭の周りに頼れる人がいるか等を把握して市役所の子育て支援課や教育委員会等と連携しながら、学齢期に不就学とならないようにつなげていく役割も保育者は担う。外国人が集住する地域の小学校では、プレスクール事業がある場合もあるため、そのような情報を収集しておく必要もあるだろう。保育者は、その家庭が地域でどのような社会資源を必要としているのか、今後必要となるのか、どうすれば利用できるかについて保護者とともに調べることからはじめるといい。保護者懇談会等を利用して他の保護者との会話のなかで情報共有することも1つの方法である。また、就労時間が不規則であったり、安定した就労環境ではなかったりする場合、子どもの養育が困難であるとして、乳児院や児童養護施設に入所することになり、外国にルーツのある子どもとそれぞれの機関の実態やその支援の在り方に関する検討が急務となる。必要な社会資源がない場合には、保護者らや関係機関とともに開発していくことも必要になってくる。

## 第3節　貧困家庭の保護者支援

### 事例3

　担任は、最近Cの家庭の様子が気になっている。母親は、Cの送迎時、笑顔ではあるものの疲れた表情が目立つようになってきた。いつも活発で他児らと楽しく過ごしていたCも担任のそばにいることが多くなってきている。送迎も中学生であるCの姉が母親に代わって来ることが増え、服の汚れがあるままで取り換えていないこと、他の忘れ物も目立つようになってきている。

　担任と主任保育教諭の話し合いにより、担任からCの母親に家庭の状況を尋ねてみることになった。しかし、母親が多忙であることや体調不良を理由になかなか面談をすることができない状況が続いている。園としては、面談ができるように進めつつ、現段階でみえているCの家庭の困りごとの整理をし、園内でできることを園内会議で話し合うことにした。

## 1．貧困家庭への気付きと配慮

　本事例は、担任の気付きから園全体でCの家庭での困り感に関してどう支援していくのかを模索している状況である。保育者は、子どもや保護者の心身の状況にいち早く気付き、適切な支援に結びつけるという重要な役割を担っている。このような家庭が見受けられる場合

には、周りの職員に相談し情報共有しながら、管理職を中心に園内での対応を検討することからはじめる。

　子どもの生活には、十分な衣食住はもちろん、健康な生活に必要な医療の受診・治療を含め、年齢に合った体験や教育・学習等が必要であり、その根底にあるものとして保護者等人とのかかわりが大変重要である。また、保護者の成育歴や生活実態は、保育者には見えないことがほとんどであり、ネグレクト等の虐待につながる可能性もあることを視野に入れ慎重かつ迅速に行動しなければならない場合もあるだろう。

　経済的な理由で生活上困難を抱える家庭は、自らその悩みを発信しづらい状況であることが多い。保育者もどのように働きかけたらいいのか戸惑うことも多いだろう。表面上は華やかな生活をしている家庭であっても貧困な状況である場合もある。経済的なことは非常にプライベートなことであり、当事者が福祉的支援を受けることで自身に不利益が生じるかもしれないと感じ、誤魔化したり拒否したりすることもある。そのため、保護者が極限に疲弊するまで周囲が気付かない場合もある。あるいは、気付いたとしても、園内でできることのみの支援に精一杯で、専門機関につなげることができず子どもが卒園してしまうこともある。

　保育者は、困り感のある家庭に対して否定的にみることのないよう、客観的に情報を分析し、園内で可能な支援と不可能な支援について考え、社会資源につなげていくことも意識しなければならない。

　貧困や虐待の問題は保育所だけでは対応できない。図14-1で例示したように外部の組織・機関との連携に関しては日頃から良好な関係を構築しておき、情報共有を図りながらその家庭の「子どもの最善の利益」について考え、子どもの命を最優先に進めていく必要がある。児童相談所では、子どもの生命の安全のため一時保護を行う場合がある。この一時保護の要否判断については、所内会議、外部との連携のもと客観的かつ合理的な判断が必要となる。親子分離の見極めを誤ると家庭の養育力の低下を引き起こしたり、子どものトラウマにつながったりする可能性がある。普段から親子とのかかわりのある保育者の情報が重要であることはいうまでもない。特にＣの事例では中学生の姉がヤングケアラーとなっている可能性も視野に入れながら各関連機関につないでいくべきである。

## 第4節　保護者支援のこれから

　人は、大人も子どもも環境の影響を受けながら日々過ごしている。家族、親戚、友人、近隣住人、保育施設や学校、スポーツチーム等の交流の中にある協調や対立を経験しながら、人間関係を築く方法や苦難を乗り越える術を身につけていく。保育者は、相互理解と相互尊重に導き、一人ひとりがそれぞれの良さを学んでいく機会に繋げていくことができるよう個別化をはかりながらも各々の立場の意見や言動にある価値観を尊重しながらグループダイナミクス（集団力学）を活用し、活動を通して肯定的・建設的な相互作用が起こるように橋渡しをする必要がある。また、子どもや家族のニーズを「個人」と「環境」の相互作用からとらえ、抱えている困り感に対してできるだけ早期に適切に対応することが求められる。

## 気づき

例）
- 毎日同じ服を着ている
- 服が洗濯されていない
- 納入すべきお金の支払いが滞っている。

## 状況把握

例）
- 子どもの様子を観察
- 登園時やお迎えの際に、保護者に状況を尋ねる。

## 園内での情報の共有

例）
- 同じクラスの担当職員間での共有
- きょうだいが居る他のクラスの職員等との共有
- リーダー的職員や主任保育士・主幹保育教諭、施設長との共有

## 対応検討

保育所・認定こども園等として、どのような支援ができるのか、対応方策を検討

## 状況に応じて、他の関係機関・団体へつなぐ

例）
- 保護者へ専門的な相談窓口の情報を伝える
- 施設長や主任保育士・主幹保育教諭は、対外的な調整の役割を担う

他の機関 （例）
児童相談所、福祉事務所、市町村保健センター、社協、主任児童委員、民生委員・児童委員、ボランティア、市民活動グループ 等

例）
- 衣服の貸与
- 給食を多めにする等の配慮
- 外部の支援活動等の情報提供
- 家庭訪問等アウトリーチによる支援

訪問時の着目点
子どもの様子、保護者の様子、同居家族の様子、家の中の様子、育児で困っていること・心配なこと、その他心配なこと、相談支援の希望 等

## 連携

## 連携での対応例

- こども食堂やプレイパーク活動など、地域の子どもへの支援活動を行う団体と親子の情報を共有し、連携した支援を実施。

- 他の関係機関・団体と連携して対応を図る経験を蓄積していくことにより、園としての対応能力が高まる。
- こうした課題を抱える保護者と子どもへの対応を通じて、保護者や子ども、また地域から信頼される施設づくりをめざす。

図 14-1　子どもの貧困問題における対応の流れ
全国社会福祉協議会・全国保育士会「保育士・保育教諭として、子どもの貧困問題を考える－質の高い保育実践のために－」2017 p.9
https://www.z-hoikushikai.com/about/siryobox/book/hinkon.pdf

第 4 部　家族支援と連携

第 14 章　保護者支援の実際①　131

保育現場は、非常に繁雑であることに加え、園や保育者の努力や取り組みだけでは解決に至らないことも多くある。保育者は、一人で抱え込むことのないよう努め、園内、自治体、民間団体も含めたさまざまな総合的な支援を活用すること、そして子どもの最善の利益のために子どもと保護者・家庭、地域を視野に入れた一体的で効果的なサービスを提供できる組織的支援体制を構築していく専門職の一人となることも重要である。自身の保育実践を通して、保護者の子育てを自ら実践する力（エンパワメント）を育てていくこと、保護者を通して気付く地域課題の発見、社会資源の修正や開発、ネットワークを作る等、保育者が1人ひとりに共感的にかかわるだけにとどまらず、個の存在が集団のかかわりのなかで生かされそれぞれが世界を広げていくプロセスを伴走していくことこそ今必要な取り組みである。

（中川　陽子）

参考文献
• 秋田喜代美・馬場耕一郎監修（2018）『保育士等キャリアアップ研修テキスト3 障害児保育』中央法規.
• 三菱UFJリサーチ＆コンサルティング（2020）「保育所等における外国籍等の子ども・保護者への対応に関する調査研究事業報告書」『令和元年度子ども・子育て支援推進調査研究事業』.
• 全国社会福祉協議会・全国保育士会（2017）『保育士・保育教諭として、子どもの貧困問題を考える－質の高い保育実践のために－』.

　保育所では、障害があることを保護者も保育者も理解して入所してくる場合と、集団生活を経験する中で発達が気になって障害がわかる場合がある。どちらの場合においても子どもの発達を保証することが保育所の役割の一つである。また、保護者支援も保育所の重要な役割の一つである。保育所生活での目的は、出来ないことを出来るようにすることではなく、養護と教育が一体となった営みを通して発達し、変化していくことである。そんな保育所での生活を経験し、子どもが発達、変化してくると「これは普通なの？」「うちの子って手がかかるの？」「うちの子って障害かも…」等子どもとの関わり、子どもの様子等に保護者が心配や不安を感じることがある。また、保育士が保育をする中で「この子は集団の中で手がかかる」「視線が合わない」「障害があるのではないか」等と気付くことがある。

　保育所における保護者支援は保育士の役割の一つである。子どもの障害の有無や障害への理解の度合に関係なく保護者支援は行われるが、障害に対応する保護者支援はより知識、力量、配慮等が求められる。この章では療育機関・行政機関を利用している場合の支援と、療育機関等の専門機関へつなげる支援について、保育士の役割、保育の展開、連携の流れ等を事例を通して考えていく。

## 第１節　保育所から発達の様子を伝える保護者支援

　Ａは０歳児クラスの男の子である。１歳を過ぎても歩行できず、移動はお尻でずりばいをして自分の行きたい場所に自分で移動をしている。つかまり立ちは見られず、また立とうとする動きも、歩こうとする動作もない。

　表情も乏しく、いつも視線が合わない感じがあり、発語もなく発声もない。

　咀嚼も上手にできず口が開き、舌が出ていることが多くある。給食のご飯を詰まらせることが多く、咳き込むことが見られる。飲み込むことが上手くできずぼろぼろこぼすことがある。

　遊びはお尻を中心にぐるぐる回ったり一点を見つめていたりしており、おもちゃや絵本を楽しむ様子は見られない。

　保育士はＡの歩けない様子や遊びの様子、食事の様子等が気になっている。もうすぐ１歳６か月になる頃、降園の際にお母さんから「先生、ちょっとお話があるのですが」と保育士は声を掛けられた。「歩けないことが心配なんですけれど」とのことだった。

　Ａは歩行獲得が遅く、表情も乏しく発語も少ない等発達の上で気になるところが多く見ら

れる。「つかまり立ち」は生後11〜12か月の乳児の90％以上が、「ひとり歩き」は生後1年3〜4か月の幼児の90％以上が可能である[1]。

　子どもの年齢毎に、発達の上で気になるところを保護者と共有するタイミングを見極める必要がある。保育士は毎日子どもの様子を夕方のお迎えの際に丁寧に保護者に伝えた。その積み重ねが保育士と保護者の信頼関係に繋がり「先生、ちょっとお話があるのですが」と母親からの相談に繋がったのである。

　夕方のお迎えは保護者と密に話ができる機会でもあるが、一方で多くの子どもの降園が重なる時間でもあり、保護者と話しをする時間の確保は難しくなりがちである。そこで園長や主任保育士、複数担任の保育士と連携が必要となってくる。園長や主任保育士が保育に入ることで、担任の保育士が保護者とゆっくり話をする時間を確保できる。また「先生、ちょっとお話があるのですが」と言われた後に、面談を設定し時間をかけて保育の中でのAの様子を保護者に伝える際には、園長又は主任保育士が同席することで保護者が安心する場合もある。このように、保護者支援を行うには保育所内での保育士の連携が必要不可欠なのである。保育士が連携することでより丁寧な保護者対応ができるのである。また、気になることを伝えただけで保育が終わるわけではない。子どもが卒園するその日まで保育及び保護者対応は続くので、長期的に関わることも視野に入れた保護者対応が必要である。

　事例1では、未歩行、咀嚼、嚥下、遊びの様子等を丁寧に伝え、保護者の不安、心配している気持ちに寄り添い、適切な機関に繋げることが求められる。

　Aは5月生まれなので、0歳児クラスのうちに1歳6か月健診を受けることになる。1歳6か月健診は自治体が集団で実施することが多い健診で、医師、心理、栄養士、保健師等の専門職が関わっている。自治体と保育所の連携が取れている場合は、保健センターや保健師に保育所から情報提供をする場合がある。また、1歳6か月健診の際に歩行及び言葉のことを相談するよう保護者に助言することもできる。保護者にとっては、障害があるのかもしれないとすぐに診断機関の病院に行くよりも、健診の機会を利用しながら診断に向かっていくことで、保護者にとって必要な情報が得やすく、気持ちのゆとりが持てると考えられる。時間をかけて専門職と関わり診断に向かっていく、その中で保育士は保護者の気持ちに寄り添い、支援していくことが求められるのである。

　同時に、子どもの集団生活の様子、遊びの様子、変化等も観察し、保護者や専門機関に伝えていくことも求められる。子どもの観察は保育士の重要な役割の一つである。

　この事例では、子どもの発達の様子を保護者と共有するために、保育の様子を丁寧に日々伝え、社会資源の利用に繋げることを実践したが、保護者と保育士が子どもの様子を共有するには長い時間がかかっている。保護者から不安や発達の心配等の相談があったことから面談が始まり、1歳6か月健診で保健センターや保健師に繋がり、心理相談、心理フォロー、精密検査等の自治体の資源を利用し、児童発達支援センター等の専門療育機関を活用しながら、子どもの丁寧な保育のために保育所を利用することになった。

　子どもの様子を保護者と共有するには時間が必要であり、タイミングが重要である。その

タイミングを見計らい、園長を始め他の保育士との連携、1歳6か月健診の利用、診断、療育、保育と繋げていくことが求められる事例であった。保育者の役割は、子どもの発達を捉え、保護者の気持ちに寄り添い信頼関係を築き、観察を通し、その時点での発達、発育の状態と今後の保育へと繋げる見通しを評価して、保育所内で情報共有し、連携を調整し、専門機関につなげ、専門機関と協働し保育の展開をすることである。

## 第2節　病院を利用している子どもの保護者支援

> Bは0歳児クラスより保育所に通う男の子である。難産により障害が残るかもと医師に言われてリハビリのため通院していた。しかし母親の仕事の関係で、障害児枠を利用して加配の保育士を配置し0歳の時から保育所へ入所となった。歩行獲得は2歳とやや遅かったが、大きな病気をすることもなく元気に登園していた。3歳児クラスに進級した際に、歩行獲得もできたし、言葉も出ているので家では困ることがないので、障害児枠や加配の先生は必要ないのではと保護者から相談を受けた。クラスにおいては製作の指示が理解できない場面があり、「はさみとのりを持ってきて」と声を掛けると、のりだけしか持ってこなかったり、製作の手順が理解できずふらふら立ち歩いたりする場面が見られた。言葉でのやり取りは難しく、一方的に知っていることについて単語をつなげて話していた。保育所の様子を保護者に伝えると、専門療育を考えた方が良いのか相談された。それが良いと答えると、早速、保健センターの保健師に相談したり、療育に通っている保護者に話を聞いたりしながら近くの児童発達支援事業所を探し、週に1回通うことになった療育の先生も保育所にBの様子を見に来てくれるようになった。4歳児クラスに進級した際には週に2回の療育に増やすことになった。

　この事例では、保護者は子どもの成長や発達についての不安、心配を抱え、Bに障害があるかもと思いながら子育てをし、保育所を利用していた。BはB自身のペースで成長、発達していたが、一般的な発達と比べると歩行、発語についてはゆっくりであった。保護者は歩行を獲得し、単語をしゃべるようになったことで保育所での生活は障害児枠から外れ、加配の先生もいらないと考えていた。障害が治った、改善したという思いがあったと思われる。一方、保育者は障害が治った、改善したと思う保護者の気持ちに丁寧に寄り添い、受け止めながらもBの様子を具体的に伝え、適切な関係機関に繋ぐことが必要であると考えていた。

　この事例では、通院していたため病院の相談室や心理師、ケースワーカー、保健師等の専門職から専門的な助言が行われていた。また、専門的な療育に繋がったことで、保育所での専門的な関わり方の助言やBの現状の評価等、個別支援計画を立てるうえで適切な助言をもらうことも可能となった。医療、療育、保育が適時に連携しながら保育を進めることができた事例である。

## 第3節　ダウン症候群の子どもの保護者支援

> Cは保育所の年少組に通うダウン症候群の女の子で、お父さんと、お母さんと年の離れた

兄の4人家族である。Cは年少組から保育所に通い始めた。大きな病気はありませんが体格はやや小さめである。歩行獲得は3歳ごろなので保育所に通う少し前に歩けるようになった。保育所ではダウン症候群を始め障害児を受け入れたことはなく、Cが初めてだった。

加配の保育士が一人ついて、Cの保育所生活が始まりました。するとCが集団行動についていけない場面がみられた。

園庭で砂遊びをしている時に、給食の呼びかけをされるとクラスの子どもたちはお片づけをして保育室に戻るが、Cは遊び続けている。加配の保育士が言葉をかけて給食に誘うが、Cは動かず、一人黙々と砂遊びを楽しんでいる。いつもCは納得して砂場遊びを終えられないまま、加配の保育士に抱きかかえられて保育室に戻っている。Cの砂場遊びを終わりにするのは大変だった。

また、Cは、一人で靴が履けないわけではないが、靴を履くのに時間がかかっていた。お母さんもCが履きやすい靴を選んで履かせているが、それでも靴を履くのに時間がかかる。Cは自分で履きたい気持ちと、履くのに時間がかかり友だちが待つ現状に気持ちの折り合いがつけられず、いつも大泣きして散歩に出かけていた。

お母さんと保育士は、電話や連絡帳、送迎の時間を使って細かく丁寧に情報交換をした。

この事例は障害があることを保護者も保育所も理解して入所しているケースである。保育所では今までに障害児を受け入れたことがなかった。また、入所前の面談で加配の保育者が必要と判り、担任以外にもう一人の保育者がCについたが、障害児の保育経験はなかったため、保育所全体としてダウン症候群の障害特性に関する知識がなく、配慮、対応、関わりの経験もなかった。少しずつ保育所の中で勉強したり、研修に参加して障害特性や配慮、対応、関わりの工夫等を学び、またスモールステップを設定したり、言葉を可視化する等を実践した。しかし、結果として保育所ではCに応じた対応、関わりをすることができなかったので、保護者に相談し、入所前に通っていた療育の心理の先生に巡回指導に来てもらい、助言を受けることにした。

実物の給食の食器を見せることでCは給食の時間であること、お片付けの時間であることが理解でき、療育センターでもそれを積み重ねて練習していた。

靴を履くことに時間がかかる場合もダウン症候群の手先の不器用さを理解する必要がある。片方の靴は自分で履き、もう片方は保育者が履かせることにより、Cは自分で履いた感、靴が履けた達成感を感じることができる。靴を履くために腰かけ台を用意すると靴は履きやすくなる。他児よりも先に靴を履く時間を確保する、等の様々な工夫ができることを助言されたのである。

この事例では、巡回相談を利用することで具体的な対応や関わりを学び、実践することができた。

また、保護者は障害を知っているから、理解しているから保護者支援の必要性は低いということはない。障害を知っているから障害を理解している、障害を知っているから障害受容ができているとは限らない。保護者の障害理解や障害受容については丁寧に話を聞き、長い

時間をかけて対応していくことが求められる。

　入所前に通っていた療育施設では子ども同士に違う障害があっても、他の子どもたちとの生活や遊びの中にはそれぞれ何らかの配慮があったため、大きく目立たなかったことが、保育所を利用して同年代の他の子どもたちの中で見ると、障害のあるわが子の発達の遅れ、発達違いが大きく見えてしまうことがある。保育者はこのことを踏まえて保護者支援を実践していかなければならないのである。

　保護者に対しては、揺れる気持ちを受け止めながら支援していくことが求められる。巡回相談においてはCのことだけでなく、時にはその保護者の支援についても助言を受けることが必要である。保育所には、保育士同志の連携だけでなく、巡回の心理職等の専門家との連携も必要である。

## 第4節　帰国子女の保護者支援

> 　DとEは、今年の5月に日本に帰国した。二人ともアフリカ生まれアフリカ育ちだった。帰国時Dは5歳4か月、Eは3歳3か月だった。Dはアフリカでプレスクールに2年ほど通っていたが、Eは集団生活の経験は無かった。お父さんは日本人でお父さんの実家に帰ってきた。お母さんはアフリカ人で、日本語はほとんど話せなかった。9月に第3子を出産予定だった。
>
> 　お父さんは帰国して間もなく役所の児童課に出向き、保育所の利用申請を提出した。保育所は家から徒歩15分ほどの場所にあり、定員60名で利用率は概ね7割ほどである。保育所の園長は、帰国子女を受け入れたことがないため保育に不安があるとのことで入所を渋ったが、帰国してから4か月後の9月よりDとEは保育所の年長組、年少組に通い始めた。

　外国にルーツのある子どもは都市部及び地方ともに増加傾向にあるが、保育所では初めて受け入れることも多い。保育士は言葉、習慣、文化、価値観、子どもの現在の発達、発育の状況等受け入れの際には多くのことが不安になる。この事例においては、保育所の定員に空きがあるにもかかわらず入所までには4か月もの時間がかかってしまった。その4か月間子どもの過ごし方、様子、状況を把握していたのは保健師であった。お母さんが第3子を妊娠していたことで保健師による訪問指導を受けていたため、保健師が子どもの過ごし方、様子、状況を把握し、児童課と保育所長と情報を共有し協議を重ねて入所に至ったのである。入所の前には保育所の園庭にDとEに遊びに来てもらい、保育士も二人の様子を実際に見ることで言葉の様子、発達の様子、表情、仕草等多くの情報を得ることができた。

　アフリカ生まれということで、クラスの子どもたちにも見てわかる肌の色の違いがある。また、文化の違いもある。いただきますの前に給食を食べ始めたDにクラスの子どもたちが「いけないことしてる」と言い始めた。しかしDには食事の前にいただきますをする文化、習慣はなかったのである。保育士はDにもクラスの子どもたちにも丁寧に文化の違い、習慣の違いを伝えていく必要がある。他の保護者に対しては、園長が経緯を説明した。

　保育とは集団の中で個に関わり、個に関わりながら集団を捉える、2つの面を持つ行為である。保護者支援も同じで、一人ひとりの保護者に対応するとともに集団としての保護者に

関わっていくのである。

## 第5節　保護者支援の実際のポイント

### 1. 子どもの姿の違い

　保護者が見ている子どもの姿と保育者が見ている子どもの姿は同じではないことを保育士は理解し保護者に寄り添う必要がある。保護者が見ているのは家庭の小集団の中での姿である。病院を利用している子どもの保護者支援の事例では、歩行獲得や言葉においてはゆっくりではあるが家庭の中で過ごす際には困ることがない姿を保護者は見ている。一方保育士は20人前後の集団の中で子どもを見ている。はさみを使う製作場面においても、子どもは集団の中で製作工程の説明を聞き、製作に取り組み、はさみをいつ持ってくるのか、どこをはさみで切るのか、集団の中で話を聞き、製作に取り組む子どもの姿を保育士は見ているのである。

　従って保護者の見ている家庭の中での子どもと、保育士の見ている集団の中の子どもの姿に違いがあるのは自然なことである。それを保育士が理解していないと、保護者と情報共有はできたとしても子どもについての共通認識ができず、伝えたい話が食い違ってしまうのである。

### 2. 比べる基準の違い

　保育所では同じ年齢及び年齢の近い子どもが集団で生活をしており、保育者は集団の中で子どもの育ちを見ている。一方、保護者は家庭の中で子どもの育ちを見ている。きょうだい児がいればきょうだいで育ちを比べる。近所に子どもがいればその子どもと比べる。親類の子どもがいればその子どもと比べる。身近な子どもと比べることになる。しかし一人っ子であったり、周りに同じような年齢の子どもがいなければ、成長や発達、癖等を比べる基準がない。日々の保育所の送迎の際や保育所の行事等で保育者と子どもの様子をみる程度しか他児と関わることはないのである。

　保育者は幅広く子どもの様子を見る経験があり、また一般的な発達の様子を知識として持ち、それらをふまえて子どもを見ているが、保護者の見方はわが子が中心となることが多い。

　保育者と保護者の比べる基準は必ずしも一致せず、子どもを見る視点が違うことを保育者は理解しておく必要がある。

### 3. 多職種連携、他機関連携、専門職との連携

　保護者支援は担任一人ではできない。多くの人々と連携しながら継続していくことが求められる。

　まずは保育所の中の連携から始まる。担任が子どもの成長、発達のつまずきや、集団の中での困り感に気付いた場合、園長や主任に伝える。看護師が配置されている保育所であれば看護師も交えて保護者支援に当たっていく。

　保育所は集団生活の場である。降園の際に保護者に伝えたいことがあっても、担任は他の

子どもたちの対応もあり、降園の送り出しもある。遅番担当に連絡事項がある場合もある。また、担任が早番の場合は仕事が終わっており、遅番であれば遅番業務についている場合もある。気になる子ども、発達や成長が心配な子どもの保育の様子を伝えるためには時間が割けない場合もあるのである。そのような場合は、担任に代わって園長や保育主任が保護者に伝えたり、逆に園長や保育主任が保育に入っている間に担任が保護者に伝える等の連携が必要である。医療についての説明や、医療機関が必要な場合には看護師による説明が、咀嚼嚥下、食事についての相談の際には栄養士や調理師による説明が望ましい場合もある。

　さらに保育所外との連携のため、この章の事例に出てきた医師、保健師、心理師、ケースワーカー、役所の児童課や、本章には出ていない言語療法士、理学療法士、作業療法士、薬剤師等の専門職について理解を深めておく必要がある。さらに関係機関として本章に出てきた保健センター、児童発達支援事業所、児童発達支援センター、児童相談所、役所、病院等の役割も理解する必要がある。また、保育所と他職種、他機関が連携し保護者支援をする場合には、連絡・調整の役割が保育者には求められる。

## ４．保護者支援で求められる保育者の姿

　保育所における保護者支援で保育者に求められるのは、保護者に寄り添い、保護者とともに歩む姿である。日々の保育において保育者の視点が狭まると、苦手なところやつまずいているところばかりに目を向けがちになり、保護者にも困っていることばかりを伝えがちになる。しかし、保育者の役割は保護者の揺れ動く思い、不安、心配を受け止めながら、保護者に保育の様子、保育のねらい、保育の展開を具体的に伝え、今後の見通しを話すことである。担任一人で対応するのではなく、園長をはじめ他の保育者、他職種、他機関と連携しながら保護者支援は進められていくのである。

（渡邊　眞理）

注
1) 厚生労働省（2011）『平成 22 年乳幼児身体発育調査報告書』

# 第16章
## 家族全体（父親、きょうだい、祖父母等含む）を
## 視野に入れた支援とその実際

　本章では、障害のある子どもを持つ保護者支援の中心となっている母親支援をより充実したものにするために、父親、きょうだい、祖父母等その他の家族も含めた家族全体を視野に入れた支援の必要性とその実際について実践事例からポイントを解説する。

### 第1節　家族全体を視野に入れた支援の必要性

　厚生労働省では、2015年7月に「障害児支援の在り方に関する検討会」が行われ、障害児の地域社会への参加・包容（地域社会において、すべての人が孤立したり排除されたりしないよう擁護し、社会の構成員として包み支え合うこと）、家族支援について話し合われ、「発達支援」が必要な子どもに対して、発達の段階に応じて一人ひとりの個性と能力に応じた支援を行うこと、丁寧かつ早い段階での保護者支援・家族支援を充実させるという考え方が共有された。

### 1．母親のピアカウンセリングとレスパイトの必要性

　統合キャンプの「あゆみキャンプ」参加者（親）を対象にした調査（前嶋・梶原, 2006）では、「保護者にとってのキャンプのメリット」を聞いたところ、大きく分けて「子どもの様子を見られる」「他の保護者等とのコミュニケーション」「レスパイト」という回答が挙げられた。いつも、いつまでも頑張らないといけない保護者とその家族は、まさに、24時間365日待ったなしである。障害児であるわが子の子育てから解放されて、同じような悩みを抱える親との関わりすなわちピアカウンセリングや、息抜きや休息ができる時間すなわちレスパイトサービスの必要性を伝えてくれる調査結果である。東條（1997）の研究が示すように、外に出て多くの人と「いい出会い」をすることによって、障害児の生きる世界が広がり、母親を含めた家族の地域での充実した生活が作られるといえる。また、三木（1956）の研究では、様々な人とかかわる中で障害の本質を理解し、受容し、かけがえのない人間としての価値観への転換が生じると述べられているように、人とかかわり支えてもらう中で母親の障害に対する価値観が変わり、前へ進む力になるといえる。

### 2．父親の役割とその支援の必要性

　「仕事で忙しく、普段はあまりかかわれないので、たまには子どもと関わる時間をもちたい」「妻の負担を減らす力になりたい」等と思いながら、どうして良いかわからず悩んでいる父親

も少なくはない。父親は自分の感情を抑制してしまい、相談相手が少なく、孤立していることが示唆されている（平野，2004）。

　一方、障害のある子どもを持つ母親は、わが子の障害を受け入れるために、さまざまな葛藤や思いを抱き、大きな不安や負担を持つことになる。そんな母親が前向きな姿勢で育児に臨むきっかけとなるのが、父親の存在である。母親にとって最も重要な存在である（多田ら、2001）。しかし、現実には父親の行動が必ずしも母親の期待にそわないこと、あるいは母親自身の期待を父親が理解していないといった夫婦間のストレスを母親は抱えている。また、育児や家事の負担、母親能力の自信のなさ等といったストレスもある。また、夫婦関係満足尺度では、母親は父親ほど夫婦関係に満足していないことや、GHQでは心理的不健康状態が父親の3割に対し母親は6割弱いたこと、母親は父親より憂うつさを抱えていることが明らかとなった。これらより、父親と母親のずれが母親のストレスや夫婦関係の満足度、そして精神状態にも影響を及ぼしているということが考えられる（松山ら，2006）。

　このような状況に対応すべく、障害児をもつ両親に関わる専門家は、父親に積極的に関わり、父親の状況を随時把握しながら、具体的な助言や相談といったサポート体制を強化していく必要がある。また、父親に安心感、感情を表出できる癒しの場を提供し、父親とともに子どもの発達を見守り、父親が親としての喜びを感じていくことができるよう、一時的でなく継続した関係性が望まれる（松山ら，2006）。

### 3．きょうだいの役割とその支援の必要性

　きょうだいは、障害のある子どもと生活をともにする大事なパートナーである。総合キャンプである「あゆみキャンプ」参加者（親）を対象にした調査（前嶋・梶原、2006）では「健常児にとってのメリット」として、大きく分けて「障害児とのふれあい」「障害児をサポートする人との出会い」という回答が挙げられた。この調査では、きょうだいにとっても、それ以外の子どもたちにとっても、キャンプ場は障害児をサポートする仲間との「よき出会いの場」であり、「さまざまな障害について自然に理解する場」であり、これらの体験を通して、きょうだいやそれ以外の子どもたちは「視野を拡大していく」ことができることが示されている。

　きょうだいの抱える問題としては「親が障害児のことで精一杯で我慢を強いられる愛情不足の問題」「障害児がいることでいじめられる経験」「結婚のとき障害児がいることでの戸惑い」「進路選択の際、自分のしたいことと親が求めていることとの間での葛藤」「親亡き後の障害のあるきょうだいとの関わり」等が挙げられる。きょうだいは、どうしても自分だけの殻の閉じこもりがちである。問題を解決するには親同様多くの人と接し、「きょうだいの視野を拡大」していくこと、同時に無理解による偏見差別をなくすためにも「社会の障害者理解」を進めていくことが必要である。さらに、様々な理由から精神的に不安定になるきょうだいをサポートしてくれる「サポーター（よき仲間）」を見つけていくことも重要である。良好な関係を築いていくことで、きょうだいが親亡き後の障害児の生活に大きな力になってくれることもありうる。障害のあるきょうだいにとってもそのほうが安心感がもてることが多

いので、きょうだいの支援は重要である。

### 4．祖父母の役割とその支援の必要性

　孫の疾患や障害を知った時は強い衝撃を受け、苦しみを経験することもあると思われるが、息子夫婦、娘夫婦を支え、寄り添う立場となることが、家庭内における「緩衝」地帯になる。しかしその一方、孫の障害の理解が十分ではない祖父母は、親の育児の仕方を非難したり、遺伝等の血筋を理由にすることがあり、親を苦しめることにつながる。祖父母の障害の理解を促すことで親の安寧につなげていくことができる。

　祖父母が育児の手伝いや孫の世話をすることで、母親は時間を作ることができ、就労もできる。しかし祖父母の障害への無理解に悩んでいる母親も存在する。祖父母の無理解による手助けが、母親や孫を混乱させてしまうことがあるからである。障害の専門機関では祖父母に対する支援として、孫のために何ができるのか、孫への接し方等、孫との関わりについての相談等ができる場を作ることや、障害への理解を促す等の取り組みを進めている（二重ら、2017）。

（前嶋　元）

## 第2節　事例

　以下、家族全体を視野に入れたサポートの重要性を考える事例として、当事者である筆者（荻野）のエピソードを紹介する。

### 1．娘の誕生そして病気による入院

> 　我が家は夫と息子、娘、そして私のどこにでもある一般的な家族である。ただ娘は気管切開からの吸引、胃ろうからの注入、夜間は呼吸器使用という医療的ケアのある全介助状態、いわゆる医療的ケア児・重症心身障害児と分類される子どもであるという点を除いて。
>
> 　もともと共働きであった我々夫婦は、子どもを授かり出産した後も、それぞれのキャリアを継続させていくことに何の疑問も持っていなかった。第1子である息子が誕生し育休明けで復帰したのち、娘の妊娠がわかった時、同じように産休・育休を経て職場復帰することを疑っていなかったのである。そんな産休中に娘が病気になり、心肺停止から復活したものの数か月の入院生活を送ることになろうとは露程も思わなかった。娘が自宅に戻ってこれたのは、ちょうど私の育休が終了する3月のことだった。

### 2．母親である私の葛藤

> 　私は元来楽天的で、物事を悩み続けられない、言い換えればすぐに答えを急ぎたがる性格である。思い起こせば、人生において壁となるような出来事にぶつかっても、「どうやれば超えられるか」「壁を壁と感じないためにはどうしたらいいか」を考えすぐに行動に移す…の繰り返しだったように思う。それは前向きとはちょっと違って、くよくよ悩む自分に耐えら

れない、そんな気持ちだったのかもしれない。そうやって、今まで苦しいことも難しいことも乗り越えてきたと思っていた私にとって、娘の病気というのは言うまでもなく、それまでの人生観や思考が180度変わるような出来事であった。

　繰り返しになるがどんなことも自分の頑張り次第で変わると思っていた私にとって、たくさんの管を身体中につながれ、目も開けず意識ももどらない目の前の娘に出来ることは、ただ祈ることだけだった。自分がどんなに頑張ろうとも代わってあげることもできず、かといって苦痛を取り除いてあげることもできない。本当に無力。無力とはこういうことなのかと打ちひしがれる日々だった。意識が戻らぬまま、命をつなぐために気管切開の手術に同意するしかなく、毎日が究極の選択の連続だったように思う。病院のベッドサイドに持ち込みが許されたわずかなおもちゃを肌に触れさせたり、いまだ目を開けない娘に好きだった歌を耳元で聞かせてあげることくらいしかできない。私の命に替えてこの子の病気を治せるのであれば喜んで死のう。腕を切り落とせば意識がもどるのであれば、腕を差し出そう。そんな起こるはずもないことを考えては、やはり無力さにただただ肩を落とすばかりであった。

### 3．家族が見えなくなるほどの母親である私の精神状態

　娘が目を開けるまでの約1か月は、夫や息子、心配して駆けつけてくれた両親とどう接していたのか全く記憶がない。まだ3歳だった息子は何をするにも親の手が必要だったろうに、どのように毎日を過ごしながら病室の娘に付き添っていたのか思い出せないのである。それほど私の関心は娘の回復と、自分の無力さにのみ向かっていたのかもしれない。

### 4．「自宅で暮らせる」嬉しさと「医療的ケア」への不安の狭間

　その後目を開けるようにはなったものの、娘の意識は以前とは比べ物にならない状態であり、さらに医療的ケアとともに生きていく体となった。話すことも歩くことも口から食べることもできない。感情豊かだった顔は、空を見つめているだけのような状態。それでも私は、客観的に見ればとてつもない悲しみの中にいたかもしれないが、「命がある」それだけで喜びと感謝でいっぱいだった。退院が見えてきたときにはとてもうれしかったし、我々夫婦も医療的ケアの技法を学び、着々と在宅生活に向けて準備を重ねていった。「自宅に戻る」ことが私にとっては希望だったから。しかし、いつでも娘と一緒に居られるという嬉しさの反面、私自身が娘の不調サインを見逃してしまうのではないか、命をしっかりと預かれるのかという不安と常に隣りあわせだったことも事実だった。

### 5．父親である夫の支え

　そんな時心を軽くしてくれたもの、それは医療的ケアという未知のものに一緒に向かってくれた夫、以前と変わらず孫に暖かい声をかけてくれる両親、そして妹とまた一緒に生活できることを心の底から喜び「前と見た目は変わってしまっても妹は妹！」と無邪気に笑う息子の存在であった。勝手に一人で背負い込んでいた私にとって、身近な家族が一緒に同じ方向

を見てくれていることが何より嬉しかった。そうだ、私だけが辛いのではない。私だけが頑張るのではない。娘本人はもちろん、チームとなってこれからの生活を作っていくんだ。そのために私にできることをやろう！そう思えた瞬間だった。

退院までの間、病院では出来るだけ夫婦そろって医師や看護師とコミュニケーションを取り、不安や悩みも共有するようにした。これからどう過ごしていきたいかも幾度となく話し合い、娘に良さそうな治療を調べては退院したらトライしてみよう！等未来に向けての希望も語り合った。

## 6．きょうだいである息子、祖父母である両親の存在

夫が休みの日には病院の付き添いをバトンタッチして、私は息子との時間を楽しむ余裕も出てきた。そんな時間を楽しみに待ってくれる息子の存在は、「早く家族みんなで暮らすんだ」という気持ちをさらに強く後押ししてくれたかもしれない。そして、私が娘にずっと向き合えるように日々の暮らしをサポートしてくれた両親。娘である私の混乱した姿や悲しみに暮れる姿は、彼らにとってもとてもつらい体験だったはずであるのに、会うと常に「気をしっかり持って、今できることをやりなさい」と励まし続けてくれた。両親がいてくれたからこそ、時に娘に戻って泣き言も言えたし、親としての覚悟をお手本にさせてもらったと思う。こうして私自身の気持ちも余裕が出てきたある日、退院の話が出てきた。

## 7．在宅生活による、母親である私と娘だけの余裕のない日々

在宅生活をスタートさせるにあたり、訪問看護師、ヘルパー、訪問リハビリの在宅支援に加え、定期外来先の確保、生活を快適にするための支援具等様々な情報を得て利用できる環境であったことは大変心強かった。文字通り右も左もわからない中ではあったが、たくさんの専門家が娘を支えてくださることは、私にとっても支えとなったのである。まさに、娘と一緒に地域で暮らしていくための準備は万端！といった感じであった。ところが、いざ退院して在宅生活が始まると、準備万端で臨んだ生活資源とはうらはらに精神面では想定外の連続であった。娘の体調も安定しないばかりか私自身もケアに慣れていないため、「その日暮らし」ならぬ「その時間暮らし」といった心に余裕のない日々。「今日も無事に1日過ごせた」「今日は体調が安定していた」とほっとして寝て、また次の日を迎えるそんな毎日の繰り返しだった。もっと言えば、寝ている間にも娘が急変するかもしれないと不安で、夜中に何度も目が覚めてしまっていた。「家族と一緒に同じ方を向いて前に進んでいくんだ」と奮わせていた心は、日々をなんとか過ごしていくことの連続の中で、いつしか疲弊が大半を占めるようになっていった。圧倒的に娘と私の2人だけの時間が多かったことも、拍車をかけていたかもしれない。育休中から介護休暇に切り替わっていた私の仕事も、とてもではないが復職等考えられる状態ではなかった。とにかく娘の体調を安定的にするということが、この頃の私のミッションであり、他のことは二の次であったのである。まさに、私の心は娘が生死を分けたあの1か月の頃に逆戻りしていたとも言えよう。

### 8. 支援者のアウトリーチによる家族全体へのサポート

　訪問看護師は週に3回、ヘルパーは毎日訪問してくださったが、この時間がいつしか私の息抜きの時間となっていった。物理的にケアを手伝ってもらえるというのはもちろん、娘のこと、家族のこと、仕事のこと何でも話しを聞いてもらえた。助言が欲しい時には、皆さんがいろいろと調べて情報をくださった。その話を夜に夫と話すことで、「私だけが」という想いも薄くなっていった。特に夫は娘と接する時間がどうしても短くなりがちな中で、第三者の貴重な話を共有されることで気が付くこと、学べたことが大きかったと思う。夫が、自分も当事者であるという意識をずっと持ち続けていられたのも、間接的な皆さんの支援のおかげだと思っている。時には、夫が看護師やヘルパー、他支援者から直接娘の話を聞く機会もあった。以前夫に、娘の様々な面を直接話してもらうことについて、どう思うか聞いてみたことがあった。彼は「自分が知らない娘の面を教えてもらえて嬉しい、自分が知れることが嬉しいというのもあるけれど、こんなにたくさんの人が関わって娘の世界を広げてくれているんだとわかることが嬉しいよね」と言っていた。そして、「話してもらえると自分もしっかり一員と認めてもらえてる気がする」とも言っていた。

　その頃保育園児だった息子にも、皆さんは積極的に話しかけてくださっていた。娘のケアに来てくださっているのに、息子の成長も一緒に見守ってもらえているような安心感、時には私が不在のところで息子の気持ちに耳を傾けてくださり、その様子を聞くことで、息子も小さいながらにいろいろ考えているんだなと私の方が教えてもらうこともあった。今や思春期を迎えた息子も、親にはつい反抗しつつも皆さんとは素直に談笑していて、妹のことで話を弾ませたりと良い関係を築かせていただいている。

　このことは私の両親にも言えることである。ある時我が家に両親が遊びに来ていて、看護師の訪問時間と重なったことがあった。離れている両親には、時折見る孫の小さな変化にはなかなか気が付きにくかったようで、訪問看護師が「客観的に」変化をお話しくださることをとても喜んでいた。私だけが話すよりも、娘に関わってくださっている皆さんがお話しくださることで、より強く心に残るようだった。そして何より、娘である私も含め、孫が多くのサポートを受けながら日々を活き活きと暮らしている様子を知れて、ホッと安心できていたのかもしれない。

### 9. 家族一丸で生活を豊かにする

　あの日、病室で目を閉じたままの娘の横で無力感にさいなまれていた私は今、呼びかけに笑顔でこたえる好奇心いっぱいの娘と、絶賛反抗期ながらまだまだ可愛い息子（きょうだい）の子育てを夫（父親）とともに楽しんでいる。これからも家族一丸となって、日々を過ごしていきたいと思っている。

　このように筆者（荻野）の家族は、一義的なケアの支援ではなく、娘を取り巻く人（父・母・きょうだい、祖父母）に目を向けた支援により、娘を中心に一枚岩になれた。もしこの支援が、

娘と主たる育児（介護）者である母親にだけ向けられていたら、いつまでたっても「私が頑張らなければ。私がしっかりしなければ」と、自分一人で娘の命を背負ったつもりでいたかもしれない。障害当事者だけの支援ではなく家族を含めた支援が叫ばれて久しいが、まさに筆者は実体験からその思いを強くしている。

　障害を抱えた子どもとそのケアの多くを担う母親は、共依存関係に陥りやすいといわれている。子どもの体調がよくないと母親のメンタルも体調も落ちていき、常にそばにいる母親だから子どものことはなんでもわかっている気になりがちである。その延長線上で「私でなければ」「私が一番この子のことをわかっている」という気持ちになってしまう。また、周りから好意で発せられる「お母さんがやっぱり一番だね」という声掛けも、母子の依存関係を強める一因になっていると思われる。

　これまで筆者が出会った親子の中にも、「他の人には任せられない」「自分じゃないとこの子はだめ」「自分の人生はもう諦めている、この子に全部ささげる」と言っている人たちがいた。しかし、子どもは子どもの、親は親の人生があるはずなのだ。それぞれが人生を自立して歩めることが、本当の幸せなのではないだろうか。

　娘が障害を負った当初、「私が一番わかる」と周りの声を拒んでいた時期があった。それをほぐしていってくれたのは、身近な家族であり、その家族が筆者と一緒に想いを共有してくれたのは、支援者が娘にも筆者にも家族にも同じように声をかけ続けてくれたからだと感じている。そして、家族への支援者からの寄り添いがなかったら、たとえ筆者が家族に悩みを打ち明けても、家族は今ほど自分事としてとらえられていなかったのではないだろうか。今振り返れば、家族全体に支援が広がることで筆者の抱えているものが分散され、他に目を向ける余裕を取り戻していったのである。

## 第3節　家族全体を支える当事者団体「NPO法人みかんぐみ」

　筆者が副代表を務めるNPO法人みかんぐみは、重度障害を抱えた子どもを育てる親たちで立ち上げた団体である。団体設立からは8年、法人化して4年目に突入した。現在杉並区を中心に約50組の親子が在籍している。みかんぐみの活動は、医療的ケアや重度な障害のある子どもとその家族にむけて「だいじょうぶだよ」の声を届けることである。具体的には、親子で様々な体験ができる機会（イベント）の創出、出版や講演等を通して社会への提言を行うこと、さらに就労が難しい状態にある保護者に向けた支援、先輩保護者として地域とのつながりが薄い未就学児を抱えた保護者とのピア交流会等を行っている。活動の中で大事にしているのは、家族全体が気持ちを安定させ「だいじょうぶだ」と思えるようになることである。子どもだけでも親だけでもなく「家族」に目を向けているのは、まさに「家族支援」が有効であり重要であることを筆者自身が身をもって理解しているからでもある。

　いろいろな子どもがいて、いろいろな家族がいる。家族のカタチの分だけ、子どもへの関わり方もあるだろう。例えば一見同じように見える状態の子どもであっても、その子の周辺環境、家族環境により支援方法は変化するであろう。反対に、家族全体から見える子どもの

姿というものもあるかもしれない。子どもだけでもなく母親だけでもない、家族全体に視野を広げた支援・サポートが、結果としてその子どもの QOL を上げていくことにつながるのである。多くの医療・福祉・教育関連の専門職が、病気や障害のある子どもとその家族をまさにインクルージョンの視点で温かく見守り、働きかけを行っていくことが求められている。

（荻野　志保）

## 第4節　家族全体を視野に入れた家族支援に向けて

　これまで先行研究と事例で示されていたように、支援者の支えが、障害のある子どもを取り巻く家族構成員一人一人に、心の余裕を生み、さまざまな困難に立ち向かう自信と勇気を与えてくれる。家族構成員一人一人の安定が、家族全体の安定につながり、最終的には障害のある子どもの安定にもつながるのである。家族全体を視野に入れた家族支援において重要なことは、家族構成員一人ひとりに目を向け「誰一人として孤立させない」で「人とつながる」機会を作っていくことにあるだろう。できる限り早期に、継続して関わってもらえる、心の安心・安全の基地になれるような支援者が求められる。人が 1 人として同じ人がいないのと同様に、人で構成されている家族も 1 つとして同じ家族はない。家族は多様であり、それを支える支援者も多様である必要がある。専門家だけでなく、さまざまな立場の人が障害のあるの子どもの家族と関わってくれることを切に願っている。

（前嶋　元）

参考文献
- 二重佐知子・津田芳見・田中淳一（2017）「障害児の祖父母に関する文献研究」『兵庫教育大学大学院連合学校教育学研究科教育実践学論集（20 周年記念論集）』,S65-S70.
- 平野美幸（2004）「脳性麻痺の子どもを持つ父親の意識と行動の変容」『日本小児看護学会誌』3, 18-23.
- 広瀬たい子・上田礼（1991）「脳性麻痺児（者）に対する父親の受容過程について」『小児保健研究』50, 489-494.
- 厚生労働省（2014）『今後の障害児支援の在り方について（報告書）～「発達支援」が必要な子どもの支援はどうあるべきか～』https://www.mhlw.go.jp/stf/shingi/0000050945.html.
- 前嶋元・梶原隆之（2006）「統合・ファミリーキャンプの活動の意義とその課題」『日本社会福祉学会　第 54 回全国大会　報告要旨集』.
- 松山香織・飯島久美子（2006）「障害児をもつ父親の心理的健康とその関連要因－母親との比較検討－」『小児保健研究』65 (5), 650-657.
- 三木安正（1956）「親の理解について」全日本特殊教育連盟『精神薄弱研究』1(1), 4-7.
- 多田美奈・松尾壽子・山内葉月（2001）「子どもの障害を受容したきっかけと受容過程」『助産婦雑誌』55, 66-71.
- 東條吉邦（1997）「交流教育と地域での生活－自閉症児の発達と教育」国立特殊教育研究所『平成 8 年度一般研究報告書『自閉性障害のある児童生徒の教育に関する研究』』55-64.

# コラム　4

## みんながともに学ぶための教材

　5歳児になると、保育者も保護者も就学を意識し始める。その中で「小学校の授業で困らないだろうか」と考える機会もあるだろう。ここでは、幼稚園教諭であった筆者の体験から事例を取り上げ、障害のある子どもが小学校でみんなと一緒に学ぶことに関して、小学校等との連携の重要性や、支援用の教材使用による学びの機会の広がりについて、保育者の視点から考える。

　当時幼稚園（2年保育）の5歳児クラスに在籍していたAは、乳児期に高熱を出し、その後遺症から、5歳児クラス進級時点においても軽度の運動障害と発語器官の障害があった。Aには保育所の頃から介助員がつき、幼稚園の2年間は同じ介助員がAを支援した。Aと出会ったのは私が初めてその園に赴任し、Aのクラスを担任した時であったが、その時点でAと介助員との間には信頼関係が築かれ、A自身の力では難しい事のみ介助員が支援をするという支援の体制ができていた。このように支援されながら自分でやってみるという経験を重ねる中で、Aは時間がかかったとしても自分のことは自分でやろうとする気持ちが育っており、日常生活における身の回りの始末や、ハサミ・クレヨン等を使う制作活動、運動遊び等にも自分から挑戦する姿が見られた。

　このように、幼稚園生活において、自分でできることは自分でしようとするAであったが、体をスムーズに動かすことがなかなか難しいため一つ一つの動作には時間がかかった。保育活動を考える際には、Aにとって可能な活動であるかどうか、またどこを支援する必要があるか、介助員とともに、また活動によっては学年の担任間で話し合いながら活動を考えてきた。個別対応の余裕がある幼稚園生活では、Aの気持ちを尊重し、またAの発達のためにもAが「自分でする」という経験を重視することができた。

　そんな中、保育者・保護者ともに就学のことを意識し始めた時、課題が浮かび上がった。それは学校生活の中で、Aが通常の学級と特別支援学級の内、どちらに在籍するべきか、ということに始まり、もしも通常の学級に在籍するとしたら、みんなと一緒に授業に参加できるだろうか、ということだった。小学校の授業では鉛筆を持ち、教師の話や黒板の内容をノートに書いたり、テストでは時間内にテスト用紙に解答を書いたりしなければならない。このような時間の流れにAがついていけるかが課題となった。

　そこで、そのような状況で必要となる能力とAの現状を照らし合わせてみた。例えば「絵を描く」「文字を書く」時には、Aはクレヨンのように、少し太いペンの方が書きやすい。園生活では、基本的に他の子どもたちと同じ教材を使っていたため、例えば週末に園の絵本を

借りる際には、貸出カードに鉛筆で書くことに挑戦するＡだったが、やはり１冊分のタイトルを書くにあたって長い時間を要した。また、手首の動きもぎこちないため、細かい字を書くことは難しい。「書く」という動作に絞って考えただけでも、小学校の通常の学級の授業において筆記が間に合わないことや、更に視力にも問題があるために黒板や教科書の細部を見るのも難しいことが予想された。当時、保護者からは「可能ならば通常の学級に」という希望を聞いていたこともあり、特別支援学級に入るべきか、通常の学級に入るべきか、園内だけではなく学校ともやりとりをし、また、保護者とも話し合いながらしばらくの間考えることになった。

　その際、筆者自身に新たな視点を与えてくれたのが関係機関や小学校の先生方だった。Ａに関しては定期的に関係機関や小学校とやりとりをする機会があった他、保護者自身も就学の件で小学校に相談に行くことがあり、小学校とのやりとりについても共有する機会があった。そうした情報共有から分かったのは、もしもＡが通常の学級で学ぶなら、教材面での支援が複数考えられるということだった。

　例えば字を大きく印刷した教科書や、姿勢の保持が難しくても使いやすい、傾斜をつけることができる机の利用に加えて、タブレット教材を使った板書の書き取り等が提案された。特にタブレットを使用すれば、機械での文字入力や、板書の写真撮影ができ、書く時間の短縮が可能となる。デジタル教科書がタブレットに入っていれば、文字が小さくて読みにくいところも拡大して見ることができる。「Ａが小学校の授業で支障なく学習できるように、幼稚園にいるうちに一定のレベルまで力をつけなければいけない」と感じていた筆者は、Ａが無理することなく、苦手な部分は道具で補いながら小学校で学ぶことができる方法があると知り、安心した。

　これらの教材を使用することには、Ａを含めて小学校以降の学習に困難を抱える子どもにとって、多くの利点がある。通常の教科書では細部を見ることが難しい、板書の書き写しが難しい、等の要因が通常学級で授業を受けることに対するハードルとなっていた場合、上記のような教材を使うことで、その問題を乗り越えることができる。

　ただし、Ａの場合は多様な支援方法を検討した末、入学前の時点ではタブレットの使用はせず、支援員がＡの学習の様子を見て、必要に応じて支援することになった。実際にその教材を使うかどうかについては、今のその子どもが「何をどこまでできるのか」を見極めた上で、最も適した教材を選ぶ必要がある。そのためには、幼稚園等での生活における子どもの姿や、発達の変化を介助員等と共有しながら、細かく把握しなければならない。また、今回の経験では、園内だけではなく小学校や関係機関とのやりとりを通じて、新たな支援方法に気付くことができた。障害のある子どもへの支援は専門的なところがあり、園で抱え込まずに関係機関に助言を求める姿勢が重要である。そして小学校入学後、新たな環境への対応に最も苦労するのはその子ども自身、そして保護者である。子どもや保護者が納得して小学校以降に進めるよう、その思いを知り、今後の方針を共に考えていくことが求められる。

　また、もし学習に困難を抱える子どもに対して、ここまでに挙げたような教材を使用する

のであれば、クラスの仲間の理解も必要となるだろう。「あの子だけ特別扱いされている」というような認識を持っている状況では、みんなが共に学ぶ雰囲気づくりは難しい。「あの子は速く書くことが苦手だから、道具を使っている」のように、多様な他者を受け入れる学級運営が重要となる。

　小学校以降の教育を便利にする教材は多くあるが、何を利用すべきで、何をその子ども自身の力でやり遂げられるのか、ということについては、判断が難しい時もある。園内での情報共有・支援の検討だけではなく、小学校や関係機関と連携をとることで、幅広く支援方法を考え、子どもや保護者の思いに寄り添った多角的な視点で支援を検討することが重要である。このように教材面・学習環境面を工夫することで、学習に困難を抱える子どもが小学校の通常の学級で学ぶことへのハードルを下げ、仲間とともに学ぶクラス環境の実現につながっていく。

（濱口　実紗希）

第 5 部

関係機関等との連携

本章第１節では、今日の障害者福祉制度下での包括的地域支援の展開について、政策や実際の地域における展開状況を述べる。続いて第２節では、国の政策を踏まえて、幼稚園等が包括的地域支援の展開に関与していく望ましいあり方について述べる。

## 第１節　障害者福祉制度下での包括的地域支援の展開

1965 年に制定された母子保健法が 1994 年に改正され、母子保健サービスの実施主体が地域住民にとって身近な市町村となった（1997 年から完全実施）。それにより、乳幼児健診、未熟児訪問指導、こんにちは赤ちゃん事業は市町村で実施されている。それらの中からここでは、乳幼児健診の状況について述べる。

### １．乳幼児健診の状況

乳幼児健診は、実施が義務づけられ法定健診とも呼ばれる１歳６か月児健診及び３歳児健診に加えて、必要に応じて３〜４か月健診と９〜10 か月健診等が実施されている。乳幼児健診を実施するねらいは、中村らの調査（2005-2006 年度）によると、１歳６か月健診の重点目標として、約９割の自治体が「育児不安、疾病、虐待、発達障害の早期発見」と回答している[1]。乳幼児健診の受診率については、2007 年度の１歳６か月児健診が 93.4%、３歳児健診が 90.1% であった[2]。2018 年度の１歳６か月児健診受診率が 96.5%、３歳児健診受診率が 95.9%[3] であることから、11 年間でそれぞれ 3.1%、5.8% の受診率上昇が確認できる。

また、５歳児健診が 1996 年の鳥取県での開始を皮切りに全国で進められている。小枝ら（2007）は、５歳児になると定型発達段階として社会性がある程度身につくことから、社会性に課題をもつ発達障害児を発見しやすくなるとの理由で５歳児健診の重要性を指摘した。厚生労働省は 2007 年に「軽度発達障害児に対する気づきと支援のマニュアル」を公表し、健診や事後発達相談等の方法を示すことにより、５歳児健診の促進を図ってきた。このような潮流の中で、法定外の健康診査である４〜６歳児健診の受診率は 2014 年度の 79.7% から2018 年度には 81.8% となり、４年間で 2.1% 上昇している。

『鳥取県乳幼児健診マニュアル』(2013) には、「乳幼児健康診査（一次健診）の目的は、乳幼児が健やかに育つことを応援するために健康を評価し、疾病や異常を早い段階で見つけることにより治療やケアにつながるようシステム化されたスクリーニングである」との記載がある[4]。この乳幼児健診は、異常が発見されやすい月齢・時期に設定されている。乳幼児健診

従事者の職種は、医師、歯科医師、保健師、看護師、助産師、歯科衛生士、管理栄養士、栄養士、心理士、保育士等多種多様である。このように多様な門職がかかわる集団健診は、乳幼児を対象とする健診の大きな特徴である。現在は、疾病の早期発見と治療、脳性まひ及び視覚・聴覚等の感覚異常の発見と療育、肥満や虫歯（う蝕）の予防等に加え、社会性の発達支援、親子関係づくりへの支援、保護者のメンタルヘルスケア、さらには児童虐待の未然防止等、乳幼児健診で取り扱う課題が非常に多様化している。

## 2．包括的地域支援の展開

ここでは、今日の障害者福祉制度下での包括的地域支援の展開について、政策や地域における展開状況を述べる。

### 子育て世代包括支援センターの設置

2015 年 6 月 30 日に閣議決定された「まち・ひと・しごと創生基本方針 2015」[5] において、妊娠期から子育て期にわたるまでの様々なニーズに対応し切れ目のない支援を行なうため、子育て世代包括支援センターの設置を推進するとの方針が示された。この構想の母体は、2014 年度に創設された妊娠・出産包括支援モデル事業の「母子保健相談事業」である。本事業については、2015 年度より利用者支援事業（母子保健型）として、消費税財源を活用して拡充された（資料 17-1[6]）。

子育て世代包括支援センターは、妊娠期から子育て期にわたるまでの様々なニーズに対して総合的相談支援を提供するワンストップ拠点として全国展開が進められた。その具体的な取り組みとして政府は、保健師等の専門職が全ての妊産婦等の状況を継続的に把握し、必要

---

**「子育て世代包括支援センター」の満たすべき基本 3 要件**

① 妊娠期から子育て期にわたるまで、地域の特性に応じ、「専門的な知見」と「当事者目線」の両方の視点を活かし、必要な情報を共有して、切れ目なく支援すること。

② ワンストップ相談窓口において、妊産婦、子育て家庭の個別ニーズを把握した上で、情報提供、相談支援を行い、必要なサービスを円滑に利用できるよう、きめ細かく支援すること。
（利用者支援事業の「利用者支援」機能）

③ 地域の様々な関係機関とのネットワークを構築し、必要に応じ社会資源の開発等を行うこと。
（利用者支援事業の「地域連携」機能）

---

資料 17-1　子育て世代包括支援センター」と利用者支援事業等の関係等について（平成 27 年 9 月厚生労働省雇用均等・児童家庭局）

に応じて支援プランを作成することにより、妊産婦等に対し切れ目のない支援の実施を図ることを挙げた。

　2017年には子育て世代包括支援センター（母子健康包括支援センター）が法定化され、同年4月1日に施行された。子育て世代包括支援センターは、各市区町村が当該地域の実情に応じて必要な施設数や管轄区域を判断して設置するものである。2019年4月1日時点で、子育て世代包括支援センターを設置しているのは983市区町村（1,717か所）であり、2020年度末までに全国に展開することを目指して進められた[7]。

### 子育て世代包括支援センターの実施状況

　2020年度子育て世代包括支援センター実施状況調査によると、2020年4月1日時点で、全国1,724市町村のうち1,288市町村において、2,052か所の子育て世代包括支援センターが事業展開されていた。設置された場所は、保健所・市町村保健センターが1,096か所（53.4%）、市役所・町役場・村役場が638か所（31.1%）、地域子育て支援拠点が186か所（9.1%）であり、事業展開された場所全体の93.6%を占めた。保育施設において子育て世代包括支援センターが事業展開されていたのは、保育所が6か所、認定こども園が7か所、幼稚園が1か所であり、事業展開された場所全体の0.6%であった。子育て世代包括支援センターの運営主体については、直営が1,982か所（96.6%）で大半を占め、社会福祉法人が26か所（1.3%）、NPO法人が22か所（1.1%）でそれに続いた。

### 子育て世代包括支援センターの機能　－子育て期の保護者支援に着目して－

　子育て世代包括支援センターは、妊娠期、出産直後、子育て期の各ステージを通じて、地域の関係機関が連携して切れ目ない支援を実施できるよう必要な情報を共有し、自ら支援を行なう若しくは関係機関のコーディネートを行なう。前述の各ステージの中で、本項では子育て期の支援に着目して子育て世代包括支援センターの機能を整理する。

### （1）地域子育て支援拠点事業

　子育て期の親への支援の一例として、地域子育て支援拠点事業が挙げられる。地域子育て支援拠点事業の具体的な活動には、子育てをしている親子が気軽に相談や情報交換をする相互交流の場の設定、子育てや子育て支援に関する講習会実施等がある。子どもの疾病や障害、もしくはその疑いを感じて不安を抱える保護者も、ここで支援のスパイラルに乗ることが可能となる（図17-1）。

### （2）一時預かり、ファミリーサポートセンター事業、ショートステイ・トワイライトステイ事業

　子育て期の親支援の2例目として、一時預かり、ファミリーサポートセンター事業、ショートステイ・トワイライトステイ事業が挙げられる。それらは、子育て期の親が傷病、介護、冠婚葬祭や労働・職業訓練・就学等のため家庭での養育に一時的な困難をきたす場合に子ど

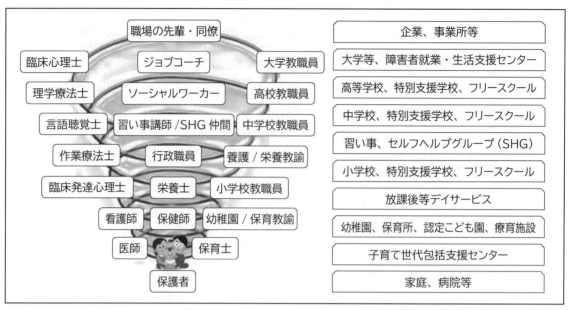

**図 17-1　障害のある子どもの発達支援スパイラルを構成する支援者と支援の場（筆者作成）**

もを預かるサービスである。疾病や障害のある子どもの保護者に向けては、レスパイトサービス（日頃の心身の疲れを癒し、休息を促す支援）がある。

　これらに関する子育て世代包括支援センターの機能は、①家庭での養育に一時的な困難を抱える親が必要としている情報の提供、②地域の人々が支え合う関係づくりの機会の設定である。①の活動例には、相談を受けた場合の対応はもとより、インターネットや広報誌等による情報提供といった働きかけが挙げられる。②の活動例には、市役所・町役場・村役場の子育て世代包括支援センターにおけるファミリーサポートセンターの設置運営が挙げられる。具体的には、支援を受ける依頼会員と、支援を行なう提供会員の募集および両者のマッチング、提供会員の研修、トラブル時の対応などがある。

（3）児童虐待の予防と保護者支援、子どもの保護と発達支援

　子育て期の親支援の3例目として、児童虐待の発生予防、早期発見と早期対応、子どもの保護及び支援、保護者支援が挙げられる。障害のある子どもと虐待との関連については、相関が報告されている。厚生労働省（2020）の調査によると、2018年2月1日時点で、乳児院利用児のうち、身体虚弱の子どもが14.4%、知的障害の子どもが4.7%、自閉症スペクトラム障害（ASD）の子どもが2.0%在籍した。乳児院の利用を経た子どもの次の支援先の一つである児童養護施設については、知的障害の子どもが13.6%、注意欠如・多動性障害（ADHD）の子どもが8.5%、自閉症スペクトラム障害（ASD）の子どもが8.8%在籍した。小規模住居型児童養育事業を行う住居であるファミリーホーム[8]については、入所児童のうち知的障害の子どもが15.8%、注意欠如・多動性障害（ADHD）の子どもが12.0%、限局性学習障害（SLD）の子どもが6.7%、自閉症スペクトラム障害（ASD）の子どもが13.0%在籍した（表17-1）[9]。

表 17-1　施設利用児の心身の状況

| | 総数 | 身体虚弱 | 注意欠如・多動性障害（ADHD） | 自閉症スペクトラム障害（ASD） | 限局性学習障害（SLD） | 知的障害（MR） | 高次脳機能障害 | 外傷後ストレス障害（PTSD） |
|---|---|---|---|---|---|---|---|---|
| 乳児院 | 3,023 | 435 | 12 | 60 | 1 | 142 | 5 | 6 |
| | | 14.4% | 0.4% | 2.0% | 0.0% | 4.7% | 0.2% | 0.2% |
| 児童養護施設 | 27,026 | 250 | 2,309 | 2,381 | 458 | 3,682 | 23 | 320 |
| | | 0.9% | 8.5% | 8.8% | 1.7% | 13.6% | 0.1% | 1.2% |
| ファミリーホーム | 1,513 | 45 | 182 | 196 | 102 | 239 | 7 | 35 |
| | | 3.0% | 12.0% | 13.0% | 6.7% | 15.8% | 0.5% | 2.3% |

厚生労働省（2020）「児童養護施設入所児童等調査の概要」を基に筆者が作成

　厚生労働省 (2020) [10] によると、知的障害の有病率は一般人口の約 1 ％、注意欠如・多動性障害 (ADHD) の有病率は学齢期の小児の 3 ～ 7 ％程度である。また、斉藤ら (2020) の調査によると、5 歳における国内自閉症スペクトラム障害 (ASD) の有病率は 3.22% である [11]。これらの調査データから、一般の児童と比して、乳児院利用児、児童養護施設利用児、ファミリーホーム利用児の発達障害等の有病率の高さが確認できる。「子どもの障害」、「親の育てづらさ」、「児童虐待」がさまざまな順序で生じたケースが報告されており、乳児院、児童養護施設、ファミリーホーム利用児には専門的な心のケアと発達支援が必要であるといえる。

　前述のように、乳児院利用児、児童養護施設利用児やファミリーホームに委託される子どもたちには、虐待を受けた子どもや障害のある子どもが多く含まれている。ファミリーホームは、家庭養護の一類型として養育者の住居に子どもを迎え入れ児童の養育を行なう制度であり、2009 年から事業化された。2014 年時点でわが国の社会的養護の 9 割が乳児院や児童養護施設、1 割が里親やファミリーホームであったが、2029 年度までを目標に、①全てを小規模ケアにした児童養護施設、②里親やファミリーホーム、③グループホームを、それぞれ 3 分の 1 ずつに変えていく取り組みが進められている [12]。

　これらに関する子育て世代包括支援センターの機能は、家庭養護の推進に向けた里親やファミリーホームへの委託の調整、子どもの権利擁護及び被虐待児へのケアと発達支援、適切な親子関係づくりの支援、社会的養護に関する地域住民への啓発等である。

　続いて、先進的取り組みとして、埼玉県和光市及び滋賀県近江八幡市における子育て世代包括支援センターの実施状況を紹介する。

地域における展開状況 1　－埼玉県和光市の事例－

　和光市は人口 84,166 人 (2021 年 8 月 1 日時点) の小都市であり、小学校 9 校 (児童数 4,439

人)、中学校３校 (生徒数 1,746 人)、高等学校２校 (生徒数 1,460 人) を有する (2020 年５月１日時点)。幼児施設では、市内に幼稚園４園、認定こども園１園、保育所 19 か所、小規模保育事業所 24 か所、事業所内保育事業所１か所がある。

　和光市には５か所の子育て世代包括支援センターがある[13]。和光市の子育て世代包括支援センター整備の契機となったのは、2014 年 10 月より妊娠・出産包括支援モデル事業として実施した「わこう版ネウボラ」における妊娠届出書受付時のアセスメントで約 15％のハイリスク妊婦を確認したことである。和光市では、2016 年度より保健師等が相談支援を行なって医療機関や療育機関等につなげる母子保健型の利用者支援事業 (母子保健ケアマネジャーを配置) と、当事者の視点で相談支援を行なって子育て支援施設やサービスの利用につなげる基本型の利用者支援事業 (子育て支援ケアマネジャーを配置) とを一体的に提供する体制をとっているのが特徴である[14]。子育て世代包括支援センターの個別ケース検討会には、市職員の他、作業療法士、臨床心理士、管理栄養士等が参加している。

地域における展開状況２　−滋賀県近江八幡市の事例−

　近江八幡市 (人口 80,846 人, 2016 年３月 31 日時点) では、市民保健センター内に子育て世代包括支援センターを設置し、保健師１名、助産師３名、幼稚園教諭１名の計５名で 2016 年４月より事業を実施している (図 17-2)。そこでは、母子保健型の利用者支援事業 (助産師を配置) と、基本型の利用者支援事業 (幼稚園教諭を配置)、妊産婦や子育てをしている保護者の相談対応 (子育て支援センターの保育士を配置) を一体的に実施しているのが特徴である。それに加えて、多職種の専門職に相談の必要が生じた際には、地区担当保健師や管理栄養士等が協力している。

　近江八幡市では、ハイリスク因子を持つ約 38％の妊婦からアセスメントシートによって複合的な課題を有する約 10％の妊婦を確認し、該当者の支援プランを作成している。同市の母子手帳発行時アンケートには、妊娠中の有害物質への曝露に関する項目が含まれており、低体重出生や先天異常のリスクの把握が図られている。わが国の周産期医療は世界トップレベルにあり、現在は死に直結するリスクをもつ妊産婦の 99％が救命されていることと併せて、周産期死亡率[*1] も極めて低い。それにともない、救命された後に医療的ケアを必要とする子ども (医療的ケア児) が増加している。障害のある子どもや医療的ケア児とその保護者には、早期の支援開始が望ましい。その視点から、母子手帳発行時アンケートの改良を行なう等、ハイリスク妊娠のアセスメントに注力している近江八幡市の事例は示唆に富む。

**第２節　幼稚園等が包括的地域支援の展開に関与する望ましいあり方**

　2019 年 10 月１日より幼児教育・保育の無償化が実施されたと同時に、３歳から５歳までの障害のある子どもたちのための児童発達支援等も無償化された。利用者負担無料の対象となるサービスは、児童発達支援、福祉型障害児入所施設、居宅訪問型児童発達支援、保育所等訪問支援、医療型児童発達支援、医療型障害児入所施設である。なお、幼児教育施設とこ

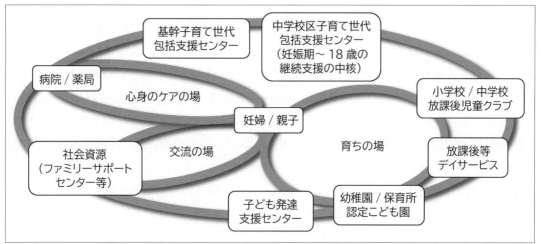

**図 17-2　近江八幡市子育て世代包括ケアシステム（平成 28 年度　子育て世代包括支援センター事例集を基に筆者が作成）**

れらのサービスを共に利用する並行通園の場合は、いずれも無償化の対象となる。このような制度下にあることを踏まえて、幼児教育施設が包括的地域支援の展開に関与する望ましいあり方について述べる。

### 1．「育ちの場」における顔の見える関係づくり

　近江八幡市の子育て世代包括ケアシステムの概念図（図 17-2）に示したように、幼児教育施設は、子ども発達支援センターや、放課後等デイサービスと同じ「育ちの場」のカテゴリーにある。これらの職員が相互に関係を構築することにより、育てづらさを抱えながら専門機関への相談を躊躇している保護者のセーフティーネットになり得る。例えば、子ども発達支援センターではペアレントプログラム等の保護者支援を実施しているが、そのことを知らない保護者もけっこういる。日頃から身近に接している幼児教育施設の保育者からそうした情報が保護者に提供されることにより、保護者にとっては支援を受けたり、親学を学んだりする動機づけとなる。

### 2．医療的ケア児 / 障害のある子どもの受け入れ

　子育て世代包括支援センターの事業実施により、従来から実施してきた母子保健活動に妊娠・出産包括支援事業が加わり、これまで支援の対象にできなかったケースにも介入が可能となった。今後は、この制度を切れ目のない支援の継続につなげていくことが望まれる。2007 年度の特別支援教育制度開始から今日までに、障害のある子どもの幼児教育施設への受け入れは進んできた。一方、医療的ケア児の受け入れについては、ようやく端緒に就いたばかりである。

　2021 年 6 月 11 日、「医療的ケア児及びその家族に対する支援に関する法律」が成立した（令

和 3 年法律第 81 号）（2021 年 6 月 18 日公布，同年 9 月 18 日施行）。本法で医療的ケアは「人工呼吸器による呼吸管理、喀痰吸引その他の医療行為」、医療的ケア児は「日常生活及び社会生活を営むために恒常的に医療的ケアを受けることが不可欠である児童」と定義されている。本法には、保育所・認定こども園の設置者及び家庭的保育事業等を営む者の責務として、「保育所における医療的ケアその他の支援」「看護師等又は喀痰吸引等が可能な保育士の配置」が記された。また、幼稚園を含む学校の責務としては「学校における医療的ケアその他の支援」「看護師等の配置」が記された。この法律の施行により、幼児教育施設が医療的ケア児の日中活動の場になっていくことが期待される。

　子育て世代包括支援センターの必須業務は、①妊産婦・乳幼児等の実情を把握すること、②妊娠・出産・子育てに関する各種の相談に応じ、必要な情報提供・助言・保健指導を行なうこと、③支援プランを策定すること、④保健医療又は福祉の関係機関との連絡調整を行なうことである。このシステムにより、医療的ケア児や障害のある子どもが在籍する幼児教育施設が増え、インクルーシブ保育が進められていくことに期待する。

＊1　周産期死亡は、妊娠満 22 週（154 日）以後の死産と生後 1 週（7 日）未満の早期新生児死亡を合わせたものである（1995 年以降）。周産期死亡率の算出方法は【年間周産期死亡数】÷【年間出生数＋年間の妊娠満 22 週以後の死産数】× 1,000 である。

（高尾　淳子）

注
1) 中村敬・高野陽・鉾之原昌・吉田弘道・福本恵・堤ちはる・野口晴子・齋藤幸子（2007）「乳幼児健診システムに関する全国実態調査－2005 年および 2006 年度 2 年間における悉皆調査の分析結果について－」.
2) 厚生労働省（2009）「平成 19 年度地域保健・老人保健事業報告の概況」.
3) 厚生労働省（2020）「平成 30 年度地域保健・健康増進事業報告の概況」.
4) 鳥取県健康対策協議会母子保健対策専門委員会 (2013)「鳥取県乳幼児健診マニュアル　平成 25 年 9 月」.
5) 「まち・ひと・しごと創生基本方針 2015 －ローカル・アベノミクスの実現に向けて－」平成 27 年 6 月 30 日閣議決定.
6) 厚生労働省雇用均等・児童家庭局（2015）『「子育て世代包括支援センター」と利用者支援事業等の関係等について』.
7) 厚生労働省母子保健課（2020）『2020 年度子育て世代包括支援センター実施状況調査』.
8) 従来「小規模住居型児童養育事業所」としていたが、2012 年 4 月施行の改正児童福祉法施行規則より「小規模住居型児童養育事業を行う住居（ファミリーホーム）」と称することとし、小規模住居型児童養育事業所の用語が廃止された。（規則第 1 条の 14 ～第 1 条の 17、第 1 条の 19）.
9) 厚生労働省子ども家庭局厚生労働省社会援護局障害保健福祉部（2020）『児童養護施設入所児童等調査の概要』.
10) 厚生労働省 e ヘルスネット https://www.ehealthnet.mhlw.go.jp/information/heart/k-04-004.html.
11) 斉藤まなぶ・廣田智也・坂本由唯・足立匡基・高橋芳雄・大里絢子・Young Shin Kim・Bennett Leventhal・Amy Shui・加藤澄・中村和彦 (2020)「Prevalence and cumulative incidence of autism

spectrum disorders and the patterns of co-occurring neurodevelopmental disorders in a total population sample of 5-year-old children」『Molecular Autism』.

12)ファミリーホームの設置運営の促進ワーキンググループ（2014）「ファミリーホームの設置を進めるために」.

13)厚生労働省母子保健課（2020）「子育て世代包括支援センターの実施状況（2020.4.1時点）」.

14)厚生労働省（2016）「平成28年度子育て世代包括支援センター事例集」.

15)厚生労働省（2017）「子育て世代包括支援センター業務ガイドライン」.

# 第１８章

# ソーシャルワーカー（SW）・スクールソーシャルワーカー（SSW）との協働：福祉面との繋がり

　本章では、障害のある子どもを持つ保護者、貧困家庭の支援に関して、幼児教育施設での支援が困難なケースを含め、福祉領域でのサービス等を活用して支援を行うためのポイントやSWとの連携について実践事例を示し解説する。また就学等に向けたSSWとの連携についても実践事例を示し解説する。

## 第1節　保育ソーシャルワークの必要性

　子ども家庭福祉の分野では、児童虐待、発達障害、貧困、DV等子ども自身とそれを取り巻く家庭の状況が多様化・複雑化・深刻化してきている。幼児教育施設への巡回相談は、そのような状況に対応すべく、様々な分野で異なる事業として多様な専門家により行われている。

　国レベルでは、特別支援教育充実事業による特別支援学校からの特別支援教育巡回相談員の派遣、幼児教育センターにおける保育カウンセラー及び幼児教育アドバイザーの派遣、巡回支援専門員整備事業の巡回支援専門員の派遣、保育所等訪問支援事業による専門家の派遣等があげれれる。都道府県、市区町村レベルではこれら以外の独自の事業を行っている地域もある。巡回を担当する専門家としての資格要件は、心理系（公認心理師、臨床心理士、臨床発達心理士等）、福祉系（社会福祉士、精神保健福祉士等）、医療系（作業療法士、理学療法士、言語聴覚士等）、教育・保育系（一定の知識と経験のある教師、保育士等）等に分類できる。巡回相談の内容を整理すると、①子どもの行動観察と査定（課題点の整理）②子どもの心理検査（発達検査、知能検査等）の実施③子どもへの直接的な支援④保育者への助言・支援⑤保護者への助言・支援⑥関係機関との連絡・調整等となる。

　筆者が行った保育士に対する巡回相談に関する簡易アンケート調査（2019年10月実施）では、巡回相談を担当する専門家は心理系、医療系、福祉系の資格所持者の順で多く、教育・保育系は少なかった。また、実施されている相談内容としては、「子どもの行動観察と査定（課題点の整理）」と「保育者への助言・支援」が多く、「関係機関との連絡・調整」は少なかった。一方で、必要であるが課題であることとして「関係機関との連絡・調整」「保護者への助言・支援」が多くあげられ、子どもとそれを取り巻く環境に働きかけるソーシャルワークが強く求められていることが明らかとなった。ソーシャルワークにおいて、大きな力となってくる存在がSWである。

　当然、子どもの最善の利益のためには「養護と幼児教育（保育）」という枠組みに加え、子ど

もの生活は、保護者支援、地域社会をも含めた全体性からとらえる観点をもった働きかけが必要になる。これらの取り組みが可能なのは、当事者つまり子どもと保護者に寄り添い、痛みを担うことができる限られた第三者、つまり社会福祉専門職である保育士なのである」（橋本・直島, 2012）といえる。まさに保育現場におけるソーシャルワーク実践が必要である状況であり、ソーシャルワーク実践に携われる保育者の養成が急務なことがうかがえる。しかし、一方で、保育者のみでそれらを実践してくことは困難でもある。SW との連携による支援が今求められている。

## 第2節　福祉領域でのサービス等を活用するための SW による支援

「保育所保育指針」の第1章総則1（1）保育所の役割には「保育所は児童福祉施設であること」「子どもの最善の利益を考慮すること」「保護者に対する支援及び地域にある子育て家庭への支援等を行うこと」が明記されている。鑑・千葉（2006）は SW と保育士の連携により適切に保護者への介入ができたことを報告している。中村（2011）は幼児期から小学校への移行期における支援として、三重県の児童精神病院を主体とした、行政を巻き込んで園と学校を橋渡しする施策を紹介している。SW との連携により子どもを取り巻く環境（保護者、地域等）へ働きかけ、子どもの生活を安全で安心なものにしていくことができるのである。

次に、SW による障害のある子どもへの支援事例を示す。障害は養育の困難さと関連があり、虐待のリスク要因ともされている。適切な支援を受けられない場合は児童虐待へ至ることもある。事例を通して予防的な観点からの支援の必要性について考えてほしい。

---

事例：地域資源をつなぎ支援をする SW

杉並区では、図 18-1 に示すように、乳幼児期から発達の心配を抱える子どもおよびその保護者に適切に対応するため、母子保健や保育、障害、教育分野が連携し、早期から学齢期まで継続して支援が行えるように取り組んでいる。

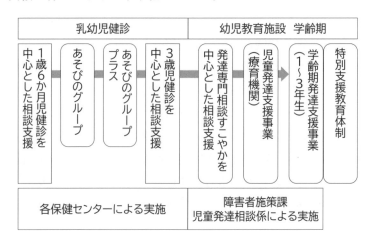

図 18-1　1歳6か月児健診からの早期支援の流れ

児童発達相談係は杉並区保健福祉部障害者施策課に属する係である。杉並区の場合、障害児に対する給付事業（児童発達支援・放課後等デイサービス）に関わる、初回の聞き取りから利用計画作成までを、区自前の相談支援事業所である児童発達相談係が行っている。この体制は、民間相談支援事業所に委ねるケースが多い他区と異なる特徴である。

　児童発達相談係には、福祉職であるソーシャルワーカー（SW）が配置されている。SW を中心としながら、児童発達相談係に配属されている心理士・言語聴覚士・理学療法士と連携し、①相談、②発達評価（発達検査等の実施、サービス受給の妥当性検討）、③サービス調整（利用計画作成、支給認定会議（認定給付係）への申請）をしている。さらに、その対象児がどこの事業所と契約すれば適当な支援を受けられるのかをアドバイスできるようにするために、④モニタリング（事業所の各事業、利用（空き）状況に関する常時の情報把握）をしている。

　相談支援は、図 18-2 に示すように、児童発達相談係が各関係機関と連携をしながら行っている。

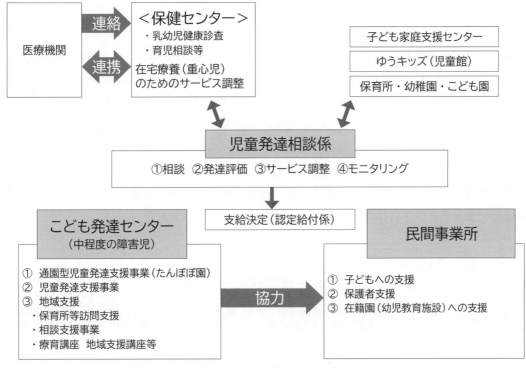

**図 18-2　杉並区の児童発達に係る相談支援の流れ**

　これまで、児童発達相談係では区保健センターと連携し、1 歳 6 か月児健診の心理相談から療育へつなげることに力を入れてきた。療育へのコンタクトは、早すぎても遅すぎてもよくなく、そのタイミングを見極めることが重要となる。そのため、保護者に対して、自身の子どもとほかの子どもとの成長・発達について違いを感じた場合などに児童発達相談係に連絡票を持ってきてもらい、適宜療育（事業所等）へとつなげるように配慮している。

　また児童発達相談係では、「お友達とうまく関われない」「落ち着きがなく、じっとしていられない」「一方的な話し方で、会話になりにくい」等の気になる子どもへの対応として「発

達相談すこやか」を実施している。この「発達相談すこやか」は対象が3歳児から5歳児までの未就学児であり、専門医師と心理職が発達の検査や視診を通して対象児の発達等をとらえ、相談に応じる事業である。

　他にも、発達障害の子どもはその障害に対する保護者や幼児教育施設等の気付きが遅れる場合もある。その際に杉並区保健センターでは、対象児の成長・発達のためのフォローアップ機会を設けることを目的に、「あそびのグループ」や「あそびのグループプラス」を実施して子どもと保護者へのサポートを行っている。この「あそびのグループ」「あそびのグループプラス」のスタッフは、こども発達センターの元保育士や児童発達支援事業所の心理士（発達障害担当）であり、これらのスタッフはこども発達センターや児童発達支援事業所とつながりを有しているため、対象児によっては必要に応じて児童発達相談係を経由して児童発達支援事業所等での療育へとつなぐようにしている。その際、障害が重い子どもの場合や保護者の養育能力の課題等から特別な支援ニーズのある子どもの場合は主としてこども発達センターに、発達障害の子どもの場合は主として児童発達事業所へつなぐようにしている。

　また杉並区内では児童館において放課後児童クラブ事業を行っているおり、障害児を受け入れる際には心理巡回相談を行っている。杉並区ではこの心理巡回相談は20年以上実施されている。心理巡回相談に関しては、一人の障害児につき年2回の相談が可能となるように予算があてられている。また杉並区の児童館では子育て支援として乳幼児親子のひろば「ゆうキッズ」事業も行っており、そこでの保護者の相談等から、発達障害のある子どもが、児童発達相談係を経由して、区内の児童発達支援事業所での療育につながるケースもある。

　このように杉並区では児童発達相談係が乳幼児期から発達の心配を抱える子ども及びその保護者に対して給付事業の受給に係る支援や相談支援等を行うとともに、ハブ役として、関係機関と子ども及びその保護者をつなぐ役割も担っているのである。

　なお、表18-1に主な社会資源とその内容を示す。

表18-1　地域資源とその内容

| 保健所・保健センター | 保健師は家庭訪問もできる。乳幼児の情報を多く持っている。成人の精神疾患を支援できる専門家もいる。保護者の精神疾患に対する支援も期待できる。 |
|---|---|
| 児童発達支援センター | 療育相談の窓口あり。ソーシャルワーカーがいる。 |
| 社会福祉協議会 | コミュニティ・ソーシャルワーカー（社会福祉士）がいる。地域の資源を探しつなぐプロ。子どもや保護者に必要なサービスについて相談もできる。 |
| 子育て世代包括支援センター | 妊娠期から子育て期まで、問題が起きる前に関わりをスタートできる。保健師が中心となり支援する。 |
| 発達障害者支援センター | 支援者の相談や研修を行う。 |

## 第3節　就学等に向けたSSWとの連携

　幼児教育施設から小学校との接続においてスクールソーシャルワーカー（以下、SSW）が幼児教育施設で行うソーシャルワークの実践を2事例紹介し、保育士にどのような知識や技術、姿勢や態度等が必要なのかを検討する。

文部科学省（2008）はSSWの導入について「いま、子どもたちを取り巻く環境の急激な変化が、いじめ、不登校、暴力行為、非行といった問題行動等にも影響を与えている。平成7年度から、文部科学省では、児童生徒の心の問題をケアするため、臨床心理の専門家であるスクールカウンセラーの導入…（中略）…しかし、こうした心の問題とともに、児童生徒の問題行動等の背景に、家庭や学校、友人、地域社会など、児童生徒を取り巻く環境の問題が複雑に絡み合い…（中略）…積極的に関係機関等と連携した対応が求められるところである。文部科学省では、こうした生徒指導上の諸課題に対応した効果的な取り組みを進めるため、一部の地域で活用されて社会福祉等の専門家であるSSW（スクールソーシャルワーカー）に着目し、平成20年度から『SSW活用事業』を展開している」と述べている。前嶋・梶原（2011）は事例分析を通して、SSWrと似た職種の特別支援教育コーディネーター、スクールカウンセラーと比較して「スクールカウンセラーが心理面、特別支援教育コーディネーターが学習面を担当しているのに対し、SSWは学校、地域などの社会資源の整理・調整・開発といった生活環境面を担当している」と述べている。このように生活環境面という全体性から物事をとらえる観点をもつ人材がSSWである。

　今回事例として取り上げるA市の人口は約32,000人（平成24年1月現在）、B市の人口は約53,000人（平成27年4月末現在）であり、ともに大規模でない自治体である。大規模自治体の実践事例は小規模自治体へ導入することは容易なことではないが、小規模自治体の実践事例はその他の小規模自治体、大規模自治体に導入できる可能性がある。この点で、汎用性のある2事例といえるだろう。

## 1. 各市のSSWの配置状況について

　A市SSWは教育委員会の幼保学校課に配属されている。常勤1名、非常勤1名で構成されている。常勤1名は地方公務員（2010年度から）であり、週5日勤務である。社会福祉士有資格者であり、2008年の度全国のスクールソーシャルワーカー活用事業開始時よりかかわっている。小学校中心に担当し、幼児教育施設へは定期的に訪問している。保幼小接続の業務を担っている。非常勤1名は週5日（1日7時間）勤務である。社会福祉士の資格を持っているが、実務経験はない（新卒者）。中学校中心に担当している（A市のデータはすべて平成24年9月現在である）。

　一方、B市SSWrは、教育委員会の指導課に配属されている。常勤1名、非常勤（嘱託）2名である。常勤1名は地方公務員であり、子ども福祉課から異動してきた人材を当てている。心理系資格所持である。配属2年目で、事務的な業務を主に担っている。非常勤（嘱託）2名はともに週4日（1日8時間）勤務であり、どちらも元教員である。一人は、学校・関係機関の窓口のコーディネーターとして活動し、配属2年半目である。もう一人は教育支援センター職員であったことを生かし、教育支援センターの窓口として活動している。配属1年目である（B市のデータはすべて平成27年4月現在である）。

## 2．各市の SSW の活動内容について（支援体制含む）

　表 18-2 の通り、両市とも、幼児教育施設への訪問等を通した支援活動を実施している。B市が年長児に限定しているのに対し、A市は年齢を問わず、要請を受けて訪問する点で異なっている。その他、ケース会議の実施、学校や関係機関との連携は共通するものの、A市は幼少期から中学卒業後の相談までと年長者までを含めた支援を行っており、B市は3歳児健診から中学校までと比較的年齢が低い子どもたちを対象にしている点では異なっている。

　SSW の支援体制としては、どちらの市も直属の上司の理解と支援が大きな支えであるとのことである。なお、A市にはスーパービジョン体制があるが、B市にはない。

表 18-2　各市の SSW の活動内容

| A市 | B市 |
|---|---|
| 1. 学校（小学校・中学校）への訪問<br>2. 幼稚園・保育所への訪問<br>3. 中学校卒業後の相談<br>4. 関係機関との連携<br>5. ケース会議の開催 | 1. 学校（小学校・中学校）との連携<br>2. 家庭訪問の実施<br>3. ケース会議（学校、関係機関）の開催<br>4. 幼稚園・保育所等の年長児への就学支援<br>5. 3歳児健診への参加 |

## 3．各市の保幼小接続における SSW の活用

　A市と B市では SSW の資格が違うこともあり、保幼小接続における SSW の活用状況は若干異なっていた。A市は「保育者・教員→子ども→保護者」の順番で支援をしているのに対し、B市は「保育者・教員→保護者→子ども」の順番で支援している点や、SSW を教育支援委員会の中心的な人材として活用している B市は教育・心理的な面まで介入している点が異なっていた。しかし、表 18-3 からわかる通り、様々な観点から情報を収集し、それらを整理・統合した上で、ケース会議を実施し、関係機関と連携しながら必要な支援を行っている点では共通していた。これは、「子ども」と「保護者」に関わる者の共通理解に基づいた一貫した支援を生み出し、「子ども」と「保護者」に安心感をもたらすばかりでなく、子どもが園生活、学校生活をイキイキ送る土台ができ、「子どもの最善の利益」を実現するためには欠かせないことである。

表 18-3　各市の保幼小接続における SSW の活用

| | A市 | B市 |
|---|---|---|
| 幼稚園・保育所 | 要請を受け訪問。必要に応じて、行動観察、保護者面談、小学校や他機関との連携等。 | B市へ就学する幼児のいる保育所、幼稚園等訪問（行動観察、保護者面談、検査の実施）。 |
| 小学校 | 月一回定期的訪問。訪問の際、必要に応じて、幼稚園、保育所の特別支援の対象となる子の情報をつなぐこともあり。 | 各小学校の教育支援担当と面談。月一回定期的訪問。 |
| 保幼小接続 | 校内のケース会議。関係機関とのケース会議（要対協の会議）。小学校教員による幼稚園、保育所の視察のサポート。 | 校内のケース会議。関係機関とのケース会議（要対協の会議）。小学校教員による幼稚園、保育所の視察のサポート。 |

## 4．各市の保幼小接続における SSW の活用の意義と課題について

　表 18-4 から、両市の共通の意義は「子ども」を中心に「親」「保育者」「教員」が互いにつながりあい、協力しながら子どもを支える基盤ができる点といえる。そのことが、「子どもの最善の利益」のための支援につながる可能性がある。一方、共通の課題としては、関わるきっかけが在園中や就学前ということが多い点である。関わりが短期間となり、関係性を十分に築けず子どもの支援につながらない可能性もある。「より早期に関わりをスタートし、関係性を継続していく」ために限られた条件下でソーシャルワークをどのように実践していくか、真剣な検討が必要である。

## 第4節　保育士養成校において「保育におけるソーシャルワーク」の意義とその活用について学ぶことの重要性

　前嶋ら（2015）の保幼小接続に関する研究では、「SSW は、子どもの成長・発達という『連続性』と、横のつながりという『連携』を意識した支援を行い、園や学校では解決が困難な問題に対して、多面的、重層的に取り組むことが期待できるといえる。またこども園、小学校、教育委員会もそれらを『子どもを客観的に見る人』や『保護者のよき理解者』『つながりのある人』の存在として期待しており、そのことが子どもや保護者の『安心』につながり、その役割の重要さが窺える。」と述べている。さらに、保幼小接続を計画的にすすめていくためには、個別の支援計画の活用の必要性や、子どもと家庭の支援が子ども家庭福祉であるという視点に注目し、家族の構成員を支援することの必要性を指摘している。

　今回の事例から、ソーシャルワークを実践する SSW が保幼小接続に携わり、「子ども」「保護者」「教員・保育者」と関係性を構築することにより、就学前の幼児期の特別支援教育、障害児保育の充実及び就学後の小学校での個別の教育支援に貢献できる可能性が示唆された。課題としては、より早期に「関係性」を築くような自然な関わりが重要であることが明らかとなった。

　このように、「子どもの最善の利益」を保証するために、乳幼児期からの保育においてソーシャルワークの実践をしていくことに大きな意義があることが示された。このような意義を

表 18-3　各市の保幼小接続における SSW の活用の意義と課題について

|  | A 市 | B 市 |
|---|---|---|
| 意義 | ・子ども、保護者、教員の安心感（幼稚園保育所と小学校に同じ人がいる子どもや保護者の安心感、情報を求めやすい教員の安心感）。<br>・幼稚園、保育所と小学校のスムーズな連携（客観的なデータに基づいた一本筋の支援ができ、双方向の情報交換が活発になり、特別支援教育充実に貢献できる可能性ある）。 | ・教育支援担当教員と SSWr の協力関係ができている。<br>・入学前から支援を開始できる点で大きな意義がある（小学校での支援に役立てられる）。 |
| 課題 | ・幼稚園、保育所における支援の限界（保護者の同意の壁、私立園の経営のからみ等）。<br>・行政体系の課題（生涯を一括管理する部署がない）。 | ・時間的な短さから、保護者と信頼関係を築き、支援につなげていくことの難しさもある。3歳児健診への参加をする等、保護者との関係づくりを図っているが、4歳児が空白となり、継続性が課題となっている。 |

全保育士が理解し、実践していくことで、外側からでは気付きづらい「発達障害」「児童虐待」「貧困」等近年大きな社会問題となっている課題に対して、子どもや保護者とのかかわりから気付き、子どもの成長・発達のためのソーシャルワークにつなげていくことはとても重要である。「こんにちは赤ちゃん事業」や「３歳児健診」等、課題を抱えている子どもと家庭を見つけることを主目的とする事業では本来必要な子どもの支援につながりにくいことは、保健師からよく耳にすることである。子育てカフェ等遊びを中心とした自然な形でつながりの機会をつくっていけるのは、まさに子育て支援の中心を担う保育士であり、そのような支援ができる保育士が今求められているといえる。このような場で、地域の SW をはじめとする地域の支援者ととともに保育士が子どもと家庭を支えることは、失敗体験を重ねる前に子どもとつながること、つまり早期から成功体験を積み上げることで子どもの成長・発達を促すことにつながる。このことを通して保護者と子どもの成長・発達をともに喜び合える関係ができ、ともに歩むパートナーシップを形成できる可能性がある。

（前嶋　元）

参考文献
• 鑑さやか・千葉千恵美（2006）「社会福祉実践における保育士の役割と課題－子育て支援に関する相談援助内容の多様化から－」『保健福祉学研究』4, 27-38.
• 中村みゆき（2011）「途切れのない支援を三重県の市町で実現する－保育所・幼稚園での早期支援と移行」『LD 研究』20 (1), 20-23.
• 橋本好市・直島正樹（2012）『保育実践に求められるソーシャルワーク－子どもと保護者のための相談援助・保育相談支援－』ミネルヴァ書房 , 9.
• 前嶋元・梶原隆之（2013）「特別支援教育充実へ向けた保幼小連携におけるスクールソーシャルワーカーの活用の意義と課題－ A 市のスクールソーシャルワーカーおよび行政担当者へのインタビュー調査を通して－」『文京学院大学人間学部紀要』15, 199-214.
• 前嶋元（2015a）「幼児期の特別支援教育推進に向けたスクールソーシャルワーカーの関わりの必要性とその課題～保幼小接続に焦点をあてて～」『日本学校ソーシャルワーク学会第 10 回記念全国大会プログラム要旨集』38-39.
• 前嶋元（2015b）「幼児期の特別支援教育推進に向けたスクールソーシャルワーカーの関わりの必要性とその課題～保幼小接続に焦点をあてて～」『日本学校ソーシャルワーク学会第 10 回記念全国大会口頭発表（配布資料）』.
• 文部科学省初等中等教育局児童生徒課編（2008）『スクールソーシャルワーカー実践活用事例集』文部科学省 , 2.
• 前嶋元・梶原隆之（2011）「スクール（学校）ソーシャルワーカーの専門性と独自性に関する一考察」『文京学院大学教職研究論集』2, 21-31.
• 前嶋元・田中謙・高栁洋子・佐久間とも子・根本千勝・吉田清子・梶原隆之（2015）「特別支援教育の推進におけるスクールソーシャルワーカーの役割と課題－幼小接続の視座から－」『文京学院大学教職研究論集』6, 23-39.

# 第19章

# 公認心理師の巡回：心理面との繋がり

本章では、公認心理師による幼稚園等での巡回支援に関して、実践事例等（仮想事例含む）を通してポイントを解説する。また心理的支援の意義や、公認心理師等の保育に関する専門知識の必要性（課題）等にも言及する。

## 第1節　公認心理師の資格と職務

2015年9月16日に公認心理師法が公布、2017年9月15日に施行され、2018年9月9日に公認心理師法に基づいて第1回公認心理師国家試験が実施された。ここに、国内の心理職では初めて国家資格としての公認心理師が誕生した。その職務について、2017年9月15日の通知案の中で、以下のように記されている。

---

### 第1 法制定の趣旨について

今日、心の健康の問題は、国民の生活に関わる重要な問題となっており、学校、医療機関、その他企業をはじめとする様々な職場における心理職の活用の促進は、喫緊の課題となっている。しかしながら、我が国においては、心理職の国家資格がないことから、国民が安心して心理に関する支援を受けられるようにするため、国家資格によって裏付けられた一定の資質を備えた心理職が必要とされてきた。

法は、このような現状を踏まえ、公認心理師の国家資格を定めて、その業務の適正を図り、もって国民の心の健康の保持増進に寄与することを目的とするものである。

### 第2 公認心理師の定義について

公認心理師は、登録を受け、公認心理師の名称を用いて、保健医療、福祉、教育その他の分野において、心理学に関する専門的知識及び技術をもって、次に掲げる行為を行うことを業とする者をいうこと。（法第2条）

1 心理に関する支援を要する者の心理状態を観察し、その結果を分析すること。
2 心理に関する支援を要する者に対し、その心理に関する相談に応じ、助言、指導その他の援助を行うこと。
3 心理に関する支援を要する者の関係者に対し、その相談に応じ、助言、指導その他の援助を行うこと。
4 心の健康に関する知識の普及を図るための教育及び情報の提供を行うこと。

---

このように、公認心理師はそれまで定義が曖昧で混乱しがちであった心理職を、初めて国家資格として認めたものである。特に幼児教育・保育分野においては、支援を必要とする乳幼児のみならず、広く子どもを取り巻く保育者・保護者・子育て家庭の心理的支援を行うことが期待された。そのうち巡回相談支援は、心理的支援を必要とする者が心理職のもとに支援を依頼にわざわざ出向くというハードルがなく、心理職が必要な支援を行うにあたって有効な支援活動である。また、しばしば対人関係や社会性における課題のある発達障害児者の、その所属する集団の中での姿を観察できるため、正確な問題把握につながる。ひいては障害の早期発見・早期対応も可能になる。

巡回相談支援とは、地域の一般的な子育て支援施設に、相談員が直接訪問し、保育や子どもへの対応について助言等を行い、支援することである。発達障害やその特性のある子どもを、ひとつの施設や療育機関だけで抱え込むのではなく、地域全体で支えていく「インクルーシブな支援」のひとつとなる。

巡回支援専門員とは、厚生労働省における発達障害者支援施策のひとつとして、2011年に始まった事業で位置づけられた専門員である。巡回支援専門員整備事業は、任意の市町村事業として設定されており、支援を行うために必要な経費の一部が補助される。「発達障害等に関する知識を有する専門員が、保育所等の子どもやその親が集まる施設・場への巡回支援を実施し、施設等の支援を担当する職員や親に対し、障害の早期発見・早期対応のための助言等の支援を行う」ことが事業内容である（平成29年度厚生労働省障害者総合福祉推進事業「巡回支援専門員による効果的な子育て支援プログラムに関する調査とその普及」）。

地域で独自に巡回相談支援を行っている場合には、相談員は各地域で決められている。巡回相談専門員整備事業においては、専門員とは、「発達障害等に関する知識を有する」者とされ、具体的には、「医師、児童指導員、保育士、臨床心理技術者、作業療法士、言語聴覚士等で発達障害に関する知識を有する者。障害児施設等において発達障害児の支援に現に携わっている者。学校教育法に基づく大学において、児童福祉、社会福祉、児童学、心理学、教育学、社会学を専修する学科又は、これに相当する課程を修めて卒業した者であって、発達障害に関する知識・経験を有する者」で、その専門性は、国立障害者リハビリテーションセンター学院で実施している発達障害に関する研修や地域の発達障害者支援センター等が実施する研修等を受講することによって確保される。「障害の早期発見・早期対応のための助言等の支援」の例としては、「親に対する助言・相談支援」「児童相談所や発達障害者支援センター等の専門機関へのつなぎ」「M-CHATやPARS等のアセスメントを実施する際の助言」「ペアレント・プログラム」「ペアレント・トレーニングの実施」「ペアレント・メンターについての情報提供」が示されている。市町村における巡回支援専門員の役割としては、地域の保健センターや保育所、放課後児童クラブ等を巡回し、発達障害等に関する知識を活用してスタッフや親に助言等を実施することが求められる（平成29年度厚生労働省障害者総合福祉推進事業「巡回支援専門員による効果的な子育て支援プログラムに関する調査とその普及」）。

こうした法体制を背景に、保健医療、福祉、教育その他の分野において、心理学に関する専門的知識及び技術をもって心理的支援を行うことが可能な公認心理師等による幼児教育施設・放課後児童クラブ等への巡回相談支援が行われている。

## 第2節　公認心理師による巡回支援例

　2歳児クラス担当のA保育士はB児の発達が気になり、他の2歳クラス担当保育士にも相談していた。Bは母親と祖母、姉（高校2年生）とともに暮らしている。身長・体重とも横断的標準成長曲線の「-2SD」を下回る身体的特徴を有し、着脱、食事、手洗い等で個別支援が必要な児童である。次のような発達上の特徴がみられる。

① サイレンの音等に過敏に反応してパニックとなることが多く、おもちゃの色にもこだわりがみられる。

② 発語はなく、A保育士には全体への指示に関しても理解に困難さが生じているようにみえる。

③ 新しい遊びや遊び場への参加には抵抗がみられ、目線が合わないことが多い。

④ 午睡はほぼできず、保育士とともに絵本を見る等して時間を過ごしている。

⑤ 他児との関わりが少なく、大人との関わりを好むため、園生活の多くの時間を保育士や職員と過ごしている。A保育士と関わる機会が多く、BもA保育士のそばを離れようとしない。

　上記のような特徴が気になったA保育士は主任保育士と園長に相談の上、公認心理師が巡回相談に訪れた際に、Bについて相談することにした。公認心理師からは、30分程度の観察を通じて「ASDの可能性が高いこと」「言葉での理解は難しいこと」「こだわりがあり、感覚過敏の特徴も見られること」「新しいことに慣れるまで時間を要するので、1対1で関わっていくこと」等の助言が得られた。

　A保育士は、Bの発達の特徴や現在の状態について子どもの姿を基にした解説を公認心理師から受けたことで、子ども理解が深まったことを実感した。しかしながら、実際に保育実践の中で、どのような支援を行っていけばいいのか、特に現在の姿からどのようなかかわりがBに必要なのかについては十分な助言が得られなかったと感じていた。

　そこでA保育士は、再度主任保育士と園長に相談の上、翌月の巡回相談の際には、前回の巡回相談以降の保育内容と児童票に記したBの観察記録、メモを用意し、自由遊びの際の保育士の関わり方のポイントについて相談を行った。

　その結果、次のような助言が得られた。

① パニックが生じる機会は多くないため、無理に場面切り替え等をして気持ちの切り替えを促すのではなく、発散できるように環境構成したほうがいいこと。

② 記憶の定着から指示の理解の難しさが生じている可能性もあるため、全体指示の後に個別指示をする等繰り返し何度も伝えること、イラスト等視覚情報を併用すること。

③ 新しい遊びや遊び場は事前にタブレットPC等を活用して画像を示す等で見通しを持

たせること、本人が参加の可否を決め、代替となる選択肢も提示すること。

④ ゆったりした時間が過ごせていれば、午睡にこだわることはないこと。

⑤ 家庭での養育状況から、愛着形成が不安定である可能性があるため、現状は愛着形成の支援に力を入れること。

A保育士は2回目の巡回相談では、Bの発達の特徴や現在の状態だけでなく、保育の中での具体的な関わりについて助言を得られたことで、今後の保育の中での関わり方の見通しを持つことができたと感じた。また⑤の愛着形成のようなこれまで十分目を向けられていなかった発達課題にも気付く機会を得られたと感じた。

このA保育士の事例のように、巡回相談においては、保育士は対象児の発達の特徴や現在の状態についての助言だけでなく、保育実践の中での具体的な関わり方や合理的配慮についても助言を必要としている場合が多い。一方で、公認心理師は子どもの発達に関する専門性を有しているものの、必ずしも保育実践に関して高い専門性を有しているとは限らない。そのため、具体的な関わり方に関しても、個別対応での支援なら可能であるが、集団保育の中での関わりとしては難しい支援方法の助言を受け、保育士が戸惑う場合も少なくない。

そのため、巡回相談においては、公認心理師が保育実践に関しても高い専門性を有し、特に集団での保育実践の中での関わり方について助言ができるように、その養成を推進することが求められる。その一方で、保育所・保育者側においても、適切な助言を得られるように、巡回相談の際には自らの保育実践に関する情報をコンパクトにまとめ、助言を得たい内容を明確にする等の工夫が求められる。つまり巡回相談は受けるだけでなく、巡回相談による保育所・保育者への支援が機能するようにマネジメントすることが必要である。

## 第3節　公認心理師による巡回支援の意義

平成30年3月特定非営利活動法人アスペ・エルデの会による「巡回相談支援活用マニュアル」には、以下のように目的が記されている。

平成16年の発達障害者支援法の制定、平成26年の国際連合における障害者の権利に関する条約への批准、平成27年の子ども子育て支援新制度の開始、平成28年の障害者差別解消法の施行および発達障害者支援法の改正と、発達障害児者など子育て支援のニーズのある子どもたちをとりまく法整備は着実に進んできた。そして、現在では「インクルーシブな支援」をいかにして行うかということに焦点が置かれた支援が形成されてきている。すなわち、障害のある者を別扱いにして支援を行うのではなく、地域に馴染み、参入していくことを目指した「地域支援体制の確立」である。厚生労働省担当部局と内閣府子ども・子育て本部より、障害児支援における子ども・子育て支援新制度と障害福祉施策の積極的な連携について、各都道府県の担当課に依頼がなされていることもその表れと言える。障害を障害担当が、子育てを子育て担当が分担するという縦割りの在り方ではなく、地域における各施設を超えた支援ネットワークの形成が求められているのである。その実現の形の一つが、「巡回支援専門員整備事業」を始めとする、巡回相談支援の取り組みであると言える。巡回支援専門員の特

色のひとつは、地域における発達障害児 (診断のある子ども) への支援だけでなく、保育所・幼稚園・子ども園などの施設で「気になる」子どもたちについても相談することができたり、保護者支援にもつなげたりすることができる点である。行政、障害担当、子育て担当、母子保健、保育所などの就学前施設が枠組みを超えて「子どもと家族の支援」という共通事項でつながり、支援を行っていくことは、近年高まる子育て支援ニーズを満たし、総合的な子育て支援体制の確立にもつながっていく。

　すなわち、巡回支援にあたって公認心理師は、障害のある子どもに対して、その子どもと家族が日々の生活を営み、教育・保育を受けている地域での支援が可能となる。それは、保健医療、福祉、教育その他の枠組を超えて地域資源を連携させ、有効活用する現実的な支援でもある。また、先述したように、対人関係や社会性における課題を持つ発達障害児の特に集団内での姿や親子関係を見ることが可能であるため、その課題を正確に把握できる。定期的な巡回は、子どもとの信頼関係の構築にも効果的であり、子どもの発達や対人関係の変化の気づきにもつながる。

　そして保護者や保育者は、実際の日常生活における子どもの問題についての助言を受けることが出来る。それは、子どもに対する具体的な関わり方を教える (コンサルテーション) だけではなく、家庭や施設内における環境構成の工夫等、多岐にわたる。また、障害の有無に関わらず保育者・保護者が「育てにくい」「気になる」といった悩みや不安を感じる子どもに対する場合にも、公認心理師の心理的支援が介入することによって、養育者のネガティブな感情を軽減し、ポジティブに子育て・保育を行う助けとなる。それは保護者や保育者にとってのメリットであると同時に、子どもにとってのメリットでもある。このように障害児支援・心理支援を行える公認心理師が定期的に子どもの施設を巡回することにより、子どもは適切な支援を受けられ、保護者・保育者は支援が必要な子どもへの関わり方のスキルが身に付き、安心と自信が生まれ、より望ましい子育て・保育を行うことが可能になるのである。

## 第4節　保育現場からの公認心理師への期待

　巡回相談の実施は、保育所や幼稚園からの期待が大きいだけでなく、保育者からも高い評価を得ていることが調査で明らかになった (全障研障害乳幼児施策全国実態調査委員会、2001；浜谷 , 2005) ことが報告されている (鶴 , 2012)。藤林 (2009)、大村 (2010)、真鍋 (2011) は、保育者への質問紙調査より、巡回相談の実施によって、保育者の子ども理解や対応方法の理解、不安軽減等に高い効果が示されていることを明らかにしている。これまでは保育者が主に経験則を以って行ってきた子ども理解や保育実践を、心理・発達分野から理論的に裏付けることが公認心理師に期待されていると考えられる。

　また、保育巡回相談では、保育者を支援しながら子どもの発達支援を共に考えていることが本来の仕事となる。しかしながら、外部専門家の力を借りて、公認心理士が保護者と直接話し合いをしてほしいと保育者が要請してくるケースがあることを藤井ら (2014) は報告している。

緒方 (2020) は、保育者は、子どもの保育だけでなく、保護者の支援者としての重要な役割を担うようになってきたと述べている。「気になる子ども」の支援を考える時、保育者と保護者との連携は欠かせない。そのため、信頼関係を築くことがとても重要である。そこで、保護者対応の基本として「傾聴」「受容」「共感的理解」が大切にされてきた。また、伝え方には十分な配慮がなされ、必要に応じて専門機関へつなぐ関わりもしていた。しかし、子どもの発達の課題、家庭での養育の重要性、専門機関を勧めたい時の伝え方は難しく、保護者への対応や支援に困難感を抱く保育者についての報告もある等課題が残っている、としている。巡回相談や研修、専門機関との連携を図るための保育体制の整備を行うことで、保育者は「気になる子ども」についての行動や特徴を把握し、専門的な知識や技術を向上させ、保護者支援にもつなげることができると述べている。

　公認心理師には、保育者の保護者支援スキルを向上させるだけではなく、必要に応じて公認心理師自身がその専門性をもって保護者対応を行うことが望まれているのである。

　そして池田 (2019) は、保育者のストレス・コーピングは他の職業と異なる独自のものであることを明らかにし、精神的健康を回復させるコーピングが援助要請志向であると報告している。しかし、保育者が求めるのは同じ職場内の同僚や上司の援助であることを指摘しており、今後は公認心理師も他職種の立場からの支援に限らず、保育に精通した現場チームの一員として、保育者のストレス・コーピングの支援が出来ることが期待される。

## 第5節　今後求められる公認心理師の役割とその養成課題

　以上述べてきたように、公認心理師による巡回支援の役割は今後ますます大きくなると考えられる。

　巡回相談がどのような機能を有するかについては木原ら (1999)、藤崎・木原ら (2000)、竹内ら (2003)、大量の事例を分析したものでは森 (2005) の研究があるが、いずれも支援の前提として、保育者との信頼関係なり、保育現場に対する理解の必要性が指摘されていることを鶴 (2012) は示している。

　和田 (2015) は、巡回相談で保育者から出された質問では、子どもの問題そのものよりも保育のあり方に関するものが多いことから、障害児への支援が、当該児だけの個別指導に偏るのではなく、クラスの一員としていかに活動しやすくするか、どれだけ発達を保証できるかという、ICF (International Classification of Functioning, Disability and Health 国際生活機能分類) の考え方が現場で活かされつつあると述べている。また、巡回相談は、共に考える事であり、日々の保育は保育者がねらいを持って行っていくと述べている。保育現場において、心理的支援はあくまでも保育実践を通してなされることを、公認心理師は踏まえていなければならない。

　また大村 (2010) は、保育士が巡回相談に求めるのは、①保育観察場面から子どもの発達の状態や障害の可能性についての確実なアセスメントができる、発達に関する高い専門性と保育実践についてのアドヴァイス、②児童福祉や保育に関する充分な知識を有し、保育所保

育指針の内容を熟知して、保育の場でできる実行可能で具体的な方法について、保育士の立場を理解し、認めながら一緒に考えていけるジェネラリストとしての役割（倉盛・三宅ほか, 2009）であるとしている。すなわち、保育現場から求められているのにも関わらず、現状では保育実践に係る専門性を有する公認心理師が少ないことが課題となっていると考えられる。

公認心理師のカリキュラム等検討会報告書（平成 29 年 5 月 31 日）によれば、公認心理師となるために大学等で修めるべき科目について、以下のように定められている。

大学において修める科目は 25 科目とする。うち、実習については、80 時間以上を実施。

※ 実習については、保健医療、福祉、教育等の分野の施設において、見学等により実施。

大学院において修める科目は 10 科目とする。うち、実習については、450 時間以上を実施。

※ 実習については、見学だけではなくケースを担当する。医療機関（病院又は診療所）での実習は必須。

このように、大学及び大学院といった養成課程において、医療機関における実習が必修となっている。心理の専門職として、医師との連携や医療分野における知識を有していることの重要性を示していると言えよう。

しかし、巡回相談の課題として挙げられているのは医療分野の問題ではなく、巡回相談の回数不足（山本ら, 2008；井戸, 2008；荻原, 2009 等）や、相談内容の共有の困難さ（白井ら, 2009）、保育者の巡回相談員への依存（浜谷ら, 1990；森, 2010；真鍋, 2011 等）等である。さらに、巡回相談員の視点での研究は多数あるが、保育者側の視点が希薄なことも示されている（丸山, 2007）。

このように、巡回相談に関しては、一方で高い評価や期待がありながら、他方でいくつかの課題も残されていることが指摘されている（鶴, 2012）。鶴（2012）は先行研究を整理し、巡回相談員の専門性は大きく 3 つに分けられると述べている。第一に、巡回相談員自身の専門性である。心理専門職であれば、発達的観点から発達や障害に関するアセスメントを行い、支援することが求められるだろう。第二に保育者との信頼関係形成や分かりやすい助言等の対人支援に関わる専門性である。最後に、保育に関する知識やそれぞれの保育所の状況を把握するといった保育現場の理解や、保育現場に合わせた支援である。これは専門性であり、巡回相談員の姿勢ともいえる。

現状は、こうした専門性をもって巡回支援を行う公認心理師が不足していると考えられる。今後は、公認心理師の巡回相談支援や乳幼児の発達支援という職務を考慮すると、心理の専門性はもちろんのこと、医療分野における知識のみならず幼児教育・保育における専門性が求められている。養成課程においても、子どもの施設での実習の必修、保育所保育指針・幼稚園保育要領等の学習・理解が望まれる。

（池田　幸代）

参考・引用文献

- 全障研障害乳幼児施策全国実態調査委員会（2001）「自治体における障害乳幼児対策の実態」『障害者問題研究』29 (2), 96-123.
- 浜谷直人・松山由紀・秦野悦子・村田町子（1990）「障害児保育における専門機関との連携－川崎市における障害児保育巡回相談のとりくみの視点と特徴－」『障害者問題研究』60, 42-52.
- 浜谷直人（2005）「巡回相談はどのように障害児統合保育を支援するか－発達臨床コンサルテーションの支援モデル」『発達心理学研究』16 (3), 300-310.
- 木原久美子・伊藤良子・森山徹・高野久美子（1999）「私立幼稚園における統合保育とコンサルテーション」『帝京大学文学部紀要　心理学』5, 149-169.
- 藤崎春代・木原久美子・倉本かずみ・長田安司・今西いみ子（2000）「統合保育において子どもと保育者を支援するシステムの研究」『発達障害研究』22 (2), 120-128.
- 鶴宏史（2012）「保育所・幼稚園における巡回相談に関する研究動向」『帝塚山大学現代生活学部紀要』8, 113-126.
- 藤林清仁（2009）「障害児保育担当保育士への支援」『社会福祉学研究』4, 19-25.
- 竹内恵子・坂本智子・谷口美和子・佐野周一・川瀬美弥子（2003）「障害児保育への訪問支援－継続訪問から支援システム構築へ」『福井大学教育実践研究』28, 265-272.
- 藤井和枝・金谷京子・宮崎豊・福島豊（2014）「JB08 保育に生かす巡回相談 III：保護者支援につなげる巡回相談（自主企画シンポジウム）」『日本教育心理学会総会発表論文集』56 (0), 52-53.
- 緒方宣挙（2020）「『気になる子ども』への保育者の対応に関する研究の動向」『大阪総合保育大学紀要』14, 69-84.
- 池田幸代（2019）「保育者用ストレス・コーピング尺度の作成」『人間関係学研究』24 (1), 3-12.
- 森正樹（2005）「障害児保育実践の支援におけるコンサルテーションの研究」『宝仙学園短期大学研究紀要』30, 25-34.
- 倉盛美穂子・三宅幹子ほか（2009）「保育支援の実態ニーズ－保育所・幼稚園と関係機関の連携のあり方」『臨床発達心理実践研究』4, 86.
- 大村禮子（2010）「保育の場における発達支援－協働体制の確立に向けて」『淑徳短期大学研究紀要』49, 141-159.
- 和田薫（2015）「保育所における障がい児の保育支援：巡回相談時の保育者の質問を中心に」『教育学論究』7, 189-194.
- 山本理絵・神田直子（2008）「幼稚園・保育所における障害のある幼児に対応した支援体制の実態と課題－巡回指導・相談の視点から」『SNE ジャーナル』14 (1), 108-124.
- 井戸ゆかり（2008）「巡回保育指導員によるコンサルテーションの効果と課題－とくに保育者への支援を通して」『東横学園女子短期大学紀要』42, 35-46.
- 荻原はるみ（2009）「保育所・幼稚園における統合保育を支援する巡回相談に関する一考察－N市の現状から」『研究紀要』31, 85-98.
- 白井由希子・糠野亜紀・新谷公朗・井上明・芳賀博英・金田重郎（2009）「『気になる子』の保育を支援するための巡回相談支援システムの提案と評価」『情報処理学会論文誌』50 (2), 588-600.
- 真鍋健（2011）「障害のある幼児に関する保育所巡回相談の評価－X市における保育者と保育コーディネーターへの質問紙調査より」『幼年教育研究年報』32, 43-52.

本章では、ライフステージに応じた支援の必要性について、一貫した支援体制、幼小接続への位置付けやサポートファイルについて事例等を通して解説する。また現状の課題に関しても言及する。

## 第1節　ライフステージに応じた支援の必要性

　ダイバーシティ・インクルージョン社会の実現に向け、障害のある子どもやグローバルにつながる子ども等一人ひとりの生活を考える上では、ライフステージに応じた支援が必要となる。ライフステージに応じた支援とは、子どもたち一人ひとりや家庭が希望する地域で安定した生活を送ることができように、各ライフステージで一貫性・継続性を有した支援が当事者（家庭）の希望に基づき提供されることを指し示す。ライフステージに応じて必要な支援の内容や量は変化していくため、当事者（家庭）のニーズを把握しながら、途切れなく必要な支援が受けられるようにシステムを構築していくことが社会には求められる。

　当事者（家庭）のニーズを把握しながら支援を提供する、つまり当事者主体での支援をデザインするためには、ニーズと提供されるサービスとのマッチング等を行うコーディネートが必要となる。例えばフィンランドの「ネウボラ」では保健師等の専門職を中心に、ほぼすべての妊婦や出生後の子どもの家庭を対象に、子どもやその家庭のニーズに応じた情報提供や健診、予防接種、相談、さらに障害児への療育サービス等がワンストップで調整されて提供される環境が整備されており、コーディネート機能を発揮している。この「ネウボラ」による「妊娠期からの切れ目ない支援」（須藤他, 2019）はまさに乳幼児期−学童期−青年期のライフステージに応じた支援を提供可能とするための社会システムの一つとしてフィンランドでは制度整備が進められてきており、日本のシステム整備への示唆に富むものと考えられる。実際に大阪府大阪市港区（福永・横山, 2018）や三重県名張市（上田, 2018）等、ネウボラを参考とした保健師による専門職連携や子育て世代包括支援センター整備の動きも生じており、ダイバーシティ・インクルージョン社会においては障害等の有無に関係なく、全ての子どもたちと家庭のライフステージに応じた支援が可能となる社会システムの整備が全国的に求められ、進められている。本書コラム1でもこの点を取り上げている。

## 第2節　ライフステージに応じた支援の特徴

### 1．乳幼児期

　ライフステージに応じた支援は、子どものニーズに対応しながら、保護者、家庭のニーズに対応していくことが求められる。その中でも、特に乳幼児期は、当事者である子どもが自らのニーズを表明することが難しい発達段階にあるため、潜在化しやすいニーズの把握を医療機関や専門職とともに努めていくことが求められる。また、子どものニーズを保護者、家庭が表明（代弁）することも多いため、保護者、家庭との連携も重要となる時期である。

　また子どものニーズの代弁者としての側面だけでなく、ニーズを有する子どもの養育を行う保護者、家庭への支援も不可欠となる。例えば視覚障害、聴覚障害の場合、出産後早期に障害が発見される場合があり、保護者、家庭が今後の家庭生活や幼児教育施設、学校生活への不安感を抱く場合が少なくない。その場合は医師、看護師、助産師、MSW（Medical Social Worker）等の分娩取扱施設の専門職とともに、行政の保健師等と連携して、保護者の障害受容や生活を安定させるための支援、不安軽減を図る支援に取り組むことが望ましい。具体的には生活に関する身近な相談機関として子育て支援拠点事業に取り組む保育所や児童館等で養育相談が可能となるように、視覚障害・聴覚障害特別支援学校や児童発達支援センター・事業所等と連携するネットワークを構築することが考えられる。

　さらに、グローバルにつながる子どもをもつ保護者、家庭の場合、日本の幼児教育施設、小規模保育事業等複数の制度にまたがる就学前保育・教育システムを理解して、利用手続き等を行うことが困難な場合がある。近年では行政による多言語での就園・就学情報の動画配信、パンフレット配布等の取り組みも広がりつつあるが、行政情報にアクセス可能な環境に乏しい場合も少なくない。幼児教育施設でも子育て支援を行う際に、相談可能であることを示した案内を多言語で園前に掲示する等気軽に相談できる環境をつくり、適宜行政やNPO等へつなげてくような支援に取り組むことが望ましい。

　また主に年中・年長（4〜5歳児）段階では、就学に向けた支援に取り組むことも求められる。就学相談の案内を行うほか、特別支援学級、日本語指導教室（日本語教室、国際教室）設置校や特別支援学校の情報を提供できるようにしておきたい。この点に関しては、先に就学に向けた取り組みを経験した先輩保護者からの体験談等が、貴重な情報資源となる可能性がある。幼児教育施設の場合、卒園児やその保護者は貴重な園の人的資源であり、経験者の体験談は行政情報には含まれにくい実践的知見が多く含まれており、保護者にとっても貴重な情報となる可能性がある。ライフステージ支援のみならず、園の保育環境、子育て支援環境整備の資源として、ゆるやかなつながりを維持するマネジメントが求められる。

### 2．学童期

　学童期は当事者である子どもの就学に伴い、学校生活を中心とした生活環境を整備しながら、家庭生活やその支援のための福祉サービスの使用等、福祉、保健、医療等の関連領域での支援を並行して検討していくことが求められる。また病院や家庭での生活を主とする院内

学級在籍児や訪問教育対象児等は、家庭生活を柱とする中で、教育活動のデザインや福祉サービスの使用等を検討していくため、学校生活を中心とする子どもとは異なる生活環境整備をしていくことが求められる。さらに、グローバルにつながる子どもの場合、インターナショナルスクール等居住するのとは異なる地域に所在する学校に在籍している場合がある。この場合、地域の他の子どもたちとの交流の場を設ける等、地域生活の中での他の子どもたちとのコミュニケーション機会の創出を地域が主体となって設けることがダイバーシティ社会の実現において望まれる。例えば学校がインターナショナルスクールと対面やインターネットを介しての交流的学習を展開したり、地域の中で共に文化体験やフィールドワーク等の体験的な社会教育活動を展開したりすることが考えられる。

　学童期の生活環境整備は、学校の教職員とともに教育環境整備を検討し、担任や特別支援教育コーディネーター、養護教諭・看護師等のキーパーソンとともに情報共有を図りながら、当事者である子どものニーズに応えていくという視点が必要である。また放課後デイサービス等を使用する場合は、児童発達支援管理責任者や児童指導員・保育士等の職員とともに、生活全体を見通して放課後や休日等の生活デザインを行うこととなる。また地域の社会教育士（社会教育主事）が「学びのコーディネーター・ファシリテーター」として、まちづくりや地域課題解決に向けたシンポジウムやフォーラム等を企画・運営し、多くの子どもたちの学習機会を創出することも望ましいと考えられる。

　このように学童期の支援は、医療機関のみならず学校や障害福祉サービス施設等支援機関が多岐にわたるため、対象児に対するサービスの全体像を把握し、各機関での支援が当事者である子どもたちにとって望ましいものになっているのかを絶えず確認する必要がある。そのため、個別の（教育）支援計画を作成し、サービス全体の可視化を図り、評価を行うことが求められる。さらに、地域活動を幅広く展開したり、各活動を広報・情報発信したりしていくために、公民館等の社会教育施設やインターネットをうまく活用して現実・仮想空間に活動の拠点となるプラットフォームを整備していくことも期待される。

## 3．青年期

　青年期は学童期同様に、教育（学校）領域と福祉、保健、医療等の関連領域での支援を並行して検討していくことが求められる。その上で、障害のある生徒の場合、中学校（中等部）・高等学校（高等部）段階以降は、卒後（学校等就学期間修了後）の主な支援機関が学校から地域社会の中の障害者就労支援センターや障害者地域生活支援センター等の相談等支援機関に継承されていく可能性があるため、学校から保護者を介して情報を伝達する等連携して支援を推し進めていくことが必要となる。グローバルにつながる生徒の場合は、学校卒業後も日本語能力に関する課題への支援を行うための日本語教育が受けられる環境の整備や、就労・進学支援につながるキャリア教育・進路支援が不可欠となる。

　特に各ライフステージで支援に係る関連領域・機関が異なるため、支援の一貫性・継続性を図ること、一貫性・継続性を担保することにより支援が途切れることのないように配慮す

ることが欠かせない。一貫性・継続性を担保するためには、各機関が専門性に基づき支援を行うだけでなく、各機関の支援が子どもたちのニーズと保護者、家庭のニーズに応えられるようにコーディネートしていく必要もある。

### 4．各ライフステージ共通の支援のポイント

　各ライフステージ共通の支援のポイントとしては、例えば進行性疾患のある障害のある子どもの場合、疾患の進行具合、つまり経過により支援状況が異なっていくため、疾患に対する理解は医学以外の領域の支援者にも一定程度求められる。この場合、医師の見立てや医療機関から提供される情報を参考に、支援計画・提供サービスの柔軟な見直しや、定期的な情報共有の場を支援者間で設けることが望ましいといえる。また障害のある子どもの場合、医療的ケアが必要な子どもは保護者等の家庭での介護に係る負担が大きくなりやすいため、訪問看護やショートステイ等のサービス利用を適切に推し進めることで、負担軽減も考えなければならない。またきょうだい児に関しても直接・間接的な負担がかかりやすいため、きょうだい児と保護者の関わる機会や時間を創出するためのレスパイトケアや、きょうだい児間で交流を図りながらストレッサーの軽減を目指すピアサポートの機会創出にも努めていきたい。

　グローバルにつながりのある子どもの場合も、共通する文化背景をもつ子どもたちや、他のグローバルにつながりのある子どもたちとの交流機会の確保は、当事者のニーズに合わせて積極的に設けていくことが望ましいといえる。また、日本で生活しているグローバルにつながる子どもの場合、状況によっては母語を失ったり、母語発達支援のための学習機会等が十分に確保されたりしていないケースが確認されている。そのため、母語発達支援の機会の確保も重要な支援課題となる。例えば愛知県県民文化局社会活動推進課多文化共生推進室が2011年度に編纂した「母語教育サポートブック『KOTOBA』－家庭／コミュニティで育てる子どもの母語－」は、ポルトガル語、スペイン語、フィリピン語、中国語、韓国朝鮮語の5言語（いずれも日本語併記）で記された、家庭やコミュニティ内での母語教育を支援するためのサポートブックである。このような取り組みを他の言語や、各地域の実情を反映して作成していく環境が広がることも望ましい。

　その上で、いずれの特別なニーズを有する子どもたちの支援に関しても、現行の支援制度や制度に基づく各種サービスのみでは、子どものニーズや保護者、家庭のニーズに対応することが難しい場合も少なくない。そうした場合、例えば子どもの進学に際して実際の学校生活の様子を知りたいというニーズがあった場合、親の会や当事者の会でのピアサポートによって当該学校在籍者から学校生活等の情報がリアルタイムで提供され、対応が可能になる場合もある。また親族や近隣住民やボランティアによって提供される、一緒に買い物等に行く機会や共に過ごす時間が提供されるような「名もなきサポート」によって対応が可能になる場合も考えられる。このようなニーズへの対応は例示のようにインフォーマルなサポートによってなされることが少なくないため、インフォーマルなサポートが提供可能な人的資源の開発等にも努めていくことが期待される。

## 第3節　幼小接続を含む、ライフステージ支援を実現するためのシステム整備事例
### －島根県松江市発達・教育相談支援センター「エスコ」を事例に－

### 1．島根県松江市発達・教育相談支援センター「エスコ」

　島根県松江市は島根県東部（出雲地方）に位置し、同県の県庁所在地である。2012年4月1日に特例市指定を受けた都市であり、人口は2021年8月31日現在199,713人、世帯数は91,224世帯である。松江市内には2021年5月1日現在市立小学校32校9,946人（分校含む）、市立中学校15校4,767人（分校含む）、市立義務教育学校2校939人が在籍している。就学前支援に関しては、市内に幼稚園が合計26施設（市立幼稚園24施設（休園含む）、私立幼稚園1施設、島根大学教育学部附属幼稚園1施設）、認可保育所66施設（「幼保園」4施設含む）、認定こども園15施設、小規模保育事業施設4施設、認可外保育施設18施設がある。

　松江市では2007年4月1日の改正学校教育法施行に伴い特別支援教育が開始されたことを受け、「早期発見・早期支援や療育・教育の充実、円滑な就学支援等の実現に向けて、教育、医療、保健、福祉、労働等の関係機関が連携し、乳幼児期から学校卒業後までの一貫した支援体制を強化するとともに、教員の特別支援教育に関する専門性の向上を図り、松江市の特別支援教育推進体制をより充実させる」ことを目的に、2009年6月1日から「学校教育課特別支援教育室」を「特別支援教育課」として独立させた。

　さらに「早期から教育・保健・福祉等が一体となり、一貫した支援に取り組」むことを目的に特別支援教育課を改編し、2011年4月1日より「松江市発達・教育相談支援センター設置条例」（2010年12月17日松江市条例第57号）に基づき、発達・教育相談支援センター「エスコ」として開設した。条例第1条では、設置目的として「心身の発達に支援の必要な児童等（以下「支援の必要な児童等」という。）に対し、乳幼児期から青年期にかけての相談、指導、療育等を行うことにより、その心身の発達を支援し、もって自立と社会参加を促すため、松江市発達・教育相談支援センター（以下「相談支援センター」という。）を設置する。」とされている。

　立地に関しては「エスコ」は島根県松江市乃白町に立地し、松江市立病院に隣接する松江市保健福祉総合センター3階に設置されている。1階には、健康推進課、健康まちづくり課、保健センター、子育て支援センターが、同3階には湖南地域包括支援センター等が設置されている。2階は乳幼児健診会場等に使用されている。

### 2．「エスコ」の事業内容

　「エスコ」の主な事業内容は「支援の必要な児童等に係る相談に関すること」「支援の必要な児童等への療育、指導及び検査に関すること」「特別支援教育に係る研修及び啓発に関すること」「支援の必要な児童等への支援に係る関係機関の連絡調整に関すること」「松江市特別支援教育就学審議会に関すること」「学校教育法施行令（1953年政令第340号）第11条に規定する特別支援学校への就学についての通知に関すること」「特別支援教育の調査研究及び教育環境の整備に関すること」「前各号に掲げるもののほか、相談支援センターの設置目的を逐成

するために必要な事業に関すること」である。

## （1）相談事業

「エスコ」は上述のように「特別支援教育課」を改組した組織であるため、表 20-1 に示したように教育相談、就学相談を行う機能を有する。その上でエスコ相談、「気になる子どものほっと相談会」（休日の相談）等の事業を行い、乳幼児期から成人期までの一貫した支援と、休日相談等による乳幼児期の支援の強化を図っている。

表 20-1　「エスコ」における相談事業概要

| 目的 | 目的 | 相談対象者 | 相談担当者 |
|---|---|---|---|
| 専門巡回相談 | 発達的課題や教育的ニーズのある乳幼児、児童、生徒に対し、医療、保健、福祉、心理、教育等の専門相談員による指導助言を行い、所属所等における継続的な相談支援や個別の支援の充実に資する。 | 家庭及び所属所において、社会生活上または学習上、なんらかの支援を必要とする乳幼児、児童、生徒及びその保護者や所属所等の関係者。 | 松江市発達・教育相談支援センター（以下、相談支援センターという。）が委嘱する医療、保健、福祉、心理、教育等の専門相談員及び相談支援センタースタッフ。（専門巡回相談員） |
| 就学相談 | 心身に障害等があり、特別な教育的ニーズのある児童生徒が、生き生きと学校生活を送るために、適切な就学の場も含め、望ましい教育内容や教育環境等について助言等を行うため実施する。 | 心身に障害等があり、特別な支援を必要とする児童生徒、およびその保護者、担任等。 | 相談支援センターが委嘱する幼稚園・幼保園・小学校・中学校の特別支援教育に係る専門性の高い教員等。（松江市特別支援教育教育相談員） |
| 専門調査 | 松江市特別支援教育就学審議会において、子どもの障害等の状況を総合的に判断するために、各所属所等において子どもの実態把握・客観的資料の収集・保護者や担任面接等を行うために実施する。 | 松江市特別支援教育就学審議会において、適切な就学の在り方を検討する必要のある幼児児童生徒とその保護者及び担任等。 | 松江市特別支援教育就学審議会委員のうちの、特別支援学級及び特別支援学校教諭。 |
| エスコ相談 | 教育相談支援センタースタッフが、「専門巡回相談」「就学相談」「専門調査」以外の相談に対応するため実施する。 | 家庭及び所属所において、社会生活上または学習上、なんらかの支援を必要とする乳幼児、児童、生徒、青年、成人及びその保護者や所属所等の関係者。 | 教育相談支援センタースタッフ。 |
| その他 | 「気になる子どものほっと相談会」（休日の相談）等特別の支援を必要とする幼児及びその保護者等を対象として、発達に関する相談会を行うことにより、発達障害等の早期発見相談支援体制の充実を図る。 | 市内在住の2歳から就学前の幼児とその保護者。 | 教育相談支援センターが委嘱する医療、保健、福祉、心理、教育等の専門相談員及び相談支援センタースタッフ。 |

※その他、所属所からの申請に応じて、保育所・幼稚園・幼保園・小学校・中学校への訪問指導や校（所・園）内研修を実施する。

（2）家庭療育支援講座「のべのべ講座」

　家庭療育支援講座「のべのべ講座」は、子育てに難しさを感じている保護者等に対し、子どもの特性やより良いかかわり方についての理解を促す等により、子育てを支援することを目的とする。具体的には保護者が「子どもの発達の状況を知る」「子どもとコミュニケーションを楽しめるようにする」「子どもを成功に導く視覚支援や環境調整の方法を知る」「発達を促す適切な支援の方法を知る」「支援の方法を人に伝える方法を知る」「子育て仲間ができる」ことを目指して取り組まれている。担当者は臨床心理士、指導主事、発達相談員等である。

　講座対象は発達障害を中心とした心身の発達に配慮が必要な 3 歳から小学校 2 年生までの幼児、児童の保護者である。実施内容は、講義やワークブックを通して子どもとのかかわり方等について情報交換や勉強会を行うこと、保護者への支援、情報提供を行うことである。募集人数は 4 グループ（前期 2 グループ、後期 2 グループ）であり、1 グループあたり 8 〜10 人である。実施期間は月 2 回（原則隔週全 8 回）であり、6 月より開始予定である。費用は資料代として 500 円程度である。家庭療育支援講座「のべのべ講座」は就学前、就学後と現行の教育・福祉制度の区切りで区分するのではなく、就学後の保護者が感じる対象児の学校生活への不安等の軽減も視野に、小学校 2 年生まで対象を広げている点が特質であるといえる。

## 3.『サポートファイルだんだん』・『すくすく子育て手帳』

　松江市では「エスコ」を中核とする就学相談や家庭療育支援講座「のべのべ講座」を通じて、就学前から小学校期までの子どもの幼小の円滑な移行を支援する体制を構築するだけでなく、移行を支えるツールとして『サポートファイルだんだん』や『すくすく子育て手帳』を作成している。

　『サポートファイルだんだん』は特別な支援を必要とする子どもの「成長・発達の様子や相談結果を記録、及び発達検査の結果や診断書、支援機関と共に作成する個別の教育支援計画等」をつづることを目的としたファイルであり、「保護者にファイリング・保管してもらい、次の相談機関・支援機関・学校等と適切な支援についての情報を共有し、よりよい支援をさぐり継続していくためのツール」と位置づけられている。このファイルは松江市在住者には無料で配布されるもので、子どもの移行支援等で必要な情報を保護者がカスタマイズして使用できるようにリングファイルとなっており、用紙（フォーマット）は市の Web サイトからダウンロードして印刷可能等、利便性を考慮して作られている。

　また『すくすく子育て手帳』は、就学前の準備や就学後の子どものストレスケアの方法（例えば「おうちは弱音が出せる場に」等）や、5 歳児健康診査、就学手続き、就学時健康診査、就学相談に関する連絡先等の情報がイラスト入りで示されており、移行支援に関する情報を確認しやすくなっている。『すくすく子育て手帳』も市の Web サイトから PDF 形式でダウンロード可能となっている。

## ４．松江市のシステム整備事例から学ぶライフステージに応じた支援

　松江市発達・教育相談支援センター「エスコ」を中核とする松江市のシステム整備事例から、ライフステージに応じた支援には基礎自治体単位での支援体制を整備していく中で、ワンストップ支援が可能となる中核機関を整備し、その中核機関が相談機能、情報発信機能、関係機関連結機能を発揮していくことの重要性が示唆される。またハード面でのシステム整備のみならず、ソフト面として『サポートファイルだんだん』・『すくすく子育て手帳』等、就学前から小学校期までの子どもたちの幼小の円滑な移行をサポートするためのツール開発も併せて行っていることも確認できる。

　このようにライフステージに応じた支援のためには、多様な支援機関や支援ツールを有機的に組み合わせて、支援が機能する体制を複合的・総合的に整備することが求められると考えられる。松江市のような複合的・総合的なシステム整備により、ライフステージに応じた支援を行う際に、一人ひとりの子どもの状況に応じて、必要なサービスを組み合わせてデザインすることを可能とする確率が高くなる。子どものニーズや保護者、家庭のニーズに対応する支援システムの整備を推し進めている自治体は国内に複数あり、それらの先進的事例を参照しながら全国的なシステム整備が進展していくことが望ましいと考えられる。

（田中　　謙）

参考文献
- 福永淑江・横山美江（2018）「大阪市港区の取り組み－ネウボラのエッセンスを取り入れた地区担当保健師による継続支援システムの構築－」医学書院『保健師ジャーナル』74 (6), 484-489.
- 厚生労働省（2016）『重症心身障害児者等支援者育成研修テキスト』平成 27 年度厚生労働科学研究費補助金障害者対策総合研究事業（身体・知的等障害分野）「重症心身障害児者の支援者・コーディネーター育成研修プログラムと普及に関する研究」（研究代表者：末光茂）.
- 須藤茉衣子・髙橋睦子・佐藤拓代・井村真澄（2019）「海外レポート 2019 年フィンランド訪問ネウボラからの学び－切れ目のない支援を実現する多職種連携の取り組み－」医学書院『助産雑誌』73 (8), 668-673.
- 田中謙・山中達也・古屋祥子・多田幸子（2014）「発達障がい児教育及び支援についての実践力養成事業～甲府市における発達障がい児支援へのスーパーバイズを目指した「地（知）の拠点」整備を中心として～」『平成 26 年度山梨県立大学人間福祉学部地域志向教育改革推進加速化事業報告書』.
- 上田紀子（2018）「『名張版ネウボラ』で母子の包括的な支援を実施－三重県名張市の取り組み－」東京法規出版『地域保健』49 (4), 36-41.

注
　本章のうち、第 3 節「幼小接続を含む、ライフステージ支援を実現するためのシステム整備事例」に関しては、田中謙・山中達也・古屋祥子・多田幸子（2014）を加筆修正して、新たに書き下ろしたものである。

# 第２１章

# 療育の地域システム化：早期発見から療育へ、５歳児健診

　本章では、地域における療育について、その特徴や療育を必要としている子どもとその保護者への支援について述べる。健診、相談事業、健診事後教室、療育施設、幼稚園等、各ステージで行われる支援と次へのステージへの引継ぎについて、切れ目のない連携に関して言及する。ここでは５歳児健診での連携の在り方について、愛知県Ａ市の例を取りあげる。

## 第１節　療育の特徴

　療育という言葉は、もともと身体に障害のある子どもへのアプローチとして、社会人として自立できるように「治療しながら教育することが大切である」という概念で、医療と教育の両方のバランスを保ちながら並行して進めることであった。現在は、障害のある子どもへの発達支援とほぼ同じ意味として使われている。つまり、療育とは、障害のある子どもが自立した生活を送られるように発達を支援することである。支援で目指すことは、食事や排泄、衣服の着脱の方法等の基本的生活習慣を身につけることと、コミュニケーション能力や社会性等の集団生活への適応の二つに大別される。

　療育の特徴は、発達の状態や障害の特性に合わせ、個別的、計画的に、保護者とともに支援することである。生活や遊びを通して毎日の生活習慣を身につけ、周りの子どもたちと関わる経験を積んで社会性を育んでいく。またその療育の計画は、個別に作ったもので、オリジナルやオーダーメイド等と表現される。子どもの姿は、個々の好みや、その日その時の気持ち、物や人や自然現象等との偶然の出会いにも影響を受けやすいため、支援者の力量が求められる。また、療育の場において、保護者との連携は重要である。保護者は、専門職の働きかけを見たり、子どもの姿のとらえ方について助言を受けたり、必要に応じて面談を受けたりする。その中で、保護者は子どもへの接し方のポイントを知り、育ちに期待して積極的に働きかけて関わることができる。子どもの課題に気付くだけではなく、得意なこと、興味や関心のあることを知る機会にもなるのである。

　療育を受けてできることや好きなことが増えることで、本人だけでなく家族も喜び、自信、意欲を得られる。療育の継続が発達の積み上げとなり、将来の生活につながるのである。特に乳幼児期は、基本的生活習慣の確立や社会性の芽生え、言語発達、運動の発達を獲得する重要な時期であるため、発達の遅れや障害の早期発見、早期療育、そして関係者の連携が強く求められる。

　具体的には、療育指導員や保育者のリードのもとの親子遊び、言語聴覚士による言語訓練、

作業療法士による身体を動かす遊び等、生活や遊びを通して、苦手なことに少しずつ慣れ、好きなことを増やしていく。スモールステップで、「できた」という嬉しさと満足を得るように支援し、次への意欲を育ていくことが大切である。全く興味のないことや難しすぎることに無理に挑戦すると、嫌いで苦手なことを増やしてしまう可能性がある。そのため一歩ずつの発達の積み上げを目指したい。

　支援者は、対象児への直接的な発達支援だけでなく、療育を通して保護者支援をするという視点が重要である。母親が就労や強い育児不安等で療育にかかわりにくい場合は父親や祖父母が中心となる等、家族ぐるみでの連携を図る必要がある。例えば、相談や発達検査の結果報告の場等に父親の同席を提案する等、支援者が母親だけでなく家族全体とかかわる意識が大事である。保護者と適切な支援方法を共有することで、療育の場でも家庭でも同じように対応することが可能となり、スモールステップの後押しを強められる。支援者と保護者が連携することで、適切な対応が見極められ、周りの大人が同じ対応ができるため、二次障害等のトラブルが避けられる。保護者と支援者が連携することで発達の喜びを分かち合うことができ、次の課題について前向きに情報と支援方法を共有し、療育がさらに進んでいくことになる。このように積み上げられた療育を各ステージに引継ぎ、継続した支援を切れ目なく行うことが大切である。

## 第2節　健診後の支援

　母子保健法では、1歳6か月健診と3歳児健診が定期健診として義務化されており、その他の健診は任意健診である。各自治体では、早期発見から早期療育へつなぐ工夫が検討、実施されている。乳幼児の健康状態や発育発達のチェックのため、就学時健康診断の前の最後の公的な健診として5歳児健診を試験的に行っている地域もある。健診の後には、子どもの発達の状態に応じて様々な支援につなげることができる。相談の後、健診事後教室につなげ、教室を継続する中で必要に応じて療育施設の案内をしている。次の支援につなげる際には、各担当者同士が情報と課題を共有し、必要に応じた適切な支援が得られるように連携している。

### 1．相談事業・健診事後教室

　乳幼児健診後には、健診の結果または保護者の希望により、子どもの発達や子育ての悩みについて、育児支援や発達支援を行う。担当者は、医師と、心の発達は臨床心理士、動作に関することは作業療法士、言葉に関することは言語聴覚士、子育て全般については保健師である。毎回、担当者同士がカンファレンスや振り返りを行い、情報と課題の確認を行い、連携している。

　育児支援とは、子どもの姿の理解や子育ての方法について、保護者と一緒に考える等、日常の子育てに関する不安や悩みを軽減、解消するよう支えるものである。また、発達支援とは、集団生活に慣れる目的で実施され、健診事後教室では、子どもが保護者と一緒に小集団

の中で遊ぶ様子等を見て、個々の発達の状態や障害の特性に応じて、困っていることを軽減、解決するために保護者にアドバイスしたり、子どもに直接働きかけたりしている。

### ２．療育施設

　療育施設とは、障害のある子どもが社会的に自立できるように、専門的な支援プログラムを通して、計画的に継続的に、ニーズに応じた特別な支援を行う場のことである。保護者同伴の場合、親子触れ合い遊びや、粘土や水遊び等の様々な遊びを一緒に経験していく。また、保護者同士で懇談会を通して情報交換を行い、保護者間の交流を進めているところもある。療育には、障害の程度や状況に合わせた多様なニーズに対して、様々な場面がある。子ども一人ひとりの特性や育ちに応じて、得意なことは伸ばし、苦手なことは経験を積んで慣れるようにする等改善していく。食事や排泄を自分で行う等の基本的生活習慣の確立や、周りの他児に慣れたり、適切なコミュニケーションをとるようになったりする社会性の育ちを支えていく。療育による発達は、一歩ずつゆっくりであるため、スモールステップを目指し、粘り強く親子を支援し続けることが大切である。

　上記のような相談事業、健診事後教室や療育施設において、担当者は、保護者から情報を得ながら良好な関係づくりを目指し、具体的な支援を提供し、各関係機関への連絡調整役も行っている。例えば、専門職による個別の教室や発達検査への案内、診察診断のための医療機関、療育手帳取得のための児童相談所、その他福祉サービスの紹介等である。継続的な発達の確認、保護者支援のために、次の支援機関や移行の時期について検討が行われ、各関係者が連携しているのである。

## 第3節　幼稚園等への移行と支援

　健診事後教室または療育施設から幼稚園等に入園する際には、園の職員は事前に在籍の場に足を運び観察することが求められる。在籍の場から具体的な情報を得るだけでなく、園への体験入園を積極的に受け入れることも重要である。なぜなら、子どもの様子を観察して実態を具体的にとらえることで、入園後の支援方法に大きなヒントを得られるからである。また、観察や体験を通して、子どもと顔見知りになるだけでなく、保護者とコミュニケーションを図り、信頼関係を築くよう努めたい。保護者からの情報、思いや悩みを傾聴することで、子ども理解を一層深め、支援に活かすことができる。

### １．サポートブックの作成

　療育施設からの移行の場合、保護者が療育指導員と共にサポートブックを作成し、園への引き継ぎ書としている地域もある。サポートブックとは、子どもの特性や得意不得意、接し方のポイントや配慮事項等を記したもので、支援を必要としている子どもについての重要な情報源である。言い換えれば、子どもに関わる担当者がより良い適切な支援をするためのガイドブックである。移行期に、サポートブックを保護者が作成することは、子どもを改めて

見つめる機会になり、今後の課題がさらに明確になる。また子ども一人ひとりの良さや発達、適切な支援方法を確認することで、これからの生活への期待と希望につながる。

## ２．体験入園

入園に向けて有効なことの一つに、体験入園がある。保護者と子どもで、１時間から２時間程、入園予定の園で過ごしてみるのである。体験初日には、担当だった療育指導員が付き添う場合もある。顔なじみの指導員と一緒なら、親子の不安が抑えられ、新しい場に慣れ親しむことになる。体験入園により、落ち着く場や好きな遊びを見つけられる。園側は、子どもの様子を見ることで、走り回ること、砂場で砂を触ること、すべり台を繰り返し滑ること等、興味や行動の特徴、人への関心度も読み取ることができる。保育者は、観察や関わりを通して子どもの姿を知ることで、何をどのように準備しておくと良いか、どのように言葉をかけると良いか等、事前の準備と支援に活かすことができる。保護者もまた、園の雰囲気や、同じ学年の子どもたちの様子を知ることができ、入園後の子どもの姿をイメージしやすくなるのである。親子ともに園の担任や担当者と顔見知り、顔なじみの関係になることができる。

## ３．並行通園

入園に際して、療育施設との並行通園を行うこともある。並行通園とは、療育施設に在籍しながら次のステージである幼稚園等に入園し、個々の状況に応じて、例えば通う曜日や時間を振り分け、両方に通う方法である。子どもの実態に応じて徐々に慣れるよう、柔軟に新しい場に移行していくことが可能となる。ただし、子どもの特性によっては、時間割等のように同じパターンで決まっていた方が安定する場合もある。日替わりや時間で行先が変わることに抵抗を感じ、不安を抱いたりパニックを起こしたりする等逆効果である場合もあるため、並行通園を行うかどうか、移行のスケジュールについては、保護者も含め、関係者で慎重に検討を要する。

### －Aの並行通園－（仮想事例）

Aは３歳児健診で言葉の遅れや人への関心の少なさがわかり、母親も育てにくさを感じていたため、母親と保健師との育児相談を経て、健診事後教室に母子で３か月通った。教室では、好きな遊びを楽しむ時間には室内を走り回り、遊びのコーナーを転々と移り、落ち着かない様子であった。そこで、担当保健師の紹介で臨床心理士による相談と発達検査を受け、療育施設に入園することになった。療育施設に通うAは、コミュニケーションに課題があるため、周りの子どもに一方的に関わり、思い通りにならないと相手を押してしまうことがあったり、身体や手先が不器用でおもちゃをうまく握れず扱えなかったり、巧技台から足を踏み外しそうになったりしていた。しかし、10か月間母子通園する中で、療育指導員の支援のもと、リズムにのることを繰り返すわらべ歌遊びや、サーキット遊びや粘土、シール貼り等の身体を使う遊びを少しずつ楽しむようになってきた。また絵カードの提示や予告により、片付け

や排泄も母親と一緒にできるようになった。母親は子どもの発達を感じ、療育指導員を信頼し、子育てを前向きに楽しむ気持ちが芽生えてきた。誉められることで笑顔になり、経験を積めるようになってきたところで、園への入園について関係者間で検討会を行った。検討会には、療育指導員、地区の担当保健師、こども発達センターの臨床心理士、家庭相談員、市の特別支援担当者、入園希望先の園長が参加した。成育歴や健診情報、保護者の希望、遊びや生活の状況、発達の様子等から、新しい場に慣れるために時間がかかること、興味が広がり経験を重ねられるようになったこと等、情報を共有し課題の検討を行った結果、入園希望園で並行通園することになった。週に2日は幼稚園、3日は療育施設で過ごし、園と療育施設で、それぞれの姿を情報交換し、両方の場で興味や関心を増やしていった。療育施設で楽しんでいる物や場所の環境構成や、巧技台からのジャンプには保育者が手を添え「1、2、3」と掛け声をかけると安心して跳び降りる等、支援、配慮のきっかけやポイントを園が取り入れた。Aは、療育施設で興味をもって楽しんだことを、園という新しい場と新しい保育者でも安心してじっくり楽しめることがわかり、次第に幼稚園で過ごすことに慣れていった。

## 4．幼稚園等での支援

　幼稚園等に入園する際には、支援内容や支援方法を組織的かつ計画的に検討しなければならない。前のステージからの引き継ぎや、入園前の子どもと保護者との関わりを参考に、ありのままの子どもの姿を受け入れつつ、集団生活の中で育つように働きかけることが求められる。

　集団での生活である日々の園生活が始まると、子どもは園内の環境に関わろうとし、周りの子どもたちの遊びの方法や順序等を見る、知るという体験を得る。また、保育者だけでなく周りの子どもたちから影響を受けて、混乱や戸惑いも起きる。基本的生活習慣や遊びだけでなく、保育者や周りの子どもたちとのかかわりにも注意してみる必要がある。対象の子どもが集団の中でどのようにとらえられているか、周りの子どもたちが対象の子どもをどのように仲間として見ているか、かかわっているかには、保育者の意識やかかわり方が大きく影響する。

　保育者は、発達過程についての専門的な知識と経験に加えて、個々の障害への支援方法や、子どもの発達の状態をとらえ、環境を整えていく必要がある。しかし、子どもへの対応がマンネリ化したり、子どもが必要としている支援からズレが生じたりして、行き詰まり、担当者一人で抱え込み悩むこともある。

　そこで、定期的に園内検討会や巡回等で子ども理解と支援方法の振り返りと改善を行い、職員全体の子ども理解を共有し、園全体で一貫した支援をすることが求められるのである。巡回の機会に保育職ではない専門職から受けるアドバイスによって、子どもの発達や支援についての貴重な気付きが生まれ、適切な支援を学ぶことで保育の実践力が向上するのである。巡回を受ける際には、保育者は子どもをどのようにとらえて、どのような支援をしたみたか、その後の子どもはどう変化したか、どのような課題があるかを明確に伝えることが重要であ

る。保育者が専門職から具体的なアドバイスが受けられるからである。園内での特別支援教育に関する話し合いを定期的に行い、園内で個々の子ども理解に努め、支援内容を共有することは、保育者の実践力向上につながり、また一人の子どもが育つことが集団の育ちにもなるのである。

　さらに、子どもだけでなく保護者に対しても、ステージが変わって緊張し、不安になっていることを理解した対応が求められる。送迎時の情報交換だけでなく、定期的な個別の懇談会を行い、発達する姿を認め合い、情報と課題を共有することが必要である。保護者との関係性が良好に保てないと支援の方向が揃わず、連携が難しくなる。子どもにとって身近な大人同士が良好で安定した関係であることは、心と行動の安定につながる。大好きな母親と仲良く笑い合う保育者には、子どもも親しみを感じるものである。園が知り得た情報や支援方法を保護者にその都度知らせ、共有することが大切である。保育者も一緒に新しい情報や支援の工夫を学び続けながら、地域の様々な関係機関や制度を知り、活用することが大切である。

### 5．就学に向けての関係機関との連携

　障害のある子どもの保護者にとって、特別支援学校、地域の特別支援学級、通常の学級等のうち、どこに進学させるかは大きく悩むところである。時間をかけて相談に乗り、情報を提供し、学校見学や就学相談等は必要に応じて連絡調整をする必要がある。保護者が情報確認したり、迷ったり、考えを巡らす時間も必要であるため、年中児の頃から具体的な相談に応じていくことが望ましい。地域によっては、就学前の健診として年中児の時に5歳児健診を行い、就学相談や発達支援につなぐ場合もある。

#### －A市の5歳児健診の取り組み－

　A市では、子どものより良い将来につなげるために、就学前に心身の発達を確認する機会場として、5歳を迎える年中児の時点で5歳児健診を行っている。保健師、臨床心理士、言語聴覚士、作業療法士、在籍園の職員、小学校の教諭等、多数の専門家が多面的に子どもの発達を確認し合っている。

　健診の流れは、①身体測定、②個別健診、③集団健診、④問診である。3歳児健診との違いは、集団健診があり、集団の中で保育者の話を聞くことや集団ゲームを通して、社会性を確認することである。5歳児健診後のフォローとしては、子育て全般に対する子育て相談、発達に関する相談の後に療育、医療につなぐこともある心理発達相談、就学に向けての教育相談がある。子育て相談は、発達障害に限らず子育ての悩み一般に対応し、関わり方の難しさや虐待に気付く相談として、心理発達相談は子どもの発達を見極めて医療機関や療育機関を紹介する相談として、教育相談は入学予定の学校と保護者との連絡調整役的な相談として連携している。健診結果が要観察となった場合は、保護者の了解を得て、担当の保健師や専門職が、在籍する園に普段の様子を観察に行き、実態の確認をして保護者に報告し、今後の方針を決

めている。また専門家が複数人で訪園する専門家チーム巡回支援により、多面的で具体的な園での支援を受け、実態と課題を明確にし、関係者で共有している。

　このように5歳児健診をきっかけに、園だけでなくこども発達センターや小学校等の関係機関が保護者と直接関わる機会が生まれ、支援の輪を広げ、就学に向けて必要な支援につなげている。

　5歳児の姿の確認には、家庭と外の姿は違うということが前提にあり、保育者が日常の姿を保護者と共有していることが重要である。発達の課題を指摘された保護者は、不安になったり落ち込んだりする。園も保護者とともに支援方法を考えていくという姿勢が大事である。必要に応じて、入学予定の小学校の特別支援学級への見学や相談を園が手配し、同行することも連携支援の一つとして行っている。

## 第4節　関係者との連携と保育者の学び

　各ステージへのステップのために、支援者、関係者は検討会や見学等で交流し、相互の専門性への理解を尊重しながら連携し、支援の実践力を高めている。連携とは、単に情報をもらい合うだけではない。自分の専門性だけでは解決できないことに対して、同じ目的に向かい、お互いの専門性を尊重し合いながら、それぞれの専門性を発揮し合い、物事を進めていくことである。専門家による行動観察等の結果を聞くことで、保育者の発達障害の評価力を向上させることにもなる。多職種からの支援助言を実践力に取り入れることができるのである。保育者は自分の専門性を十分に発揮し、関係機関からの情報や提案を受け入れ、自らも発信力を高めていくことが重要である。子どもの発達を一層的確にとらえる力、保育の言語化と説明力が求められるのである。

　これからの園での子どもたちは、多様性に富んだ社会に向かい、育ち合っていく必要がある。様々な育ちや個性のある友だちと、遊びや生活をともにする経験を重ね、多様な価値観を身につけていくよう育てたい。保育者は関係機関との連携により自分自身が力量形成し、多面的な見方を保育に活かさなければならない。

（杉江　栄子）

## 幼児期と児童期をつなぐカリキュラム視点

　文部科学省の『指導計画の作成と保育の展開』によると、幼児期の教育と小学校教育の円滑な接続の意義を、①教育の目的・目標、②教育課程、③教育活動の面から指摘している。

　教育の目的・目標については、教育基本法第11条において、幼児期の教育の目的は「生涯にわたる人格形成の基礎を培う」ものとされている。これを受け、学校教育法第22条では、幼稚園教育の目的として「義務教育及びその後の教育の基礎を培う」ことが、「幼児の健やかな成長のために適当な環境を与えて、その心身の発達を助長すること」と並んで書かれている。

　教育課程では、連続性・一貫性を前提として発達段階に配慮した違いを捉えることが重要となる。幼児期は①学びの自立、②生活上の自立、③精神的な自立という3つの自立の力を養うことが必要とされる。小学校低学年の教育は、3つの自立とともに、①基礎的な知識・技能、②課題解決のために必要な思考力・判断力・表現力等、③主体的に学習に取り組む態度という学力の3つの要素の育成につながっていく。

　教育活動では、学びの芽生えの時期から自覚的な学びの時期へ円滑に移行していくことが求められる。幼児期の教育が遊びの中での学び、小学校教育が各教科等の授業を通した学習という違いがあるが、両者ともに「人とのかかわり」と「ものとのかかわり」という直接的・具体的な対象とのかかわりの中で行われるという共通点をもつことは、両者の円滑な接続を考える上で重要なことである。

　以上は、障害児を含めたすべての子どもを対象にした現在の文部科学省の指針であるが、以下には知的障害のある子どもを念頭に置きながら、幼児期と児童期をつなぐカリキュラム構成を示す。

　図c5-1は、発達や学びの連続したカリキュラム構成である。幼児期、児童期を問わずにこの両発達段階においてはいかにして子どもの生きる力を保障するかを考慮して、カリキュラムが編成されなければならない。幼児期は、発達に応じて生きる力の基礎を形成する時期と位置づけられよう。基礎を充実させることによって、小学校以降の教育への接続を確かなものとすることができる。幼児期の遊びを通した学びの芽が、次第に児童期の教科を通した自覚的な学びへとつながっていくことを表しており、発達や学びの連続性を保障するための体系的な教育の必要さも読み取ることができよう。

　一例として、愛知教育大学附属幼稚園の実践では、この学びの芽を、①表現の工夫、②運動技能の習得、③努力する姿勢、④思い付く力（発想力）の高まり、⑤自然認識の深まり、

図 c5-1　発達や学びの連続したカリキュラム構成　＜知的障害児を対象にした場合＞

| 生きる力の基礎　　幼児期の生活 |
| --- |

あそび（学びの芽）
・健康、からだづくり
・リズム、うた
・ふれる、えがく、つくる
・ことば、かず

【幼児教育施設】
これからの育ちや学びを見通して

| 生きる力　　児童期の生活 |
| --- |

教科（自覚的な学び）
・生活科（合科的な指導）
・生活単元学習
・基礎教科（体育、音楽、図工）

【小学校】
これまでの育ちや学びをふまえて

⑥実感を伴った問題の解決、⑦数や量と測定についての認識の深まり、⑧言語表現力（話す力、話し合う力）の高まりにあるとしている。ここでは、学びの芽とは学ぶということを意識しているわけではないが、楽しいことや好きなことに集中することで様々なことを学んでいくことになる。知的障害という特性を考慮すると、幼児期では、①健康・からだづくり、②リズム・うた、③ふれる・えがく・つくる、④ことば・かずにかかわるあそびが重要であると考えられる。一方、自覚的な学びとは集中する時間の中で、自分の課題を受け止め、計画的に学習を進めていくことである。

　ところで、児童期特に第一学年では、生活科を中心とした合科的な指導、特別支援教育では生活単元学習を行うといった工夫をすることにより、学校生活への適応や緩やかな移行がなされる必要がある。さらに、幼児期の表現に関する内容との関連を配慮すると、学校教育側の特別支援教育のこれまでの長い実践の蓄積で確認されてきた基礎教科（体育、音楽、図工）という捉え方がポイントとなる。児童期ではこの３つの基礎教科を核にして、やがては国語や算数への広がり、ひいては社会や理科へといった教科の系統性を大切にすべきである。

　換言すると、全身運動－手・足の運動を通して発達を促すために、最も基礎的な機能である運動・操作機能を使うことが重要となる。身体のしなやかさ、音・リズムによる表現、描画や制作活動、イメージの高まりは、表現・言語機能との関係も深く、話しことばを土台にした書きことばの発展や、諸能力の発達にとって不可欠な要素である。人とのかかわり（自分や他人、集団とのかかわり）、ものとのかかわり（身のまわり、自然とのかかわり）を通して、直接的、具体的なかかわりから段々と抽象的な概念（物事の法則性等）を認識していく事に繋がる。

　以上をまとめると、幼児期で行われてきたあそびを通して総合的に学ぶような指導形態を小学校第一学年の授業に取り入れ、工夫されたカリキュラムを作成し、実施すれば、円滑な

接続を図ることが可能になると考えられる。子どもにとって円滑な接続とは、無理なく小学校の生活や教科の授業に慣れていき、意欲をもったり、自信をもったりして児童期の生活を送ることである。

　今日的な特徴である個別の教育支援計画とあわせて、障害児がどのような保育・教育内容、方法で育ってきたのかを幼児期と児童期の関係者間で情報共有することが、子どもの最善の利益につながる。ここに生涯発達・ライフステージでの支援を推進していく根本的な考えがある。

（小川　英彦）

第6部

ダイバーシティ・インクルージョン保育の課題

# 第２２章

# 政策・制度と保育現場の発達障害児への対応課題

　本章では、今後ダイバーシティ・インクルージョン保育を展開していくための障害児保育の課題について述べる。特に発達障害児への対応に注目し、政策・制度レベルの課題から保育現場での実践の課題まで言及する。なお、本章で言及するインクルーシブ保育については、「障害やその他の理由で特別なニーズを有する子どもを含むすべての乳幼児が、保育所・幼稚園等の正式なメンバーとして、差別を受けることなく合理的配慮を受けて同じ施設を使い、同じ活動に参加し、共に育ちあえる保育の形態である」と定義して用いる。「特別なニーズを有する子ども」については、障害のある子ども、パステルゾーンの子ども、医療的ケアの必要な子ども、日本語を母語としない子ども、外国の文化をもつ子ども、宗教的な配慮が必要な子ども、極端な貧困状態にある子ども、虐待を受けている、もしくは受けている疑いのある子ども、セクシュアル・マイノリティ（LGBT）の子ども等、文化的・社会的・民族的・性的マイノリティの子ども、及び保育現場で特別な配慮を必要とする子どもたちの総称として用いる。

## 第１節　政策・制度レベルの課題

　国は、障害児者の福祉の増進を図ることを目的として、都道府県や市町村を対象に地域生活支援事業を展開している。2021 年度の地域生活支援事業費等県費補助金交付事業の対象項目の中から子どもに関するものを挙げると、発達障害児者地域生活支援モデル事業、発達障害児者及び家族等支援事業、発達障害診断待機解消事業、医療的ケア児等総合支援事業、地域のニーズに基づく効果的な地域生活支援事業実施のための実態把握事業がある。

### １．発達障害児者地域生活支援モデル事業

　発達障害児者地域生活支援モデル事業は、発達障害者支援開発事業（2007 年 6 月 29 日実施要綱通知）と重症心身障害児者の地域生活モデル事業（2012 年 6 月 15 日実施要綱通知）を統合し、2014 年度からは発達障害・重症心身障害児者の地域生活支援モデル事業（2014 年 5 月 7 日実施要綱通知）を実施してきた。本事業については、2016 年度に大阪府が作成した「医療的ケアが必要な重症心身障がい児者に対する取組」[1] 報告において、当事者の声を反映し事業展開するために、当事者と行政等との間に入って助言・支援・コーディネートを行なう人材を確保することが課題として挙げられた。また、三重県の「平成 28 年度 重症心身障害児者支援体制整備モデル事業の取組」[2] では、医療的ケアが必要な障害児者の人数を把握

すること、医療及び福祉の両方の知識を持ち、相談支援専門員を支援できるスーパーバイザーの人材を確保すること、支援を行なう障害福祉サービス事業所を確保することが課題として挙げられた。その実現のために三重県は、医療的ケアが必要な障害児者にサービスを実施した実績を評価する仕組みの必要性、及び重症心身障害児者に該当しない医療的ケア児・者の支援制度の必要性を示した。

### ２．発達障害児者及び家族等支援事業

　発達障害児者及び家族等支援事業の創設により、2018年以降はペアレントメンター養成等事業（ペアレントメンターに必要な研修の実施、ペアレントメンターの活動費の支援、コーディネーターの配置等）、家族のスキル向上支援事業（ペアレントトレーニング／ペアレントプログラムの実施）、ピアサポート推進事業（同じ悩みを持つ当事者同士や発達障害児の保護者同士が集まる場の提供及び集まる際の子どもの一時預かり）、発達障害児へのソーシャルスキルトレーニング（SST）が都道府県及び市町村で実施されている。厚生労働省が2015年に調査を実施した際には、503市町村の過半数が専門医療機関の専門職、療育の専門職、相談業務の専門職の不足を訴えた。また、ペアレントプログラムについては現場のニーズが高い一方で、導入済の市町村は２割にとどまり、４割程の市町村は導入の検討もしていないことが明らかになった。ペアレントトレーニングの普及には、物的要素・空間的要素よりも、人的要素が大きなウエイトを占める。ペアレントトレーニングのプログラムを実施するには、ABA（応用行動分析）療育について高度な専門性を要するため、ペアレントトレーニングを実施できる人材を育成することが喫緊の課題である。

### ３．発達障害診断待機解消事業

　医療機関において患者のアセスメントから診断、保護者へのカウンセリングまでを実施する場合には、１人の患者にかかる時間が長くなるために、受け入れ可能人数に制限が生じる。そのため、発達障害の診断にかかる初診待機期間が長期化する問題が生じていた。そこで国は、2018年度より、医療機関にアセスメント・カウンセリング対応職員を配置する方法、もしくはアセスメント・カウンセリング対応を児童発達支援センターや発達障害者支援センターに委託し、医療機関で診断のみを行なう方法の中から地域の実情に沿って選択することが可能となる「発達障害専門医療機関ネットワーク構築事業」を新設した。同事業の一環として、発達障害の診療・支援が行える医師を養成するための実地研修等を実施し、専門的医療機関の確保が図られている。

### ４．医療的ケア児等総合支援事業

　2016年に児童福祉法が以下のように改正された（第五十六条の六第二項、2016年5月25日成立、同年6月3日公布）。「地方公共団体は、人工呼吸器を装着している障害児その他の日常生活を営むために医療を要する状態にある障害児が、その心身の状況に応じた適切な保

健、医療、福祉その他の各関連分野の支援を受けられるよう、保健、医療、福祉その他の各関連分野の支援を行う機関との連絡調整を行うための体制の整備に関し、必要な措置を講ずるように努めなければならない。」その後、2019年4月1日より医療的ケア児等総合支援事業が開始された[3]。第17章で述べたように、2021年6月11日には「医療的ケア児及びその家族に対する支援に関する法律(医療的ケア児支援法)」が成立した(令和3年法律第81号)(2021年6月18日公布、9月18日施行)。政府はこの法律の施行3年後にマイルストーンを置き、法律の実施状況等を勘案して検討を加え、必要な措置を講じるとしている。

2019年度、0〜19歳の在宅の医療的ケア児は推計20,155人であり[4]、当該児の日中活動の場の不足、及び終日子どもに付き添う保護者の睡眠不足、心労によるQOLの低下等といった問題が山積している。国が前述のような施策を進める中で、医療的ケア児の保育は今後、訪問保育や放課後等デイサービス・幼児教育施設等での受け入れが進められていくことになろう。その際には、医療・保健・福祉・教育職の連携・協働が不可欠となる。保育者は、それを念頭に置いて準備をしていくことが重要である。

### 5. 地域のニーズに基づく効果的な地域生活支援事業実施のための実態把握事業

PwCコンサルティング合同会社(2020)[5]は、「地域生活支援事業を効果的に実施するための実態の把握に関する調査研究事業報告書」にて、次の内容を報告した。「各自治体では、今後のサービスの見込量を推計する際に過年度の実績データを参考にしていた。調査対象の5自治体において、利用者ニーズの把握またはサービス見込量を推計するための利用者アンケート調査は実施せず、相談支援専門員を通じた情報収集やサービス申請時の聞き取り、要望書、障害者団体からの意見等を参考としていた。」

わが国の福祉制度をめぐっては、申請主義が前提である。したがって、支援ニーズを有しているにもかかわらず、何らかの理由でこれまでにサービスを利用していない人々が存在する。それらの人々へのアウトリーチ活動に向けて、実態把握のための調査手法を改善することは課題の一つである。さらに、申請により現在受けることが可能なサービスの周知方法を改善することを、もう一つの課題として挙げておきたい。

## 第2節 保育現場での実践の課題
### 1. 個別の指導計画・個別の教育支援計画の作成状況

文部科学省による調査「個別の指導計画・個別の教育支援計画の作成状況(2018年1月1日現在)」[6]によると、幼保認定型こども園に在籍する幼児で、保育所が個別の指導計画、個別の教育支援計画を作成する必要があると判断した幼児のうち、実際に個別の指導計画が作成されていた割合は84.4%、個別の教育支援計画が作成されていた割合は71.6%であった。幼稚園における作成率は、個別の指導計画が82.2%、個別の教育支援計画が72.4%であった(図22-1)。個別の指導計画とは、個々の児童の実態に応じて適切な指導を行うために園や学校等で作成されるものである。個別の教育支援計画は、教育、医療、福祉、労働等の関係

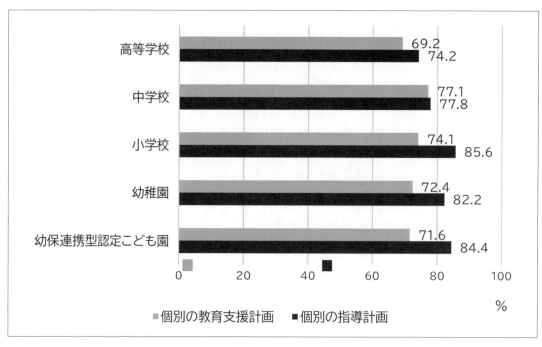

図 22-1　個別の指導計画・個別の教育支援計画の作成状況
通常の学級（国公私立計）（2018 年 5 月 1 日現在）
文部科学省「平成 30 年度 特別支援教育に関する調査等の結果について」を基に筆者作成

機関が連携・協力を図り、障害のある子どもの生涯にわたる継続的な支援体制を整え、それ
ぞれの年代における子どもの望ましい発達を促すために作成する個別の支援計画であり、幼
児児童生徒に対して、教育機関が中心となって作成するものである。2017 年度改訂の学習
指導要領において作成と活用が示された。2007 年度、公立幼稚園における個別の指導計画
作成率が 31.6％、個別の教育支援計画作成率が 20.2％であったことに鑑みると、10 年間に
作成率が大幅に上昇したことが確認できる。

　保育所等に関しては、2018 年度施行の保育所保育指針において、障害のある子どもの保
育について「障がいのある子どもが他の子どもとの生活を通して共に成長できるよう、指導
計画の中に位置付けること、子どもの状況に応じた保育を実施する観点から、家庭や関係機
関と連携した支援のための計画を個別に作成するなど適切な対応を図ること」「必要に応じて
個別の指導計画を策定すること」が努力義務として示され、2009 年度版の保育所保育指針か
ら引き継がれている。

## ２．アセスメントから支援計画作成までの手順

　現行の保育所保育指針には、「３歳未満児の個別の指導計画を作成することが必要」とある。
３歳以上児については、障害のある子どもを含め、必要に応じて個別の指導計画を作成する
ことが求められている。その上で、特別な配慮を要する子どもの個別の指導計画を作成する
場合について、「①日常の様子を踏まえて、その子どもにとって課題となっていることが生

じやすい場面や状況、その理由などを適切に分析する。その上で、②場面に適した行動などの具体的な目標を、その子どもの特性や能力に応じて、１週間から２週間程度を目安に少しずつ達成していけるよう細やかに設定し、そのための援助の内容を計画に盛り込む」（番号は筆者が加筆）と示されている。①②のいずれについても、保育者及びその他の専門職による丁寧なアセスメントが必要である。

　①については、保育者が保護者から成育歴や家庭での子どもの様子、子どもへの支援状況等を聞き取り、それらの情報と園で観察した子どもの姿とを併せて分析し、当該児の気になる行動・言動が発生しやすい場面や状況を推測することが可能である。一方②では、アセスメントを行ない、目標設定をした上でスモールステップの支援の内容を検討し、計画に盛り込むことが求められている。これについては、当該児が「現段階でしている／できていること」、「合理的配慮があればできる／楽しめること」、「得意／苦手なこと」を把握するためのアセスメントが必要となる。②については、専門家の支援が必要となる。

　表22-1に、発達障害アセスメントの方法を整理した[7]。①の観察法や面接法によるアセスメントは、保育者による実施が可能である。②の検査法によるアセスメントは専門家が実施し、当該児の知的発達の状況や認知特性を確認し客観的・科学的に実態把握を試みることになる。標準化された発達検査とはいえ、それのみで当該児のすべてが分かるわけではなく、日常的に子どもと接している保育者によるアセスメントの結果と、専門家によるアセスメントの客観的データとを照らし合わせて、当該児が抱えている生きづらさや困り感、教育的ニーズを明確化し総合的に判断することが重要である。この段階を経て、目標設定、支援の手立

表 22-1　発達障害アセスメントの方法 ( 筆者作成 )　　( ) 内は適応年齢

| ①観察法 | 自然観察法：　自然に過ごしている子どもを観察する | | 観察内容<br>・遊んでいる時の様子<br>・他者とのかかわり方<br>・環境への適応状況 |
| | 構造的観察法：時間や場面を設定して子どもを観察する | | |
| ①面接法 | 主訴、経過を聴く、子ども・保護者の話し方の特徴、質問の理解度、表情の変化、全体の印象、面接回数を重ねることによって変化する態度・話題等から情報を得る | | |
| ②検査法 | 心理検査 | 知能検査 | WPPSI（3：10-7：1）、WISC-Ⅳ（5-16：11）<br>田中ビネー（2-成人）、日本版KABC-Ⅱ（2：6-18）<br>DAMグッドイナフ人物画知能検査（3-10）<br>コース立方体組み合せテスト（6-成人）等 |
| | | 性格検査 | 質問紙法：谷田部－ギルフォード検査（小学生-成人）<br>MMPI ミネソタ多面人格目録（15：0－成人）等 |
| | | | 投影法：ロールシャッハテスト（幼児－成人）<br>文章完成法テスト（小学生－成人）、P-F スタディ児童用（6-15）<br>バウムテスト（幼児－成人）、家族描画法等 |
| | | | 作業検査法（クレペリン検査等） |
| | | 適性検査 | 進学適性検査、職業適性検査等 |
| | 発達検査 | | 津守・稲毛式 乳幼児精神発達診断（0-7）、DENVERⅡ（0-6）<br>フロスティッグ視知覚発達検査（4-7：11）、TK式幼児発達検査（3-6）<br>新版K式発達検査（0-成人）、遠城寺式 乳幼児分析的発達診断検査（0-4：7）等 |

ての検討、個別の指導計画作成という手順で進める。

　個別の教育支援計画は、障害のある幼児児童生徒が対象である。1回の作成で完結するものではなく、マイルストーンを置いて目標に向けて計画通りに進んでいるかを確認し、子どもの発達に応じて改訂することが必要である。このように、個別の指導計画や個別の教育支援計画の作成や改訂には職場外の専門家との連携が必要であるが、実際にはすべての保育現場で十分な連携が取れているとはいえない。長期に渡って連携していくために、園外の専門家と保育者との間で、共存共栄の関係を構築していくことが今後の課題である。

　2007年の特別支援教育の制度開始以降、障害のある子どもを受け入れる幼稚園や保育所等が次第に増加し、現在では園に障害のある子どもが在籍すること、及び園に加配保育者が在籍することが一般的となってきている。しかし、現実の各保育職場内では、保育者によってインクルーシブ保育に向かう姿勢に温度差が生じていたり、研修に参加する意欲に個人差が生じていたりすることがある（コラム3参照）。

　東京都福祉保健局が2014年に公表した「東京都保育士実態調査報告書」[8]によると、現職保育士（n=8,214）が就業を継続する上で習得を希望する知識と技術を問う設問に、全体の61.4％が「保育実技」を、60.9％が「特別な支援を必要とする子どもへの接し方」と答えた。設問に対する回答の「特別な支援を必要とする子どもへの接し方」は、潜在保育士（n=2,763）が挙げた項目の第1位で、また、現職保育士が挙げた項目の第2位であった。これらの回答状況から、インクルーシブ保育実践の社会的ニーズの高まりとともに、保育士が実際に仕事を進める上での困り感が窺える。

　この困り感に関して、筆者は、保育者から気になる子どもの保育に関して「どうすれば良いですか」と質問を受けることが多々ある。このような質問からは、気になる子どもの行動について計画通りに保育が進められないという問題を認識し、具体的な支援方法を試行錯誤する中で、思うように解決できずに孤軍奮闘する保育者の困惑が読みとれる。このように、保育職場の特徴であるそれぞれの園の中だけでの個人商店的な業務形態の中、単独で問題の解決を図る保育者にとって、焦燥感を理解し引き受け、助言してくれる外部の専門職によるコンサルテーションが必要である。それは、保育者の研修・研鑽の場にもなる。

　以上のことから、インクルーシブ保育を実践する保育職場においては、コンサルテーションの導入と、外部の専門職であるコンサルタントを積極的に活用する体制づくりを今後の課題として挙げる。


### 第3節　インクルーシブ保育を展開していくための障害児保育の課題

　国は、2013年より開始した待機児童解消加速化プラン、2018年より開始した子育て安心プランを経て、2020年から4年間で約14万人の保育の受け皿を整備する目標を立て、計画を進めている。厚生労働省の調査報告（2020）によると、2020年4月1日時点で23％の自治体が未だに待機児童問題を抱えている[9]。この数字を見ると、わが国では今以上に保育の受け皿を必要とする地域があることが分かる。その一方で、過疎地域や離島等で人口減少の影

響下にある地域においては、一部で定員割れが生じている。それらの地域では、統廃合を行なうことにより多機能化や定員充足率向上が図られている。

　国は、2025年に25〜44歳女性の就業率が82.0％に、0〜5歳児人口が530万人になり、同年度が保育所の利用児童数のピークになると見込んでいる[10]。出生数は減少傾向にある一方で、医療的ケア児数が増加傾向にある。現在、子どもを保育所に入園させるために保護者が行なう活動が「保活」と呼ばれているが、数年が経過し待機児童問題に区切りがついた後には、保活は「スキルの高い保育者チームが質の高い保育を実践する園」への入園を求める保護者の活動へと移行していくことが予見できる。

　これらのことから、保育の受け皿の整備と併せて、保育の質の向上が不可欠であることは論をまたない。保育の質の向上について、具体的には厚生労働省が「親子の成長を支える保育所の機能」「専門性の高まりに対応した職員配置、保育士の処遇、専門性の確保」「障がいのある子どもの受け入れの増加」を挙げている。

　これからの保育現場で、子どもの最善の利益を考慮して保育環境及び保育内容を検討していくには、ダイバーシティ・インクルージョン保育の視点が不可欠である。したがって、インクルーシブ保育を展開していくための障害児保育の課題は、インクルーシブ保育を実践する保育者の人材を育成することである。保育職はかねてより早期離職率が高い職種の一つである。保育者の質の維持、向上と、保育者の数の確保とが保育職場で強く求められており、その中で、各保育施設は質の維持、向上がより困難であると感じているとの調査報告がある。その課題解決に向けては、若い保育者が早期に離職し、次の若い保育者が就職するというサイクルを改善する必要がある。そのために必要なことは、若い保育者が「この職場で働き続けたい」と感じられる組織の風土づくりである。

　社会がインクルーシブ保育という要求を保育職場に求めていることは既に述べた。現在の保育職場において、インクルーシブ保育を高いレベルで遂行するのは決して容易なことではない。ましてや、新任の保育者にとっては手探りで進めていく部分もある。だからこそ、保育をこれまでのように個人商店的にクラス運営するのではなく、仕事の範囲を再定義して自分たちにあった保育をチームとして推進していく必要がある。

　厚生労働省がわが国の保育施設に推奨した「働きやすい環境づくり」「職場内でのコミュニケーションの円滑化」を実現するため、及び文部科学省がこれからの時代の幼稚園教諭の資質能力として挙げた「新たな課題に対応できる力」「組織的・共同的に諸問題を解決する力」を育成するための具体的な一手法として、筆者が開発した「保育KI（ケーアイ）」を挙げておく[11]。

　インクルーシブ保育は、それぞれの専門性をもつ職員がチームを構成し、そのチームが一体となってこそ円滑に推進できるものである。インクルーシブ保育を実践する保育者が自身の目標を認識すると同時に資質向上へのモチベーションを保てるようになり、自己研鑽と業務経験を通じたスキルアップが進められるようになることが、ひいては子どもの最善の利益を保障するための力量の形成につながる。

（高尾　淳子）

注

1) 大阪府福祉部障がい福祉室地域生活支援課 (2016)「医療的ケアが必要な重症心身障がい児者に対する大阪府の取組について（平成 28 年度)」.

2) 三重県（2016)「平成 28 年度 重症心身障害児者支援体制整備モデル事業の取組」.

3) 厚生労働省（2019)「医療的ケア児等総合支援事業の実施について」.

4) 厚生労働省（2021)「医療的ケア児及びその家族に対する支援に関する法律について」.

5) PwC コンサルティング合同会社（2020)「地域生活支援事業を効果的に実施するための実態の把握に関する調査研究事業報告書」.

6) 文部科学省（2018)「平成 30 年度 特別支援教育に関する調査等の結果について」.

7) 高尾淳子（2017)「発達障害アセスメントの視点」『保育士・幼稚園教諭のための障害児保育キーワード 100』福村出版, 28-29.

8) 東京都福祉保健局「東京都保育士実態調査報告書　2014 年 3 月」. 調査対象は 2008 年 4 月 -2013 年 3 月の東京都保育士登録者全員(n=31,550).　調査実施期間は 2013 年 8 月 26 日 -2013 年 9 月 10 日. 調査方法は郵送配布・郵送回収. 有効回収数は 15,369 件（有効回収率 54.7％：宛先不明 3,434 件を除く).

9) 厚生労働省（2020)「保育所等関連状況取りまとめ（令和 2 年 4 月 1 日)」.

10) 厚生労働省子ども家庭局保育課（2021)「保育を取り巻く状況について（令和 3 年 5 月 26 日)」.

11) 高尾淳子（2019)『インクルーシブ保育実践者の人材育成－職場を活性化し学び合いの風土をつくる保育 KI －』三学出版.

# 第２３章

# 学童の支援事例から考える、幼児期の支援とソーシャルワークの重要性

## 第1節　はじめに

　他の章で説明がされている通り、1990年の「出入国管理及び難民認定法」(以下「入管法」という) の改正 (翌年施行) による「定住者」の在留資格の創設、2019年4月の入管法の再改正・施行による「特定技能」の在留資格制度化等で、在日外国人・日系人は急速に増え、その国籍や出身国も変化し、新興国や貧困国からの入国者の増加が顕著となっている。また、外国人や日系人と日本人の間に生まれた日本国籍の子どもも増加している。外国籍の子どもは、日本の教育を受ける義務がないが、日本国籍を有する場合は、日本の教育を受ける義務がある。一方、外国籍の子どもの保育・教育は、外国人学校やインターナショナルスクール等、母国語の保育や教育を保障する学校を選ぶことができるが、学費は一部もしくは全額自己負担となるため経済面の負担が問題となり、近年増加している新興国や貧困国の国籍の子どもたち全てが希望する母国語教育の学校に就学できているわけではない。

　国際人権規約 (1979年) や難民条約 (1982年)、子どもの権利条約 (1994年) で、公立の義務教育に外国籍の子どもを就学させることを希望する場合、無償で受け入れることとなっており、教科書の無償給与や就学支援を含め、日本人と同一の教育を受ける機会を保障している。また、不法滞在状態になっても日本へ居住し続けている外国人 (いわゆる「オーバーステイ」) の子どもに対しても教育上は同じ扱いをすることとなっている[1]。

　その中で、新興国や貧困国をルーツとする保護者が、自身の子どもたちに日本の学校教育を受けさせていることは少なくない。その状況下で、言葉や学習面の不適応を理由として特別支援教育を受ける子どもが増えており、言葉と生活の適応面の課題を理由に、教員や行政機関の判断で特別支援学級に入るケースもあるという報道がある[2]。また、外国にルーツのある子どもが、医師の診断、発達検査の結果、通常学級では適応できないことを理由に特別支援学級に入ることがあるが、その判断の根拠になったと思われる「言葉の発達の遅れ」「コミュニケーションの課題」「行動面の不安定」等は、外国にルーツがあることによる「言葉や文化の相違」「地域社会での孤立」「親の就労と子育ての両立の困難さによる親子関係の不健全さ」等が背景・原因となっているのではないかと指摘する書籍も刊行されている[3]。

　本書は、未就学期 (乳幼児期) の教育や保育を扱っているため、学校教育の課題を論ずるのは他書に譲るが、就学期の子どもたちの状況から、乳幼児期の保育・教育の重要性を知ることができる模擬事例[4]を紹介し、外国籍・外国にルーツのある子どもたちに対する子育て支援、保護者支援のあり方について述べる。

**事例 1「ネグレクトの末に施設入所した、外国人の母親と日本人の父親の間に生まれた小学校生女児」**

　本人　A（女児、10歳）小学校 5 年生
　母親　フィリピン人（興行ビザで入国、30歳）
　父親　日本人（職業、年齢不詳、別居、未離婚）

**状況**

　A は、日本の飲食店で働く母親と日本人客との間で生まれた子どもである。はじめは父親と同居していたが、A が 1 歳になる前に父親の暴力から逃れるため家を出て、小学校入学直後まで母親と 2 人で生活していた。母親は主に日中の飲食業で生計を立てている。

　A が小学校に入学して 1 か月後、母親が仕事に行ったまま帰ってこない日があることが A の衣服の汚れ等で発覚した。小学校からネグレクトの疑いがあるとの通告を受け、児童相談所が下校中の A を保護した。帰宅した母親とも面談し、養育に自信がないとして、児童養護施設の入所措置となった。

　通っていた小学校からは「A は、就学前検診で、日本語を話すことが困難であると判断され、発達検査等で知的障害の疑いありと判断された。落ち着きがない一方、こだわりがあり、物静かなため母国語であるタガログ語の能力も不明であった。入学時に特別支援学級の打診を受けたが、母親は難色を示した」と報告されていた。

　最初の小学校では通常の学級に在籍しながら特別支援学級へ通級していたが、児童養護施設入所後に発達検査と精神科医の診察を受けたところ、軽度の知的障害、軽度の ADHD（注意欠如・多動性障害）の疑いとなり、転校先の小学校では特別支援学級に入ることとなった。タガログ語を話せる学生ボランティアとの交流の機会を週 3 回設けることで、生活場面では思ったことをタガログ語で話すことができるようになり、感情表出が見られるるようになった。

　2 年生の時からは、フィリピン人団体のボランティアが運営する日本語の教室に通い、3 年生の時に母親との交流が再開された。その年度末に、発達検査を再受診した。境界域ながらも改善が見られ、行動面は落ち着きがあり、相手の話を聞いて適切な行動がとれるようになっていた。日本語でもタガログ語でも日常会話できるようになり、友人と遊ぶ姿が見られ、通常学級で過ごす時間が増えていった。

　4 年生の年度末に、母親が離婚し、日本人男性と再婚したことをきっかけに、A は家庭に復帰し、退所した。

---

**事例 2「興行関係で働く女性の子ども小学生男児」**

　本人　B（男児、9歳）小学校 3 年生
　母親　フィリピン人（興行ビザで 7 年前に入国。29歳）
　父親　フィリピン人（内縁の夫。本国では同居していた。本国に残ったままで、所在確認できない。）

## 状況

　Bは、母親がフィリピンの日本語学校で出会った男性との間の子どもである。母親はBが2歳になる直前に興行ビザで日本へ入国した（Bは家族滞在ビザで母親と同時に入国したと思われる）。Bは、自宅で母親と2人で生活していた。日本入国以降、母親は主に日中は子どもと過ごし、深夜から早朝の飲食店の仕事で生計を立てている。深夜帯は、母親の友人のフィリピン人がBの面倒を見ていたという。

　Bが小学校2年生に進級する直前に、同じクラスの子どもたちになじめず、落ち着きがなく、パニックを起こしたりこだわり行動をとったりするので、発達検査を受けた。その結果、知的障害の境界域で、発達障害の可能性があるとして、特別支援学級への変更を打診された。後に利用することになる放課後等デイサービスの職員によると「母親は小学校の担任の言っていることはよくわからなかったと言っていた」とのことだが、学校の言う通り学級の変更を認めた。

　また、Bが入学した当時は、友だちとともに自分の力で帰宅することにも挑戦していたが、友だちになじめず、5月頃からBをかわいそうに思った母親が自分で迎えに来ることになった。しかし母親が迎えに来たのは初めの2週間ぐらいで、その後はほとんど母親の友人が迎えに来た。友人は普段、午後4時半から5時に迎えに来ていた。それまでの間、Bは特別支援学級の担当教員とマンツーマンに近い状況にあり、パニックを起こすことはあるが、日中とは異なり比較的安定した状態で過ごしていた。Bが2年生に進級してからは、母親や友人から連絡がないまま午後6時を過ぎることが多くなり、迎えが午後7時近くになることが週に1回ほどあった。友人は、Bを迎えに行ってから母親が仕事から帰ってくるまでの間は行動が制限され、自分自身の生活が成り立たないことに不満を感じていた。また、Bが情緒不安定な時に対応できないことを嘆いていた。

　Bは、平日は放課後から夜の6時まで放課後等デイサービスで過ごし、週3日は日系フィリピン人スタッフが主に面倒を見ることになった。また、そのスタッフが関わっている日本語教室にも週2日通うようになった。Bを自宅に送った際に、ごみが散乱している環境を目の当たりにした放課後等デイサービスの管理者の判断で、ふれあい遊びを許容する方針が採られ、抱っこ等のふれあい遊びを中心とするマンツーマンの支援を受けた。次第に落ち着きが出てきて、日本語で感情を表現できるようになり、大人の日本人女性となら楽しく会話ができるようになり、声を出して笑うことが増えていった。

　3年生の冬休みに、放課後等デイサービスを2日間連続で欠席した。心配したスタッフが小学校へ問い合わせたところ、「母親のビザを更新できずオーバーステイ状態になり、内縁の夫も来日できないことから、親子ともども急遽帰国することになった」とのことだった。その後の親子の動静はつかめていない。

## 第2節　事例の分析

### 1．親の「不安定」が子どもの発達に影響

　事例1・2では、母親の生活面・精神面の不安定性、ネグレクト、DV等の暴力によるメッセージの伝達等家庭内のコミュニケーション環境の劣悪さ、文化的な相違、家庭内の人間関係の悪さ等、多くの理由で子どもの言葉のコミュニケーションやその学習の機会が奪われ、更に虐待を受けることで精神的に不安定になり、ADHD等の発達障害や知的障害が疑われる状態になったのではないかと推測される。

　事例1の場合は、母親が父親のDVを受けることと、父親と別居するための引っ越し、生活の変化による母親の精神不安定があり、母親と子どもが前向きな精神状態で過ごすことが困難となっていた。さらにAはネグレクトによる心の傷や、DVを目の当たりにしたことが原因で精神状態や行動が不安定になったことで障害児として扱われ、特別支援学級に入ったため、Bと母親が抱える課題の原因の発見と根本的な解決が遅れたケースだと考えられる。

　事例2の場合は、Bが幼い時にフィリピンから日本へ移り住み、母親の仕事が多忙かつ夜間であるため、母親と友人が安定的にBを養護できなかったかもしれない。愛着形成や自己肯定感の醸成に課題がある場合、落ち着きのなさから発達障害と誤認される場合がある。この事例も後述の文化的・言語的基盤の違いと相まって発達障害の可能性があると誤認されたと推測される。

### 2．言語的・文化的基盤の認識と分析の重要性

　事例1の場合、Aは日本生まれのため、生活のベースは日本語だと学校は判断し、日本語ベースでAの能力を測っていた。しかし、母親が家庭内でタガログ語を用いてることに気が付いたことから、タガログ語をベースにコミュニケーションを図ることで、精神面、言語面、生活面の安定性、自立性が獲得できたと推測できる。

　事例2の場合、Bは2歳までは本国に居たこともあり、本国の文化的慣習、言語的環境の中で育ってきた思われる。日本の支援で効果を上げたのが、同じ文化的、言語的背景のあるスタッフであったことから、Bと友人たちの文化的・精神的基盤の違いが、学校における不安定な行動の一因だったと推測できる。注目すべき点は、母国の文化的・言語的背景に寄り添った支援が行われた結果、母国語と同時に日本語のコミュニケーション能力が上がった点である。

　またこれらは、十分な分析を行ったわけではないが、基盤となる言語・文化がしっかりあれば、幼児期であれば母国語以外の言語もスムーズに身に着けることができるという仮説[5]の信憑性を高める事例だと言えるかもしれない。

### 3．義務教育就学後に不適応があり特別支援学級に配属された事例

　いずれの事例も、義務教育就学前には特に問題視されず、支援の対象として認識されていない。小学校で授業を受け、科目の目標を達成するための学習についていけないことが発覚

し、特別支援教育の対象となった。はじめは、家庭環境や外国にルーツのある子どもならではの課題は重要視されておらず、特別支援学級に移行して支援を行っていくうちに、課題が見えてきた事例と言える。

当初は、学校教育への適応性という観点から子どもの抱える問題として着目され、後に親の生活課題、成育歴の課題、文化的基盤や言語発達面の課題として認識され、支援の方法が変化した。特別支援学級に移ったことが、問題の明確化のきっかけになったと言える。

## 第3節　今後の課題

### 1．入国時や手続き時のソーシャルワーク体制の充実

外国にルーツのある子ども・家庭だけの課題ではないが、入国、外国人登録、住民登録、住宅への入居等の節目や手続きの際に、子どもを抱えている家庭の発見とその追跡体制を整えることが重要である。

その追跡体制の中で、それぞれの家庭の枠組みや基盤となる文化や宗教等を尊重しつつ、母国語の利用が保証された相談支援サービスの利用促進や、公的な子育て支援サービス、公的助成の推進が重要である。

2018年の入管法改正に伴い、今後は在留外国人が増えると予想される。今回紹介した事例のような課題にも対応すべく、法務省は2021年6月に「外国人材の受入れ・共生のための総合的対応策」を改正[6]し、政府による外国人受け入れ体制の整備を進めている。そこでは、「外国人が、在留手続、雇用、医療、福祉、出産・子育て・子供の教育等の生活に関わる様々な事柄について疑問や悩みを抱いた場合に、適切な情報や相談場所に迅速に到達することができるよう、地方公共団体（複数の地方公共団体が広域連携により実施する場合を含む。）が情報提供及び相談を行う一元的な窓口を整備・運営するための支援を実施している」としている。各ライフステージや手続きごとに、多言語での情報提供、保健医療福祉の社会保障や社会福祉サービスとの連携体制の充実が示されているが、多言語の対応や他の機関、組織との連携、案内だけでなく、母国の文化や生活習慣に寄り添いながらマンツーマンで支援する、アウトリーチによるアプローチができるソーシャルワークの人材養成と実施体制の充実が求められる。

### 2．保育サービス利用を含めた即時的な支援体制の確保

今回紹介した事例から、子どもが入国した段階で、子育て支援サービス、保育・幼児教育サービスを利用できていれば、家庭環境の不安定さが発覚し、親子関係の問題と虐待が深刻にならずに済んだのではないかと考えられる。

政府は近年、保育や幼児教育の分野では、外国につながりがある子どもや家庭の支援を重点政策の1つとしている。例えば、先述の「外国人材の受入れ・共生のための総合的対応策」では「外国人の幼児については、集団生活を経験しないまま義務教育諸学校に入学すると、集団行動や日本語などが分からず、円滑に学校生活が送れないなどの弊害が生じる可能性が

あることから、幼稚園、保育園等への入園を促進し義務教育諸学校への就学に円滑につなげることが重要である。」と述べられている。「保育所保育指針」（以下、保育指針）では、「子どもの国籍や文化の違いを認め、互いに尊重する心を育てるようにすること」[7]、「幼稚園教育要領」及び「認定こども園教育・保育要領」（以下、教育要領、こども園要領）では、「海外から帰国した幼児や生活に必要な日本語の習得に困難のある幼児については、安心して自己を発揮できるよう配慮するなど個々の幼児の実態に応じ、指導内容や指導方法の工夫を組織的かつ計画的に行う」とある[8]。家庭への支援については、保育指針、こども園要領のいずれにおいても「外国籍家庭など、特別な配慮を必要とする家庭の場合には、状況等に応じて個別の支援を行うよう努めること」と明記され、外国につながりのある子どもの保育に関する方針が示されている[9]。

　また、2019年8月に、内閣府、文部科学省、厚生労働省が共同で「幼稚園、保育所、認定こども園等における外国籍の子ども等への対応について」と題した事務連絡を発出し、その中で「外国籍の子ども等の保育所等から小学校への切れ目のない支援について」として環境整備や適切な支援を求めている[10]。また同年、文部科学省は「外国人幼児等の受入れにおける配慮について」を発表し、2020年3月に改訂した[11]。そこでは、外国につながる幼児を受け入れる際に必要な配慮として、受け入れ時の配慮、支援における配慮、家庭との連携における配慮、関連機関との連携における配慮を示している。2019年には厚生労働省の研究事業で「保育所等における外国籍等の子どもの保育に関する取り組み事例集」が作成され、保育現場での活用が推進されている[12]。

　このように、義務教育の現場でも保育の現場でも「日本語教育への適応」を目標にした支援だけでなく、家庭や子どもへの個別支援の充実について「共生社会の実現」に向けた地域社会の支援体制の構築についても言及され、事例も示されている[13]。子どもが入国した時点や誕生した時点等、その時々で家庭環境や発達状況を見極めて適切な支援を行うこと、それが円滑にできる体制の充実が求められる。

　詳しくは、次の5つが考えられる。

① 子育て、教育、就労、生活支援の各関係機関との切れ目のない連携、子どもが小学校へ進学した際に教育や支援を継続するための連携を行う。

② 保育士や幼稚園教諭等心理行動面の発達の知識と経験のある人材による支援を行う。

③ 同じ出身国のネットワーク団体等との連携のもと、文化や言語的基盤への理解と配慮ができる人材による生活や発達の支援を実施する。

④ それらを実現するために、家庭を包括的に受け容れ、寄り添った支援ができる体制、特に、家庭や個人の状況に応じたサービスを即時的に提供する。

⑤ 子どもが安心して日本でも生活することができるような、共生社会の経験・学習ができる、ダイバーシティの尊重とインクルージョンの実現・保障をする、総合的な支援・保育体制を整える。

（葛谷　潔昭）

注

1) 文部科学省は「外国人児童生徒教育の充実について（通知）」（2006年6月22日）と、2011年の政府答弁書（衆議院）で、「公立の義務教育諸学校においては、在留資格の有無を問わず、就学を希望する外国人児童生徒を日本人児童生徒と同様に無償で受け入れる」としている。

2)「特別支援学級在籍率、外国人の子どもが日本人の倍　民間調査」朝日新聞2018年6月24日付朝刊、「外国からきた子どもたち　支援学級在籍率、外国籍は2倍　日本語力原因か　集住市町調査」毎日新聞2019年9月1日付朝刊.

3) 金春喜（2020）『「発達障害」とされる外国人の子どもたち　フィリピンから来日したきょうだいをめぐる、10人の大人たちの語り』明石書店.

4) 著者が、関係者の聞き取り取材を行った内容もとに作成した模擬事例である。本人や関係者の掲載許可を得ることが困難なため、趣旨を変えないようにしながら、個人を特定できないよう配慮する方向で、内容を変更した。

5) このような仮説を「臨界期仮説」と呼ぶ。臨界期とは、言語学習能力の基礎の獲得に必要な一定の期間のことである。その期間には諸説あるが、乳幼児期から思春期にかけてがピークとなり、後は減衰していくとまとめられる。第1言語の臨界期はレネバーグの研究（1967）、第2言語の臨界期はニューポートらの研究（1989）等で示唆されている。（参考文献：Lenneberg, E. H. (1967). The Biological Foundations of Language. New York: JohnWiley & Sons. 日本語訳：佐藤方哉・神尾昭雄 訳 (1974).『言語の生物学的基礎』大修館書店 )（Johnson, J., & Newport, E. (1989).「Critical period effects in second languagelearning: The influence of maturational state on the acquisition of English as asecond language」『Cognitive Psychology』21, 60-99.）

6) 法務省（2021）「外国人材の受入れ・共生のための総合的対応策（令和3年度改訂）」外国人材の受入れ・共生に関する関係閣僚会議.

7)「保育所保育指針」（平成29年厚生労働省告示第117号）第2章4 保育の実施に関して留意すべき事項（1）保育の全体にかかわる事項, 2017年3月31日.

8)「幼稚園教育要領」（平成29年文部科学省告示第62号）第1章 総則　第5 特別な配慮を必要とする幼児への指導、「幼保連携型認定こども園教育・保育要領」（平成29年内閣府・文部科学省・厚生労働省告示第1号）第1章　総則 第2教育及び保育の内容並びに子育ての支援等に関する全体的な計画等　3特別な配慮を必要とする園児への指導, 2017年3月31日.

9)「保育所保育指針」第4章　子育て支援 2保育所を利用している保護者に対する子育て支援 (2)保護者の状況に配慮した個別の支援 ウ、「幼保連携型認定こども園教育・保育要領」第4章 子育ての支援　第2幼保連携型認定こども園の園児の保護者に対する子育ての支援 7.

10)内閣府子ども・子育て本部参事官、文部科学省初等中等教育局幼児教育課、厚生労働省子ども家庭局保育課事務連絡「幼稚園、保育所、認定こども園等における外国籍の子ども等への対応について」2019年8月8日.

11)文部科学省（2020）「外国人幼児等の受入れにおける配慮について」https://www.mext.go.jp/a_menu/shotou/youchien/mext_00505.html.

12)三菱ＵＦＪリサーチ＆コンサルティング株式会社（2020）「保育所等における外国籍等の子どもの保育に関する取組事例集」『厚生労働省 令和元年度子ども・子育て支援推進調査研究事業報告書』.

13)文部科学省は、2019年6月17日に「日本人と外国人が共に生きる社会に向けたアクション」を発表し、①外国人児童生徒等への教育の充実、②外国人に対する日本語教育の充実、③留学生の国内就職促進・在籍管理の徹底の3点が重点施策として示した。①の「外国人児童生徒等への教育の充実」では「学校におけるきめ細やかな指導体制の更なる充実」（学校における教員・支援員等の充実、教員の資質能力向上、進学・就職支援の充実、障害のある外国人の子どもへの支援）

と、「地域との連携・協働を通じた教育機会の確保と共生」（外国人の子どもの就学状況の把握及び就学促進、夜間中学の設置促進等・教育活動の充実、異文化理解や多文化共生の考え方に基づく教育の充実）が示されている。

参考文献
- 金春喜（2020）『「発達障害」とされる外国人の子どもたち　フィリピンから来日したきょうだいをめぐる、10人の大人たちの語り』明石書店 .
- 文部科学省（2020）「外国人幼児等の受入れにおける配慮について」.
- 三菱ＵＦＪリサーチ＆コンサルティング株式会社（2020）「保育所等における外国籍等の子どもの保育に関する取組事例集」『厚生労働省 令和元年度子ども・子育て支援推進調査研究事業報告書』.
- 三菱ＵＦＪリサーチ＆コンサルティング株式会社（2021）「外国籍等の子どもへの保育に関する調査研究報告書」『令和2年度子ども・子育て支援推進調査研究事業報告書』.
- 三菱ＵＦＪリサーチ＆コンサルティング株式会社（2020）「保育所等における外国籍等の子ども・保護者への対応に関する調査研究事業報告書」『令和元年度 子ども・子育て支援推進調査研究事業報告書』.
- 文部科学省総合教育政策局国際教育課 (2021)「外国人児童生徒等教育の現状と課題」https://www.mext.go.jp/content/20210526-mxt_kyokoku-000015284_03.pdf.
- 和田上貴昭ら（2019）「保育所における外国にルーツをもつ子どもの親支援に関する研究」日本保育協会保育科学研究所『保育科学研究　第9巻（2018年度）』.
- 髙橋脩ら（2018）「外国にルーツをもつ障害のある子どもの実態と支援に関する研究」『発達障害児者等の地域特性に応じた支援ニーズとサービス利用の実態の把握と支援内容に関する研究分担研究報告書』平成29年度厚生労働科学研究費補助金（障害者総合研究事業）.

# 第２４章

# 外国にルーツのある子どもへの保育の今後の課題

本章では、今後ダイバーシティ保育を展開していくために必要な、外国にルーツのある子どもへの保育の課題について述べる。特に政策・制度レベルの課題と、保育現場での実践の課題を取り上げる。

## 第1節　外国にルーツのある子どもへの保育の現状

### 1．政策や制度

　法務省によれば、2020年12月時点での在留外国人数は約289万人であり、2015年の223万人と比べて66万人増加している。最も多いのは東京都（19.4％）、次いで愛知県（9.5％）、大阪府（8.8％）である。在留資格は、永住者（28.0％）、技能実習（13.1％）、特別永住者（10.5％）の順で多く、日本人と結婚する外国人や日本で働く外国人が増えると、永住者も増えていく。

　特に2018年12月、「出入国管理及び難民認定法及び法務省設置法の一部を改正する法律」が成立し、人材を確保することが困難な状況にある14分野で特定技能外国人の受け入れが可能となった（①介護業　②ビルクリーニング業　③素形材産業　④産業機械製造業　⑤電気・電子情報関連産業　⑥建設業　⑦造船・舶用工業　⑧自動車整備業　⑨航空業　⑩宿泊業　⑪農業　⑫漁業　⑬飲食料品製造業　⑭外食業）。また在留資格には「特定技能1号」（14分野、在留期間は通算で上限5年以内、2019年1,621人から2020年15,663人へ増加）と「特定技能2号」（建設、造船・舶用工業の2分野、在留期間に制限がなく家族の帯同も認められるが2019年・2020年とも0人）が創設された。このような中、外国にルーツのある子どもが増加しており、保育のあり方について考えていくことは重要なテーマである。

　しかし、厚生労働省の保育所保育指針を見ると、「多文化保育」や「多文化共生」について明確な方向性を示すような記載はなく、これが保育内容に多様性という視点が含まれない一つの要因となっている（品川, 2021）。また、外国にルーツのある子どもが多い地域は一部に限られ、その子どもが通園する保育施設は、全体から見れば一部に限られていることが、保育における主要な問題になりにくい理由ではないかと品川は指摘する。

　文部科学省の幼稚園教育要領においては、「第1章総則　第5特別な配慮を必要とする幼児への指導」の中に、「2　海外から帰国した幼児や生活に必要な日本語の習得に困難のある幼児の幼稚園生活への適応」として、「安心して自己を発揮できるよう配慮するなど個々の幼児の実態に応じ、指導内容や指導方法の工夫を組織的かつ計画的に行うものとする」とある。「幼稚園生活への適応」のための配慮が求められているものの、外国にルーツのある子どもや

その子どもと一緒に過ごす日本人の子どもが、多様性に触れる保育内容については、具体的には示されてはいない。

## 2．外国にルーツのある子どもの研究

　日本においても外国にルーツのある子どもが増えたことで、1980年代の終わり頃から多様な文化的背景をもつ子どもを対象とした研究が始まった。そこでは、自分の文化内での「良い子」像を外国にルーツのある子どもにあてはめて保育しようとする日本人保育者（山田ほか, 2003）や、集団保育の場面で外国にルーツのある子どもへの支援の必要性に気付きながらも支援しきれない日本人保育者（管田, 2006b）について報告された。また、日本語で言い返せずにトラブルを起こした中国人4歳児の事例（柴山, 2002）のように事例研究も進み、日本人保育者と外国にルーツのある保護者との関係に注目する必要性も指摘された（管田, 2006a；冨田, 1986）。

　また、米国の多文化教育を基にした「多文化保育」は、「保育者が保育の過程において平等と共生、さらに人間としての尊厳のもとに、人種、民族、社会、経済階層、ジェンダー、障害等の差別に関わる社会問題に取り組み、生涯にわたる学習の初期段階として、幼児に対し、地球市民としての資質、すなわち民主的な判断力を育成する保育実践」と定義づけられた（萩原, 2008）。しかし、日本における多文化保育は、アンチバイアス・カリキュラムのような子どもの固定観念や偏見を公正なものにかえるための具体的な実践と結びついたものではなく、「多様な背景を持つ子どもを一緒に保育すること」という実態を表す言葉として使われることが多かった。そのため、日本においては多文化保育がアンチバイアス・カリキュラムの実践とつながっていることが一般化するまでには至らなかった（品川, 2021）。

　すなわち、これまで外国にルーツのある子どもと保護者を取り巻く保育の課題が指摘され、「多文化保育」という言葉が使われてきたが、それは保育の課題を解決する保育実践を示すものではなかったのである。

## 第2節　外国にルーツのある子どもへの保育の課題

### 1．保育現場での対応

　外国にルーツのある子どもや保護者と日本人保育者の間で、問題の原因になりやすいのは「言語の違い」である。自分が伝えたいことを伝えにくく、相手の気持ちも読み取りにくい。そのため、保育者が保護者の協力を得にくいことや、保護者が保育者に相談しにくい状況が生まれる。保育現場への通訳の派遣や、区役所等にトリオフォン（三者で話せる電話）が置かれた等の報告があるが、まだまだ一部の地域に限られており、今後さらに地域の拡大と内容の充実が求められる。

　また、その他にも「食文化の違い（給食の問題）」等では、保育者は保護者との話し合いが必要になる。「外見の違い」や「服装の違い」等は日本人幼児にとっても認識しやすいため、「○○はどうして日本語が話せないの？」や「○○の目の色は青」といった発言をする。そのよう

な発言があった時のために、保育者は子どもたちへの説明を準備しておかなければならない。

## ２．女児Ａの事例

　ここでは外国にルーツのある子どもの事例から、保育の課題について考えていきたい。事例を取り上げるのは、来日目的や文化的背景、母語の違い等によって、個々の子どもの状況は異なり、それに伴って保育現場で生じる課題が異なるためである。具体的な事例から、課題の解決方法と今後の展望を検討する必要がある。

①Ｈ保育所からＩ幼稚園へ転園した女児Ａの事例
　・父母：ドイツ人。
　・使用言語：父母は日本において、家庭ではドイツ語を、家庭以外では英語を使用。
　・来日理由：母親の留学。数年日本に滞在後、帰国予定。
　・女児Ａの母語：ドイツ語。
　・通所先：日本の私立Ｈ保育所。女児Ａが行きたがらなくなったため、私立Ｉ幼稚園へ転園。

　父親（研究補助の仕事）、母親（大学院生）、Ａの３人で来日し、母親が通う大学の知り合いに紹介されたＨ保育所へ入所を決めた。大学から近く、日本人の知り合いも子どもをＨ保育所に通わせていたことが選んだ理由であった。Ｈ保育所は日本人の子どもが大半の保育所であった。

　Ａと筆者が初めて会った頃、ＡはすでにＨ保育所で１年半の保育所生活を経験していた。しかし、３歳の４月にクラスと担任の先生が替わったことで、Ａが保育所に行きたがらなくなった。そのため、Ａの父母は別の保育所を探したいと日本人の友人に相談し、そのつながりで筆者と会った。

　母親は大学院での授業や研究が中心の生活であったため、Ａの保育所への送り迎えや保育所探し、日本人の友人との情報交換は、主に父親が行っていた。父親は英語が堪能で、日本人の友人とは主に英語でコミュニケーションをとり、簡単な日本語も話した。父親によれば、Ａは「日本語とドイツ語が分かるが、日本語の方が分かるかもしれない」「英語はほとんど分からないと思う」とのことだった。そのため、Ａと筆者が話す時は日本語を使い、父親と筆者が話す時は英語を使った。父親と筆者の英語のやりとりを聞いて、Ａが父親にドイツ語で尋ね、父親がＡのためにドイツ語に訳すこともあった。

【保育所での問題】
　父親によれば、Ａは１年半はＨ保育所へ楽しく通っていたが、担任の先生が替わってから行きたがらなくなった。

　父親「（Ａの）前の担任の先生はいい先生でした。Ａも楽しく過ごしていたようだし、私にも簡単な

日本語でゆっくり話してくれて、<u>先生が言いたいことは全部分かりました。（①）</u>しかし、（3歳になって）担任の先生が替わり、Aが毎朝『保育所に行きたくない』と言って、涙を流すようになってしまいました。」

　父親は、Aがこれまで楽しく通っていたH保育所に行きたがらなくなった理由を知るために、日本人の友人に通訳をお願いして、H保育所を訪問し、園長先生や新しい担任の先生と面談をした。父親は、Aが他児とトラブルになったとき、新しい担任の先生がAを押さえたことがあり、Aは新しい担任の先生を怖がっていると聞いたため、それを伝えたかった。

　父親「新しい担任の先生は、Aと他児との間でトラブルがあるとAを押さえたり、<u>やりたがらないことも手を引っ張ってさせようとすることがあったようです。（②）</u>H保育所の先生と話し合い、先生方から『分かりました』と言ってもらえたので様子を見ていました。しかし、先生の対応が変わらなかったようで、Aも家族以外の人に触られるのを嫌がったり、怖がるようになってしまい、Aにとってよくないと思って転園を考えるようになりました。」

　父親は2週間の休みを取り、次の保育所が見つかるまでAを家庭で保育することに決めた。しかし、毎日1人でAを保育できるか不安を感じており、日本人の友人から、子どもを連れていける遊び場や、図書館や児童館で参加できる親子向けのイベント情報を集めていた。日本人の友人が父親の代わりに市役所に電話をしたが、どの保育所も定員がいっぱいで、年度の途中で転園することは難しかった。

【保育所から幼稚園への転園】
　父親は別の保育所を探していたが、年度途中での転園はできないことが分かり、幼稚園を視野に入れて探し始めた。父親は幼稚園のホームページを見て情報を集めたが、ほとんどのホームページは日本語のみで書かれているため、読むことはできなかった。写真で園のイメージをつかみ、気になる点は日本人の友人に訳してもらった。また父親は日本人の友人に、複数の幼稚園へ電話して気になる点（保育内容や保育料、制服の有無等）を聞いてもらい、Aに向いていると思う園を探した。結果として、自然の中での遊びを大切にしているI幼稚園に転園することにした。

　父親「Aは体を動かすことが好きなので、自然豊かなI幼稚園に入園させることにしました。日本人の友人が、I幼稚園で話せる日本人の母親を紹介してくれて、<u>その母親が幼稚園見学のときに通訳をしてくれました。とても親切ですよね。H保育所の保護者は皆忙しそうで、送り迎えで会っても挨拶だけでほとんど話したことがないし、その上コロナウィルスの感染が拡がって、日本人保護者の友だちができませんでした。（③）</u>I幼稚園の雰囲気や先生の対応もよくて、気に入りました。<u>Aは見学した時に、園庭で自由に遊ばせてもらい、楽しんでいました（④）</u>ので転園することにしました」

父親はＡが楽しんで通えそうなＩ幼稚園に転園を希望したが、保育時間が短いＩ幼稚園に通わせるためには、日本で就いていた仕事は辞めなければならなかった。その点は問題ないのか筆者が確認したところ、父親は「ドイツに戻ったら仕事で忙しくなりますから、今はＡとの時間を大切にしたいと思います」ときっぱりと言い、ＡのＩ幼稚園への転園が５月に決まった。

② Ａの事例にみる保育の課題

　Ｈ保育所を退所することになった理由として、父親からは、Ａを押さえて伝えようとする保育方法（下線部②）が挙げられた。筆者は、この事例の先生には直接聞き取りを行っていないため先生の真意はわからないが、先生の思いと父親の思いにずれが生じている可能性はある。しかし、Ａが涙を流してＨ保育所に行きたがらなくなり、保護者以外の人に触られることさえ怖がるようになってしまったことは事実である。Ａを知る日本人の母親によれば、あるイベントで「子どもの手形をとる活動があったが、Ａは自分の手の上から私が手を置いて、手形をはっきりとろうとしたところ、とても怖がり、嫌がったので『どうして？』と思った」とのことだった。

　この事例では「言語の違い」により、Ａと担任の先生とが双方に思いを上手く伝えられず、先生は手で押さえてしてはいけないことをＡに伝えようとしたが、Ａにはその意味が分からなかった可能性がある。また、Ａがやりたがらない活動にも担任の先生が手を引いて誘う方法は、父親の「Ａに自由に遊んで楽しんでほしい」という思い（下線部④）とは相反していた。通訳を介して話し合いは持たれたが、その後もＡがＨ保育所へ行きたがらなかったことから、Ａへの担任の先生のかかわり方が変わらないと感じた父親は、転園することを決めた。

　この事例の課題として、「身体的接触を伴う伝達方法」や「言葉の壁」の問題が挙げられる。「身体的接触を伴う伝達方法」については、してはいけないことを伝えるために押さえる方法や、誘うために手を引く方法が、Ａには怖く感じられた。この担任の先生はどの子どもに対しても同じような伝達方法を使うかもしれないが、Ａは日本語が伝わりにくかったため、身体的接触によって意思を伝えようとする傾向が強かった可能性がある。

　また、父親がこのことを担任の先生と話し合うためには、知り合いに通訳をお願いしなければならなかった。日本人保護者ならば、日々の送り迎えの時に担任の先生と立ち話しをしたり、連絡帳で情報を共有したりしてもっと早く解決できたかもしれないが、この事例では「言葉の壁」が解決を遅らせた一因と言えるだろう。

　もう一つ注目したいのは、Ａが前の担任の先生のもとでは１年半の間、Ｈ保育所に楽しく通っていたということである。父親によれば前の担任の先生はゆっくりとした日本語で父親とコミュニケーションをとってくれたため、全部理解することができて（下線部①）信頼関係ができていた。よってＨ保育所の保育方針と父親の思いとのずれが問題になったのではない。個々の先生による「伝達方法」や「コミュニケーションの配慮」が、外国にルーツのある子ど

もの保育所生活に大きな影響を及ぼす。このことをAの新しい担任の先生が知っており、「身体的な接触を伴う伝達方法」をとらず、父親に対してもゆっくりとした日本語でもっと積極的に「コミュニケーション」をとろうとしていたら、Aが退園することはなかったかもしれない。保育士や幼稚園教諭を目指す人が、外国にルーツのある子どもの保育に関して学ぶ機会を、これから保育士養成校や研修でもつことができたなら、このような苦しい思いをする親子が減るのではないだろうか。

### 第3節　外国にルーツのある子どもへの保育の展望

　外国にルーツのある子どもの保育を改善していくためには、前述した保育所保育指針や幼稚園教育要領の中に、多様性の視点を具体的に含むことが求められる。また、保育士や幼稚園教諭の養成校で多文化保育について学ぶ機会が不足していることは以前から指摘されている。さらに、保育現場に入ってからも、研修で外国にルーツのある子どもの保育のあり方を学ぶ機会を持つことが必要である。保育者が外国にルーツのある子どもの保育の課題を理解し、コミュニケーションのとり方に特別な配慮が必要なことを知れば、保育者から歩み寄るための糸口を見つけられるのではないだろうか。

　例えば、平仮名が読める保護者には連絡帳やおたよりを平仮名で書くことや、通訳頼みではなく「やさしい日本語」でコミュニケーションをとる方法もある（吉田, 2018）。また、入所した外国にルーツのある子どもの母語を、少しでも学ぼうとする保育者の姿勢も、子どもと保護者がコミュニケーションをとろうと心を開くきっかけになるだろう。

　また、Aの事例では筆者を含めて「日本人の友人」が問題解決のために力を貸したことを忘れてはならない。例えば、H保育所の先生と父親との話し合いでの通訳、保育所や幼稚園探しの相談や市役所への電話、幼稚園のホームページの翻訳、I幼稚園の見学での通訳や書類作成の手伝い等である。このように外国にルーツのあるAが1か月ほどで転園できたのは、父親が「日本人の友人」の助けを得られたからである。しかし、父親がH保育所の保護者は忙しそうで友達になれなかったことや、コロナ禍ではさらにコミュニケーションがとりにくくなったと語ったように（下線部③）、保育所に通所したら日本人の保護者の友人ができるという単純なものではない。Aの母親が留学生で、大学で日本人の友人ができやすかったことや、Aの家族が「外国にルーツをもつ家族をサポートするボランティアサークル」のイベントに参加し、そこで英語が堪能な複数の日本人の母親と知り合いになり、助けを求められる状況にあったことが大きい。

　このような外国にルーツのある子どもや保護者を支援する団体は各自治体にあるかもしれないが、地域の住民が善意でサークルを立ち上げてメンバーを募集し、通訳も翻訳もボランティアで行っているケースが少なくない。このようなサークルの立ち上げや宣伝、継続には行政の支援が必要であるし、保育所や幼稚園からも通訳を依頼できるようにすることが求められる。外国にルーツのある保護者にとって、日本人の友人に子育ての悩みを相談できることは、日本で子育てする上で助けになる。前述したサークルでは、SNS上で外国にルーツ

のある保護者の相談を日本語、英語、中国語で受けるという支援もボランティアで行っており、子育てに関する様々な相談が日々送られてきている。この地域は、外国にルーツのある保護者が特別に多い地域ではないが、子どもの持ち物から行政の手続きについてまで、多様な悩みが寄せられている。これは外国にルーツのある保護者が、気軽に相談できる日本人の友人や場所を求めていることの証である。外国にルーツのある保護者と、日本人の保護者をつないでいくような取り組みが、保育現場や行政で進められていくことが求められる。

　今後、ますます外国にルーツのある子どもが増えていく中、一部の地域や保育者のみの課題として取り組み、その子どもが日本語を学ぶまでの問題として捉えてはならない。すべての保育現場において、ダイバーシティ・インクルージョン保育の視点から、外国にルーツのある子どもの保育を考えていく時が来ている。

（吉田　貴子）

引用・参考文献

- Derman-Sparks, L. & the A. B. C. Task Force (1989) Anti-Bias Curriculum: Tool for Empowering Young Children. NAEYC.
- 総務省　出入国在留管理庁（2021）「令和2年末現在における在留外国人数について」http://www.moj.go.jp/isa/publications/press/13_00014.html.
- 菅田貴子（2006a）「外国籍幼児の保育所への適応過程に関する研究－留学生の子どもの事例から見えてくるもの」『保育学研究』44 (2), 104-113.
- 菅田貴子（2006b）「幼稚園教諭のもつ外国籍幼児への期待に関する研究－中国人女児の事例から見えてきた課題」『乳幼児教育学研究』15, 25-33.
- 厚生労働省（2018）『保育所保育指針解説書』フレーベル館.
- 品川ひろみ（2021）「外国人集住地域における多文化保育の現状とその背景：日本とスウェーデンの比較から」『北海道大学大学院教育学研究院紀要』138, 31-54.
- 柴山真琴（2002）「幼児の異文化適応に関する一考察－中国人5歳児の保育園への参加過程の関係論的分析」『乳幼児教育学研究』11, 69-80.
- 冨田明希（1986）「幼児期における国際理解と協力. 平和のための教育をどうすすめるか－ある就学前児童の異文化適応の過程に学ぶもの」『国際理解』18, 28-48.
- 萩原元昭（2008）『多文化保育論』学文社.
- 文部科学省（2017）「幼稚園教育要領」https://www.mext.go.jp/component/a_menu/education/micro_detail/__icsFiles/afieldfile/2018/04/24/1384661_3_2.pdf.
- 山田千明・塘利枝子・廿日出里美・柴山真琴・松尾知明・久保田力（2003）「日本の幼稚園・保育所における異文化理解教育体系化の試み－中国・台湾・韓国・日本の実践事例を手がかりに」『日本保育学会大会発表論文抄録』56, S4-S5.
- 吉田貴子（2018）「第17章　外国籍の保護者と幼児を支える保育者の専門性」『保育実践の中にある保育者の専門性へのアプローチ』238-251.

# 第25章

## 幼児期の総合的な変革に向けて：特別なニーズに応じた
## ダイバーシティ・インクルージョン保育の今後の展望と課題

　本章では、特別なニーズに応じたダイバーシティ・インクルージョン保育の今後の展望と課題について解説する。

　第1部第1章で示したように、本書ではダイバーシティ保育を「文化や人種、障害等の多様な属性の差異を集団内で相互に受容・理解・尊重しながら、その差異を積極的に活用することで育ちあう、一人ひとりのニーズに応じる保育」、インクルージョン保育を「文化や人種、障害等の差異を前提とするのではなく、すべての子どもが同じ場で参加が保障され育ちあう、一人ひとりのニーズに応じる保育」ととらえ、実践事例を踏まえながら概説を進めてきた。本章では最後に特別なニーズに応じたダイバーシティ・インクルージョン保育の今後の展望と課題について、いくつかのポイントを示すこととしたい。

### 第1節　ダイバーシティ・インクルージョン

　ダイバーシティ・インクルージョン保育では、多様な経済的、社会的、文化的背景をもつ子どもたちがみな、その背景を集団内で認められ、帰属意識が醸成され、居場所が保障されることが重要となる。幼児教育施設の幼児教育施設やクラス内では、集団を構成する経済的、社会的、文化的背景が一定程度均一であればそれぞれを小集団として尊重しやすくなる場合もあるが、実際にはマジョリティとマイノリティに分かれることが多い。その際、マジョリティの価値観等にマイノリティの価値観等を合わせていくような統合 (Integration) が望ましくないことは今更指摘するまでもない。

　また、例えばグローバルにつながる子ども (海外 (外国) にルーツのある子ども、外国につながる (つながりを持つ) 子ども、外国籍の子ども等) や先住民族の子どもたちの中で、どの背景を当事者である子どもが大切にしたいと考えるのかは内容や場面によって異なる。例えばグローバルにつながる子どもで保護者がそれぞれ日本と異なる文化背景を有するため、その保護者からつながる背景を尊重しようとする場合もある。一方、子ども自身は日本で生まれ、生活している場合、日本の文化を自分の背景として大切にしたいと考える場合もある。また保護者が日本と日本以外の文化とそれぞれ異なる背景を有する場合、子ども自身が内容によってそれぞれ異なる背景を自分のアイデンティティとして選択することを希望する場合もある。

　ダイバーシティ・インクルージョン保育では、園や保育者側が子ども集団を包括 (Include) していく立場としてそのあり方が問われやすいが、その対象となる子どもたちの主体性や立

場を尊重する視点をもたなければならない。言い換えれば、ダイバーシティ・インクルージョン保育におけるダイバーシティやインクルージョンは、当事者である子どもの立ち位置によりあり方が流動・変動するものであるため、保育者が一義的に規定できるものではないということである。そのため、ダイバーシティ・インクルージョン保育は実践方法（論）を身につければ実践できるものではなく、当事者である子どもの立ち位置から保育実践を構想・構築していくことを理解する必要がある。この点は、次に示す子どもの「意見表明権」の保障と密接に関連している。

## 第2節　子どもの「意見表明権」の保障

　1989年の第44回国連総会において採択（1990年発効）され、日本でも1994年に批准された「子どもの権利条約」（外務省「児童の権利条約」）の第12条には「締約国は、自己の見解をまとめる力のある子どもに対して、その子どもに影響を与えるすべての事柄について自由に自己の見解を表明する権利を保障する。その際、子どもの見解が、その年齢および成熟に従い、正当に重視される。」と規定されている（国際教育法研究会訳）。この規定に関しては、「その子どもに影響を与えるすべての事柄」について子どもの意見表明権に何ら年齢制限は課されていないと解されるため、ダイバーシティ・インクルージョン保育においては、子どもの「意見表明権」を保障するという視座がポイントの一つになるといえる。

　園生活においては、子どもは活動の主体であり、多様な場面の中で、子ども自ら意見を表明して活動への参加、行動を選択し、決定・判断していく。この前提を基とした保育実践においては、日々の活動や行事等で「何をしたいのか」を子ども自身が表明し、参加するかどうかは子ども自身が決めていくというプロセスが重要視されるといえるだろう。それにより子どもたちは、意思を表明する経験、行動を選択する経験、決定・判断する経験を蓄積していく機会が増えるのである。

　このことは決して保育活動の内容や方法を子どもに委ね、子ども任せにすることとは同義ではない。ダイバーシティ・インクルージョン保育実践の中では、子どもがみずからその日の活動への参加、行動を選択できるように、話し合いの場を設けたり、子どもが参加したくなるような環境を構成したり、多様な選択肢を提示したりすることが保育者に求められる。そのため、「今日は○○をします」と最初から決まっており、参加、行動の選択が限定的な活動を毎回保育者が設定する保育計画（案）には課題がある。行事等も保育者のみで企画・運営するのではなく年長・5歳児を中心に子どもたちも企画・運営に参画できるように設定していく方法をカリキュラムマネジメントで検討していきたい。

　このようなカリキュラムマネジメントを実現するためには、例えば行事等では活動を動画で記録し、子どもたちが企画・運営する際に参加、行動の選択ができるように情報提供可能な環境や準備を行うことが望ましい。このことから、仮に行事が1年度に1回だとすると、1年前から翌年度に向け行事の準備を行っていくという計画の立案・実施が必要となる。ダイバーシティ・インクルージョン保育において子どもの「意見表明権」を保障するためには、

中・長期的な計画に基づくことが必要となってくる。この点はまさに第3部「多様な保育ニーズと保育の実際実践編」で示されるような園の実践事例が参考となる。

　子どもの「意見表明権」の保障はダイバーシティ・インクルージョン保育において不可欠な要素となるだけでなく、種々の経験を蓄積していく機会ともなる。変革の動きの激しい今日の日本社会において、子どもが自ら意見を表明して活動への参加、行動を選択し、決定・判断していく経験はキャリア形成のために不可欠である。進路とキャリアが多様化し、将来予測が困難な現代社会では、乳幼児期の経験を豊かにすることが子どものキャリア形成につながるといえる。

## 第3節　環境としての保育者・組織の専門知識の獲得と意識変容

　ダイバーシティ・インクルージョン保育を推し進めていくためには、環境としての保育者・組織の専門知識の獲得と意識変容も求められる。例えばグローバルにつながる子ども（海外（外国）にルーツのある子ども、外国につながる（つながりを持つ）子ども、外国籍の子ども等）や先住民族の子どもは、それぞれ独自の経済的、社会的、文化的背景を有するため、その背景を尊重しながら、日本や園の所在地域の経済的、社会的、文化的背景が影響する活動等への参加を促したり、調整したりする必要がある。また保護者の宗教、主義に基き園に対して何らかの配慮が要請された場合も、組織として対応を検討したうえで可能なものは配慮していく必要がある。これらの対応や配慮には保育実践に係る専門知識とは異なる専門知識が求められることもあるため、各保育者や組織として専門知識の獲得が求められる。

　今日、日本社会では発達障害等の障害に関する理解も進みつつある。例えば発達障害により園生活で課題が生じる要因として、一人ひとりの発達の遅れや偏りがあることは知られてきた。しかし、発達の遅れや偏りは目に見えない、見えにくい病態であるため、生活上の困難さを表現する子どもの言動に目が向きやすくなる。そのため、保育現場ではこれらの言動を「問題行動」としてとらえてきた傾向が一部にあり、その意識が十分に払拭されたとは未だ言い難い。

　また障害のない子どもや保育者は誰もがみな自分と同じように見えて、聞こえて、感じられるという「健常者の文脈」から他者の言動を理解する傾向が強いといわれる。保育者は子どもを「平等」にとらえようとする傾向もある。そのため、発達障害のある子どもの有する生活上の困難さが理解しにくいという課題が生じやすいといわれている。このことから、保育実践の中では発達障害等のある子どもに保育者が「平等」を標榜して合理的配慮に欠ける指示を行ったり、場面によっては感覚過敏のある子どもに対して密集した集団への参加を努力して求めたりするケースも一部ではあるものの存在している。

　保育者はダイバーシティ・インクルージョン保育における子どもを取り巻く環境の一構成要素であるため、これらの意識に基づく子どもへの接し方や配慮は当然望ましいものではなく、その意識の改善が不可欠である。

## 第４節　多様な特別なニーズの理解

　また今後のダイバーシティ・インクルージョン保育の中では、近年研究の進展により支援の必要性が理解されつつある特別なニーズに関しても、園や保育者の理解を深めていく必要がある。ここでは特に聴覚に関連するニーズを３つ紹介する。

### １．聴覚情報処理障害（Auditory Processing Disorder：APD）

　聴覚情報処理障害（APD）は、病態として聴力は正常（聴力検査の結果で異状はみられない状態）であるが、日常生活場面で他者の発語や音声に聞き取りにくい症状を示すものである。聴覚情報処理障害を有する子どもは知的障害や発達の遅れはみられないものの、視覚情報と比べて聴覚情報の聞き取りや理解に困難が生じやすい特徴を有する。特に早口、長文、小さい音の聞き取りが困難であり、聴覚情報の保持も苦手とするため、聞き返し、聞き誤りが生じやすい等の生活課題が生じる。

　聴覚情報処理障害（APD）は聴取環境により聞取能力が大きく変化するといわれており、特に保育室のような多くの音が混在しやすい環境では聴覚情報の聞き取りや理解に困難が生じやすくなる。そのため、ホワイトボードを利用して聴覚情報を視覚情報に変換する等の支援が有効となる。

### ２．音嫌悪症（Misophonia（hatred of sound））

　音嫌悪症（ミソフォニア）は、病態としては刺激音（特定の音）に対して否定的な感情（怒り、逃避反応、憎しみ、嫌悪）が生じやすくなる症状を示すものである。例えば Sukhbinder 他（2017）は人の咀嚼音や呼吸音に対して情緒的反応（イライラ・不安等）が示され、脳内では前部島皮質（AIC、感情を司る部位）が極度に活動的になったことを示している。

　音嫌悪症は『精神障害の診断と統計マニュアル』第５版（DSM-5）、「疾病及び関連保健問題の国際統計分類」最新版（ICD-10）で「解離性障害」に分類されている。近年では「強迫性障害」との関係も指摘され、「○○でなければならない」等の規範意識とも関連する可能性が指摘されている。

　保育現場では特定の音が生じる環境（空間）での生活が困難になりやすく、他者コミュニケーションの課題や偏見・差別が生じやすくなるリスクを有する。現状では根本的な治療法は見出されておらず、刺激音対策としては、「雑音を増やす」「会話する」「音楽を流す」方法が有効である可能性が指摘されている。また、刺激音に視覚刺激（情報）が加わることで情緒的反応が強くなる可能性があるため、保育室内では給食時等に「囲い」を設けて目に入る刺激を軽減させることも有効な可能性があるといわれている。

### ３．CODA（Children of Deaf Adults）

　CODA とは聴覚障害のある保護者をもち、本人は健聴である子どもを指し示すものである。CODA は保護者が聴覚障害を有しているため、子どもと音声言語でのコミュニケーションを

とる機会が少なく（あるいはなく）、家庭内と家庭外とで大人とのコミュニケーション方法が違う場合に困り感や戸惑いが生じやすいと指摘される。

　CODA の子どもの状態は、主に養育を担う保護者が両方とも聴覚障害があるか一方だけに聴覚障害があるか、その聴覚障害の程度、音声言語でのコミュニケーションの有無等によって異なるとされる。CODA の幼児の場合、特に３〜５歳で一定程度大人との音声言語コミュニケーションも可能な場合、保護者の情報取得をサポートする機会が増加し、子どもへの負担となることが懸念されている。その一方で、周囲から「かわいそう」「大変」とされたり、保護者を支えることを「頑張れ」「えらい」等と当事者の認識と異なる働きかけ、評価を受けることもあり、当該児に困り感や戸惑いが生じる事例も報告されている。この点は保護者に視覚障害ある場合でも類似性があり、「子どもに対する過度の賞賛の被害」と指摘されている（平・徳田 , 1994, 99）。

　CODA に対しては、当事者である子どもの置かれた環境や認識による状況理解が、子どもの心理状態や困り感や戸惑いに影響を与えると考えられる。例えば、家庭内で指差しによる指示を多く用いる等の独自のルールを用いて生活する機会が多く、園生活では家庭と異なるルールに戸惑うことが生じる。また両親が手話利用者の場合、早期から手話の習得を周囲から求められることも生じる。そのため、保育実践の中で安易に子どもを保護者への連絡役の「スピーカー」にしないことを意識するとともに、子どもの負担感に留意することが必要である。子どもが相談できる環境を整えておくことが望ましい。

　このような多様な特別なニーズは科学の進展とともに明らかになりつつあるため、保育者として常に新たな情報を収集可能な学習環境を整備していくことが望ましい。

## 第５節　組織マネジメント改革

　ダイバーシティ・インクルージョン保育は、保育の質を向上させるための取り組みの一環であるため、幼児教育施設は子どもの養護環境（安心して過ごせる環境）と、遊びに専心できる環境の構築に継続的に取り組むことが不可欠である。そのためには、組織システム整備が必要であり、幼児教育施設におけるマネジメント体制のあり方が問われることとなる。

　現在の日本の幼児教育施設では、同年齢集団を基本とする学級・クラス単位での組織編制を行うことが多く、同年齢集団での保育実践を基盤としながら、異年齢保育（縦割り保育）を適宜取り入れている。同年齢保育と異年齢保育では集団を編成する目的が異なり、それぞれに意義（利点）がある。異年齢保育を基盤とする場合、同年齢集団での保育実践を基盤とするのに比べて、活動の焦点を当てる年齢や組み合わせが複雑化し、保育士一人が受け持つ子どもの年齢・発達段階が広がることで、指導計画の作成等保育士の業務量や負担感が増大しやすいといわれることが多い。

　しかしながら、今後ダイバーシティ・インクルージョン保育に取り組んでいく上では、この同年齢集団に比べて異年齢集団は業務量や負担感が増大しやすいという認識を見直してい

く必要があると考えられる。つまり、異年齢集団を基盤として考え、それに係る必要な業務量を標準としてとらえ、その上で業務量の削減のための見直しやスリム化を検討して実行していくという視点・行動が今後のマネジメントには求められるのである。

このことを実行するためには、行事の意義の確認、時期・規模・内容等の見直しや保育環境の再構成等カリキュラムマネジメントが必要となる可能性が高い。また異年齢集団の規模も検討し、個別支援、小グループ支援も可能な人事シフト編成や非常勤職員の配置等人事マネジメントも必要となる可能性が高い。このような業務内容の選定・優先付けや人事配置の見直しを行い、業務効率化を視野に入れた従来のマネジメントとは異なる抜本的なマネジメント改革が必要となっていくであろう。

ダイバーシティ・インクルージョン保育を含む保育の質向上にはマネジメント改革に基づく業務の見直しが不可欠であるため、現状のマネジメントによってもたらされるコンフォートゾーンから脱却するときの導入コスト（特に初動コスト）に対する職員の抵抗感も出るであろう。そのため、職員の業務観の変容を促す新しいマネジメントの導入が求められるのである。

## 第6節　ダイバーシティマネジメント

前節の「組織マネジメント改革」に示したようなマネジメントに取り組んでいくためには、特にダイバーシティマネジメント（Diversity Management、以下DMと表記）に取り組むことが有効であると考えられる。組織におけるDMとは、組織構成員一人ひとりが有するあらゆる多様性を経営資源として動力の源泉とするため、例えば組織システム整備や組織風土の醸成等のように多様性を活かせる組織開発、組織力強化に取り組む組織マネジメントアプローチを指し示すものである。組織マネジメントにおいては、組織は外部の環境に存在する多様なニーズを認識した上で行動に係る意思決定をすると考えられている。

今後の日本社会や国際社会において、ダイバーシティ・インクルージョン社会の実現に向けた取り組みが進むことから、幼児教育施設はこの社会環境を認識した上で行動していくための意思決定をすることが求められる。幼児教育施設が外部環境に適応した意思決定をしていくためには、組織内が多様な社会的、経済的、文化的な背景をもつ構成員で組織され、その構成員の能力を活用した組織開発、組織力強化を進めることが必要である。

そのため、今後の幼児教育施設においては、積極的に多様な社会的、経済的、文化的な背景をもつ職員を採用して、ダイバーシティ・インクルージョン保育実践を行っていくダイバーシティマネジメントに取り組むことが課題となる。障害のある者、グローバルにつながる者、園の所在地域につながる者（地縁を有する者）、他職種経験を有する者等多様な人材を職員として採用したり、外部人材として企業家や地域産業従事者等に保育実践への参画を促すマネジメントを展開していくことが期待されるのである。

例えば、障害のある保育者は、障害等に係る保育者への配慮を職務上行うことでその特性を強みとし、活かしていくことができる。このことにより、障害のない保育者と障害のある

保育者が多様な労働条件下で共に働き、支え合いながら協働して保育実践に臨む姿を子どもたちに示すことは、子どもたちにとってダイバーシティ・インクルージョン社会の一つのモデルとして機能する可能性がある。このような障害に関わらず多様な社会的、経済的、文化的な背景をもつ者同士が協働して働きやすい組織開発を進めることは、組織におけるインクルージョン風土 (Climate for Inclusion) の醸成であり、ダイバーシティマネジメントを推し進めていく原動力の一つとなる。

　このようなマネジメントに取り組むためには、指定保育士養成施設等と広く連携し、各種実習やインターンシップの受け入れ等を幅広く実施して多様な人材との接点 (アクセスチャンネル) を増やすこと、また幼稚園教諭普通免許状や保育士資格の非所有者を保育補助等の職員として採用し、資格修得支援プログラムを実施する等、従来の幼児教育施設の人事戦略とは異なる、新たな戦略展開も求められよう。先述の組織マネジメント改革と併せ、ダイバーシティ・インクルージョン保育を推し進めていくためには幼児教育施設のマネジメントを見直すことが求められる場合が多く、一定の投資コスト負担が求められる。この各組織の投資コスト負担の軽減を現状の幼児教育・保育制度下で社会がどのように支えていくのかに関しては課題が残るものの、このようなマネジメントが今後の幼児教育施設の組織マネジメントにおける標準的な手法として確立していくように、社会に働きかけていくこともダイバーシティ・インクルージョン保育の推進には必要である。

（田中　謙）

引用・参考文献
- Sukhbinder Kumar, Olana Tansley-Hancock, William Sedley, Joel S. Winston, Martina F. Callaghan, Micah Allen, Thomas E. Cope, Phillip E. Gander, Doris-Eva Bamiou, and Timothy D. Griffiths（2017）「The Brain Basis for Misophonia」『Current Biology』27, 527-533.
- 平重忠・徳出克己（1994）「父親あるいは母親が重度視覚障害者である家庭に育つ子どもについて－子どもの障害に対する気づきの実態と親による障害理解教育－」『日本保育学会大会研究論文集』(47), 98-99.

## 本書を終えるにあたって

　本書は今日の保育現場で必要性・重要性がますます高まっているダイバーシティ・インクルージョン保育のポイントについて、実践例を多数取りあげながら示してきた。本書を通じて学んできた読者の方には、今後求められる実践は従来の「障害児保育」で対応してきたニーズのみならず、より多様な特別なニーズに対応していく実践であることを理解していただけたかと思う。

　さらに言えば、より多様な特別なニーズに対応していくために、一人ひとりのニーズに応じつつも、その多様性を活かしながら、主体的に園生活を楽しむことができる保育環境を構成していくことが実践の柱となることも理解いただけたかと思う。ダイバーシティ・インクルージョン保育は多様な特別なニーズに対応していくための合理的配慮等は必要となるが、その中核は一人ひとりの子ども理解に基づき、ていねいなかかわりを積み重ねていくことがある。

　本書を読む前にはダイバーシティ・インクルージョン保育と聞くと難しい印象を抱いていたかもしれない。またダイバーシティ・インクルージョン保育実践に臨むためには特別な支援方法の習得が必要であり、自分（自園）には難しいと考えていたかもしれない。しかしそうではない。保育者は一人ひとりの子どもの声に耳を傾け、その話をていねいに聞き取りながら、一緒に楽しい時間が過ごせるような遊びを展開していけるように環境の構成に努めることが大きな役割となるのである。

　また本書では障害の表記に関して編者間で協議し、視覚障害、聴覚障害、知的障害、肢体不自由、病弱、言語障害、情緒障害は幼児教育施設で広く用いられている学校教育用語を参考に統一した。また発達障害に関しては、自閉症スペクトラム障害、注意欠如・多動性障害、限局性学習障害、運動障害群、チック障害群と DSM-5 の表記（翻訳）のうち「障害」のつく表記を参考に統一した。発達障害等に関しては「障害」の表記の使用に種々の議論があることを承知の上で、国際的な指標を基に子ども理解を図る一助として表記の統一を行ったことをご理解いただきたい。

　なお、保育士養成校で学んでいる皆さんにとって、本書は保育者になる上で必要な障害児保育等に関する知識や支援方法を学ぶテキストになるとともに、保育者となって以降は現場で保育実践に臨んでいく際のサポートブックとして機能すると思う。ぜひ保育現場で出会う一人ひとりの子どもたちと充実した園生活を送ることができるように、本書を長く活用してもらえればと執筆者一同願っている。

　本書では保育所、幼稚園、こども園を法令に沿って「幼児教育施設」と表記した。

編者を代表して　田中謙

## 活用できそうな書籍一覧　－幼児期・障害児保育書の整理－

### 1980 年代

- 茂木俊彦・佐藤進（1983）『障害幼児の保育実践』ぶどう社．
- 茂木俊彦（1984）『障害児を育てる』大月書店．
- 寺山千代子・中根晃（1984）『親・教師・保育者のための遅れのある幼児の子育て』教育出版．
- 加藤直樹・中村隆一（1985）『乳児から幼児へ　発達相談をすすめるためにⅡ』全国障害者問題研究会出版部．
- 茂木俊彦・荒木穂積（1986）『改訂版　テキスト障害児保育』全国障害者問題研究会出版部．
- 清水貞夫・小松秀茂（1987）『統合保育　その理論と実際』学苑社．

### 1990 年代

- 全国保育問題研究協議会（1991）『障害児保育　どの子にも豊かな育ちを』新読書社．
- 今塩屋隼男（1998）『障害児保育総論』保育出版社．

### 2000 年代

- 大場幸夫・柴崎正行（2001）『新保育講座⑮　障害児保育』ミネルヴァ書房．
- 安部富士男・林美（2003）『ちょっと気になる子の保育・子育て』新読書社．
- 小川英彦・川上輝昭（2005）『障害のある子どもの理解と親支援』明治図書．
- 野本茂夫（2005）『障害児保育入門』ミネルヴァ書房．
- 別府悦子（2006）『LD、ADHD、アスペルガー、高機能自閉症児　ちょっと気になる子どもの理解、援助、保育』ちいさいなかま社．
- 伊藤嘉子・小川英彦（2007）『障害児をはぐくむ楽しい保育　子どもの理解と音楽あそび』黎明書房．
- 七木田敦（2007）『実践事例に基づく障害児保育　ちょっと気になる子へのかかわり』保育出版社．
- 伊藤健次（2007）『新・障害のある子どもの保育』みらい．
- 本郷一夫（2008）『シードブック　障害児保育』建帛社．
- 伊勢田亮・小川英彦・倉田新（2008）『障害のある乳幼児の保育方法』明治図書．
- 平山諭（2008）『保育士養成テキスト⑫　障害児保育』ミネルヴァ書房．
- 小川英彦（2009）『幼児期・学齢期に発達障害のある子どもを支援する　豊かな保育と教育の創造をめざして』ミネルヴァ書房．
- 湯浅恭正（2009）『芽生えを育む授業づくり・学級づくり　幼稚園〜小学校低学年』明治図書．
- 鯨岡峻（2009）『最新保育講座⑮　障害児保育』ミネルヴァ書房．
- 渡部信一・本郷一夫・無藤隆（2009）『新　保育ライブラリ　保育の内容・方法を知る　障害児保育』北大路書房．

## 2010 年代

- 本郷一夫（2010）『「気になる」子どもの保育と保護者支援』建帛社.
- 小川英彦（2011）『気になる子どもと親への保育支援　発達障害児に寄り添い心をかよわせて』福村出版.
- 小川英彦・広瀬信雄・新井英靖・高橋浩平・湯浅恭正・吉田茂（2011）『気になる幼児の保育と遊び・生活づくり』黎明書房.
- 塙利明・徳田克己（2011）『気になる子どもの保育』文化書房博文社.
- 藤永保（2012）『障害児保育　子どもとともに成長する保育者を目指して』萌文書林.
- 小川英彦（2014）『気になる子ども・発達障害幼児の保育を支えるあそび 55 選』福村出版.
- 柴崎正行（2014）『障がい児保育の基礎』わかば社.
- 尾野明美・小湊真衣・奥田訓子（2016）『特別支援教育・保育概論　特別な配慮を要する子どもの理解と支援』萌文書林.
- 小川英彦（2017）『ポケット判　保育士・幼稚園教諭のための障害児保育キーワード 100』福村出版.
- 伊丹昌壱（2017）『インクルーシブ保育論』ミネルヴァ書房.
- 武藤久枝・小川英彦（2018）『コンパス　障害児の保育・教育』建帛社.
- 小橋拓真（2019）『障がい児保育』中山書店.
- 星山麻木（2019）『障害児保育ワークブック　インクルーシブ保育・教育をめざして』萌文書林.
- 藤田泰弘（2019）『実践に生かす障害児保育・特別支援教育』萌文書林.
- 高尾淳子（2019）『インクルーシブ保育実践者の人材育成　職場を活性化し学び合いの風土をつくる保育 KI』三学出版.

## 2020 年代

- 市川奈緒子（2020）『MINERVA 保育士等キャリアアップ研修テキスト③　障害児保育』ミネルヴァ書房.
- 野村朋・荒木美知子（2020）『主体性をはぐくむ障がい児保育』文理閣.

　上記のほかにも幼児期・障害児保育に関する書はある。ここでは、障害児保育・内容に関する事項が所収されている観点から選択したことを断っておきたい。

（小川英彦）

# 索引

**編者**

<ruby>小<rt>お</rt></ruby> <ruby>川<rt>がわ</rt></ruby> <ruby>英<rt>ひで</rt></ruby> <ruby>彦<rt>ひこ</rt></ruby>

<ruby>田<rt>た</rt></ruby> <ruby>中<rt>なか</rt></ruby> <ruby>謙<rt>けん</rt></ruby>


**執筆者** 〈執筆順、（ ）内は執筆担当箇所〉

<ruby>田<rt>た</rt></ruby> <ruby>中<rt>なか</rt></ruby> <ruby>謙<rt>けん</rt></ruby>　（第 1, 10, 20, 25 章, 本書を終えるにあたって）　日本大学　文理学部　教育学科

<ruby>小<rt>お</rt></ruby> <ruby>川<rt>がわ</rt></ruby> <ruby>英<rt>ひで</rt></ruby> <ruby>彦<rt>ひこ</rt></ruby>　（はじめに, 第 2 章, コラム 5, 本書の意図するもの, 活用できそうな書籍一覧）

　　　　　　　　至学館大学　健康科学部　こども健康・教育学科(愛知教育大学名誉教授)

<ruby>大<rt>おお</rt></ruby> <ruby>津<rt>つ</rt></ruby> <ruby>雅<rt>まさ</rt></ruby> <ruby>之<rt>ゆき</rt></ruby>　（第 3 章）　山梨県立大学　人間福祉学部　福祉コミュニティ学科

<ruby>櫻<rt>さくら</rt></ruby> <ruby>井<rt>い</rt></ruby> <ruby>貴<rt>たか</rt></ruby> <ruby>大<rt>ひろ</rt></ruby>　（第 4, 6, 11 章）　愛知教育大学　幼児教育講座

<ruby>水<rt>みず</rt></ruby> <ruby>野<rt>の</rt></ruby> <ruby>恭<rt>きょう</rt></ruby> <ruby>子<rt>こ</rt></ruby>　（第 5, 8 章）　岡崎女子大学　子ども教育学部　子ども教育学科

<ruby>鈴<rt>すず</rt></ruby> <ruby>木<rt>き</rt></ruby> <ruby>恵<rt>けい</rt></ruby> <ruby>子<rt>こ</rt></ruby>　（第 7 章）　至学館大学附属幼稚園

<ruby>前<rt>まえ</rt></ruby> <ruby>嶋<rt>じま</rt></ruby> <ruby>元<rt>げん</rt></ruby>　（第 9, 16, 18 章）　東京立正短期大学　現代コミュニケーション学科　幼児教育専攻

<ruby>田<rt>た</rt></ruby> <ruby>代<rt>しろ</rt></ruby> <ruby>弘<rt>ひろ</rt></ruby> <ruby>美<rt>み</rt></ruby>　（第 12 章）　自治体専門職

<ruby>田<rt>た</rt></ruby> <ruby>中<rt>なか</rt></ruby> <ruby>裕<rt>ゆう</rt></ruby> <ruby>子<rt>こ</rt></ruby>　（第 13 章）　鈴鹿大学　短期大学部　生活コミュニケーション学科　こども学専攻

<ruby>中<rt>なか</rt></ruby> <ruby>川<rt>がわ</rt></ruby> <ruby>陽<rt>よう</rt></ruby> <ruby>子<rt>こ</rt></ruby>　（第 14 章）　大阪成蹊短期大学　幼児教育学科

<ruby>渡<rt>わた</rt></ruby> <ruby>邊<rt>なべ</rt></ruby> <ruby>眞<rt>ま</rt></ruby> <ruby>理<rt>り</rt></ruby>　（第 15 章）　小笠原村立母島保育園

<ruby>荻<rt>おぎ</rt></ruby> <ruby>野<rt>の</rt></ruby> <ruby>志<rt>し</rt></ruby> <ruby>保<rt>ほ</rt></ruby>　（第 16 章）　特定非営利活動法人みかんぐみ

<ruby>高<rt>たか</rt></ruby> <ruby>尾<rt>お</rt></ruby> <ruby>淳<rt>あつ</rt></ruby> <ruby>子<rt>こ</rt></ruby>　（第 17, 22 章）　大阪成蹊大学　教育学部　教育学科　初等教育専攻　幼児教育コース

<ruby>池<rt>いけ</rt></ruby> <ruby>田<rt>だ</rt></ruby> <ruby>幸<rt>ゆき</rt></ruby> <ruby>代<rt>よ</rt></ruby>　（第 19 章）　道灌山学園保育福祉専門学校　幼稚園教員・保育士養成科

<ruby>杉<rt>すぎ</rt></ruby> <ruby>江<rt>え</rt></ruby> <ruby>栄<rt>えい</rt></ruby> <ruby>子<rt>こ</rt></ruby>　（第 21 章）　名古屋学芸大学　ヒューマンケア学部　子どもケア学科　幼児保育専攻

<ruby>葛<rt>くず</rt></ruby> <ruby>谷<rt>や</rt></ruby> <ruby>潔<rt>きよ</rt></ruby> <ruby>昭<rt>あき</rt></ruby>　（第 23 章）　豊橋創造大学　短期大学部　幼児教育・保育科

<ruby>吉<rt>よし</rt></ruby> <ruby>田<rt>だ</rt></ruby> <ruby>貴<rt>たか</rt></ruby> <ruby>子<rt>こ</rt></ruby>　（第 24 章）　大阪国際大学　短期大学部　幼児保育学科

<ruby>川<rt>かわ</rt></ruby> <ruby>上<rt>かみ</rt></ruby> <ruby>輝<rt>てる</rt></ruby> <ruby>昭<rt>あき</rt></ruby>　（コラム 1）　名古屋女子大学　短期大学部　保育学科

<ruby>野<rt>の</rt></ruby> <ruby>村<rt>むら</rt></ruby> <ruby>敬<rt>けい</rt></ruby> <ruby>子<rt>こ</rt></ruby>　（コラム 2）　中部学院大学短期大学部　社会福祉学科

<ruby>太<rt>おお</rt></ruby> <ruby>田<rt>た</rt></ruby> <ruby>美<rt>み</rt></ruby> <ruby>鈴<rt>すず</rt></ruby>　（コラム 3）　愛知学泉短期大学　幼児教育学科

<ruby>濱<rt>はま</rt></ruby> <ruby>口<rt>ぐち</rt></ruby> <ruby>実<rt>み</rt></ruby> <ruby>紗<rt>さ</rt></ruby> <ruby>希<rt>き</rt></ruby>　（コラム 4）　修文大学　短期大学部　幼児教育学科

表紙絵　至学館大学附属幼稚園の子どもたち

## ダイバーシティ・インクルージョン保育

2022年8月1日初版印刷
2022年8月8日初版発行

編著者　小川英彦　田中健

発行者　中桐十糸子

発行所　三学出版有限会社

〒 520-0835 滋賀県大津市別保 3 丁目 3-57 別保ビル 3 階
TEL 077-536-5403　FAX 077-536-5404
https://sangakusyuppan.com

亜細亜印刷(株)印刷・製本